Depoimentos sobre o livro:

Um livro fácil e gostoso de ler, lotado de dicas práticas e lições úteis, tanto para quem já faz parte do universo dos negócios, como para quem nele pretende se aventurar.

Marcelo Cherto — Presidente do Grupo Cherto, autor de 12 livros

Na escola, você não vai encontrar uma receita pronta e que possa ser replicada para ser bem-sucedido. A saída é, além de estudar, observar, agir, ousar, e aprender sempre, seja se inspirando nos já bem-sucedidos ou com a própria experiência. Esta obra mostra, de maneira objetiva e prática, os caminhos que você pode trilhar para alcançar seus objetivos.

Dr. José Dornelas — Especialista em empreendedorismo e presidente da Empreende

Um dos livros mais práticos e essenciais dos últimos tempos. Leitura obrigatória para todos jovens que estão iniciando no mercado de trabalho e também a todos profissionais que desejam se tornar pessoas bem-sucedidas na vida. *O que a Escola Não Nos Ensina* é um verdadeiro atalho para o Sucesso e pode fazer quem ler ganhar muito, evitando erros na vida e aprendendo com a experiência de pessoas bem-sucedidas. Deveria ser leitura obrigatória a todo povo brasileiro.

César Frazão — Autor de mais de 10 livros da área de vendas

Alguns livros nos mostram caminhos que não encontramos, sem ter antes errado a direção. João Cristofolini decidiu facilitar Sua trajetória profissional, ao reunir grandes textos e autores para compor esta obra. É um livro de cabeceira, para ler, reler e aprender os atalhos para o sucesso.

Marcelo Ortega — Autor do livro *Sucesso em Vendas* e um dos maiores palestrantes de vendas do país

Gostei do livro e estou realmente orgulhoso de ver jovens como João Cristofolini tão engajados na produção de conteúdo. Ótimo texto, organização e consistência.

Renato Alves — Recordista Brasileiro de Memória, autor do livro *Faça Seu Cérebro Trabalhar para Você*

Cristofolini conduz o leitor de uma forma prática sobre as principais características e habilidades que um profissional moderno de sucesso deve buscar.

Samy Dama — Ph.D in Business, Professor da FGV-SP, Colunista da Folha, Colunista da Você S/A, Comentarista do Conta Corrente da Globo News

Eu, como biógrafo dos principais empreendedores brasileiros, afirmo que o livro escrito pelo João Cristofolini é uma leitura obrigatória para quem quer alcançar e entender o sucesso. Antes de chegar ao sucesso, é preciso trabalhar internamente cada uma das 7 habilidades tão bem selecionadas e abordadas no livro. Habilidades que, na teoria, podem ser aprendidas nos bancos escolares, mas que se aplicam na escola da vida, no dia a a dia. Isso nos agrega valor e experiência. Ter sucesso é uma opção! Manter-se nele, também! Escolha o seu caminho e seja feliz!

Elias Awad — Escritor e Palestrante

Estou convencido de que o conteúdo abordado aqui sobre o que chamo de "libertação do potencial empreendedor", ajudará milhares de pessoas que, assim como eu, não acreditam em moldes únicos para vencer e ser feliz. Honrado de pertencer a esse tão seleto projeto!

Luiz Gustavo Gama — Coach e Empreendedor

Horado em ter sido convidado pelo João Cristofolini para assinar o prefacio do livro *O que a Escola Não Nos Ensina*. As verdadeiras lições só aprendemos na escola da vida. Você sabia que retemos apenas 6,3% de tudo o que aprendemos nas escolas tradicionais, ou seja, o sistema de ensino tradicional falha em 93,7% dos casos? Aprender fazendo é a única forma de realmente aprender com eficiência algo que poderá ser aplicado em sua vida prática.

Ricardo Bellino — Autor do livro *3 minutos para o sucesso*

Gostei muito do livro, do tema abordado e da associação com o título. Realmente são coisas que só aprendemos depois de um bom tempo que saímos da escola e demos muitas "cabeçadas" na vida... Não faz parte da nossa cultura ensinar as nossas crianças e jovens a crescerem com uma visão empreendedora e com uma noção de planejamento financeiro. Espero, imensamente, que depois do seu livro as pessoas acordem e vejam a importância de ensinar estas questões tanto na escola como na vida.

Ginha Nader — Autora do livro *A Magia do Império Disney*

João, parabéns! Este livro é mágico, não consegui parar de ler. Os conselhos aqui contidos são verdadeiras lições, eles transformarão a vida do leitor para sempre.

Clovis Tavares — Autor do livro *O Jogo das Vendas*

João foi muito feliz na construção desse livro. Desde o tema até o formato, ele foi desenhado para universitários. Fácil de ler, cheio de atratividades e muito objetivo. Ao folhear, fui enxergando a solução para os anseios que existem na maioria dos universitários que converso. As habilidades citadas, se desenvolvidas pelos leitores, o levarão a outro patamar de sucesso e felicidade. Esses detalhes tornam este livro leitura obrigatória para universitários.

Augusto Júnior — Fundador do Universitários Acima da Média e Diretor do Centro de Empreendedorismo Raiz

O livro *O que a Escola Não Nos Ensina — Sete habilidades essenciais para uma vida de sucesso, que você não aprende na escola*, de João Cristofolini, parte de uma premissa arrojada, colocando em foco a necessidade de modernização de nosso sistema educacional, e faz isso de forma bastante apropriada e de fácil entendimento, abrangendo novas habilidades que são essenciais hoje, como é o caso da educação financeira. E, apesar de abordar temas amplos, não faz isso de forma rasa, oferecendo um conteúdo fundamental para quem deseja se posicionar adequadamente no mercado profissional. Para mim, foi uma grande honra auxiliar essa grande obra com meus conhecimentos.

Reinaldo Domingos — Educador, terapeuta financeiro e presidente da DSOP Educação Financeira e da Abefin — Associação Brasileira de Educadores Financeiros

Guia completo para quem quer empreender no Brasil.

Gustavo Caetano — Fundador da Samba Tech e Presidente da Associação Brasileira de Startups

O papel do professor é de maestro. Saber conduzir o aluno ao aprimoramento na era da informação é fundamental. O aluno que realmente quer aprender e se diferenciar no mercado deve ter um comportamento empreendedor. O livro de João Cristofolini traz uma reflexão sobre o modelo mental de aprendizado que pode e deve ir muito além da sala de aula.

André Telles — Autor do livro *O Empreendedor Viável*

O livro *O que a Escola Não Nos Ensina* de João Cristofolini nos surpreende pela abrangência, conexão e clareza dos temas. O autor brinda seus leitores com suas experiências de sucesso profissional e com sua proposta inovadora para um tema tão carente no nosso Brasil — EDUCAÇÃO. Aproveite a leitura.

Heitor Bergamini — Autor do livro *Gestão de Carreiras*

O livro *O que a Escola Não Nos Ensina* mostra, acima de tudo, que a nossa maior virtude é a capacidade de sonhar, acreditar que é possível e assim ter energia para nos capacitarmos e colocarmos os planos em prática. Com dicas ricas e simples e com depoimentos de pessoas consagradas terminamos a leitura mais inspirados, confiantes, com boas referências e muito mais capacitados para buscarmos nossa felicidade e a realização dos nossos projetos e sonhos.

Pedro Englert — CEO InfoMoney

O livro é amplo e claro para o empreendedor encontrar caminhos! Será um investimento importante para cada leitor. É pela educação, nos seu sentido mais amplo da palavra, que o Brasil transformará a realidade dos empreendedores. O livro *O que a Escola Não Nos Ensina* da uma boa base para que o empreendedor encontre alguns caminhos.

Marcilio Riegert — CEO Start You Up Accelerator

Empreender é uma das principais alternativas para autorrealização pessoal e profissional. Para ser uma jornada de sucesso é preciso acessar informações de qualidade. O livro *O que a Escola Não Nos Ensina* reúne dicas preciosas para quem decidiu trilhar este caminho e histórias de quem já iniciou a caminhada. Uma leitura fundamental.

***Alencar Burti* — Presidente do Conselho Deliberativo do SEBRAE-SP**

Um trabalho brilhante e essencial para apoiar na ampliação de consciência para nosso propósito, de vida e de carreira.

Rogério Chér — Autor dos livros *Empreendedorismo na Veia* e *Engajamento*

Um dos mais articulados jovens empreendedores que conheci, João traz em seu livro um grande trunfo: a reconstrução do modelo de aprendizagem/autodesenvolvimento, antecipando questões que os jovens teriam mais tarde, e levando-os a uma reflexão imediata, resultando em ganho de tempo e realização pessoal. Seria meu livro de cabeceira se tivesse menos de 30 anos e com certeza estará na minha estante. E autografado!

Prof. Alessandro Saade — Empreendedor compulsivo e professor responsável pelo eixo de Empreendedorismo na BSP — Business School São Paulo, autor, palestrante, professor e articulista da BandNews FM

Este livro traz três ousadias de João Cristofolini: Contestar efeitos do ensino tradicional; Apontar quais são as habilidades para você chegar ao sucesso; O que contesta e o que aponta estar num ambiente de elevada dimensão humana-social e ser de autoria de um jovem. As três ousadias deram resultado! Confira e se inspire para também ser ousado!

José Renato de Miranda — Autor do livro Empresa
familiar — é sim — um bom negócio!

O conteúdo deste livro é um manual para a vida. Obrigatório!

Marcelo Toledo — CTO da Oi Internet e autor do livro *Dono*

O que a Escola Não Nos Ensina é uma obra rica em informações e orientações práticas de auxílio para a explosão do talento empreendedor brasileiro. Como um farol luminoso que direciona a navegação pelo difícil caminho de empreender com sucesso em nosso país. De quem já fez com acertos e erros e agora direciona quem quer fazer!

Marcus Rizzo — Franchise College e Rizzo Franchise

JOÃO CRISTOFOLINI

O QUE A ESCOLA NÃO NOS ENSINA

Sete habilidades essenciais para uma vida de sucesso que você não aprende na escola

Prefácio de Ricardo Bellino

Participação especial de grandes autores, palestrantes, líderes e empresários brasileiros, como Alencar Burti (Presidente Sebrae SP), Fernando Dolabela (Autor do best-seller *O Segredo de Luísa*), Ozires Silva (Fundador da Embraer), entre outros.

ALTA BOOKS
E D I T O R A
Rio de Janeiro, 2015

O que a escola não nos ensina — sete habilidades essenciais para uma vida de sucesso, que você não aprende na escola

Copyright © 2015 da Starlin Alta Editora e Consultoria Eireli. ISBN: 978-85-7608-871-4

Todos os direitos reservados e protegidos por Lei. Nenhuma parte deste livro, sem autorização prévia por escrito da editora, poderá ser reproduzida ou transmitida.

A editora não se responsabiliza pelo conteúdo do texto formulado exclusivamente pelo autor.

Erratas e arquivos de apoio: No site da editora relatamos, com a devida correção, qualquer erro encontrado em nossos livros bem como disponibilizamos arquivos de apoio se aplicável ao livro. Acesse o site www.altabooks.com.br e procure pelo título do livro desejado para ter acesso as erratas e/ou arquivos de apoio.

Marcas Registradas: Todos os termos mencionados e reconhecidos como Marca Registrada e/ou Comercial são de responsabilidade de seus proprietários. A Editora informa não estar associada a nenhum produto e/ou fornecedor apresentado no livro.

Impresso no Brasil — Edição Revisada e Atualizada, 2015

Produção Editorial Editora Alta Books **Gerência Editorial** Anderson Vieira **Produtor responsável** Thiê Alves	Supervisão e Qualidade Editorial Angel Cabeza Sergio Luiz de Souza	Design Editorial Aurélio Corrêa	Captação e Contratação de Obras Nacionais Cristiane Santos J. A. Rugeri Marco Pace autoria@altabooks.com.br	Vendas Atacado e Varejo Daniele Fonseca Viviane Paiva comercial@altabooks.com.br **Marketing e Promoção** Hannah Carriello marketing@altabooks.com.br **Ouvidoria** ouvidoria@altabooks.com.br
Equipe Editorial	Claudia Braga Cristiane Santos Jéssica Reis dos Santos Juliana de Oliveira	Letícia Vitoria Livia Brazil Marcelo Vieira Mayara Coelho	Milena Lepsch Milena Souza Nathalia Curvelo Natália Gonçalves	Raquel Ferreira Rodrigo Araujo Rômulo Lentini
Revisão Gramatical Priscila Gurgel Thereso	**Diagramação** Futura	**Layout e Capa** Aurélio Corrêa		

Dados Internacionais de Catalogação na Publicação (CIP)

C933q   Cristofolini, João.
          O que a escola não nos ensina : sete habilidades essenciais para uma vida de sucesso, que você não aprende na escola / João Cristofolini. – Rio de Janeiro, RJ : Alta Books, 2015.
          272 p.; 21 cm

          ISBN 978-85-7608-871-4

          1. Sucesso. 2. Autoconhecimento. 3. Felicidade. 4. Empreendedorismo. 5. Venda. 6. Marketing pessoal. 7. Liderança. 8. Finanças pessoais. 9. Saúde. 10. Espiritualidade. I. Título.

                                                            CDU 159.947
                                                            CDD 158.1

Índice para catálogo sistemático:
1. Sucesso   159.947

(Bibliotecária responsável: Sabrina Leal Araujo – CRB 10/1507)

Rua Viúva Cláudio, 291 — Bairro Industrial do Jacaré
CEP: 20970-031 — Rio de Janeiro
Tels.: 21 3278-8069/8419 Fax: 21 3277-1253
www.altabooks.com.br — e-mail: altabooks@altabooks.com.br
www.facebook.com/altabooks — www.twitter.com/alta_books

Este livro irá ajudá-lo a economizar milhares de reais e horas, com informação resumida e prática do que você realmente precisa saber, através da educação autodidata.

"Instigante, bem estruturado e prático!"

Renato Bernhoeft
Colunista do Valor Econômico e autor de diversos livros

Sumário

Apresentação   xv

Introdução   xxiii

Habilidade 1
Aprendendo a utilizar sua mente

Capítulo 1: Sua Mentalidade para o Sucesso   3

Leis mentais: entendendo como sua mente funciona e como utilizá-la a seu favor 3

Entendendo como funciona sua mente 4

O que você ouviu sobre dinheiro e sucesso quando criança? 7

Como atrair a prosperidade 10

Atitudes mentais que rejeitam a prosperidade (do livro *A prosperidade em suas mãos*, de Yoshihico Iuassaca) 11

Atitudes mentais que atraem a prosperidade (do livro *A prosperidade em suas mãos*, de Yoshihico Iuassaca) 13

Como ser mais otimista 14

Capítulo 2: Seu Comportamento para o Sucesso   17

Pense grande 17

A arte de sonhar 18

Vencendo o medo 19

Mantenha o espírito de humildade, sempre! 20

Você pode! 21

Atalhos e fórmulas mágicas 22

Felicidade 22

Sua missão de vida 23

Qual é o seu limite e modelo de sucesso? 24

Aprendendo sobre empreendedorismo 27

x O que a escola não nos ensina

Habilidade 2
Aprendendo sobre empreendedorismo

Capítulo 3: Por que Aprender sobre Empreendedorismo?　29

Cuide de seu negócio 29

Não aprendemos sobre empreendedorismo na escola...........30

Ensino é hierarquia, aprendizagem é rede...............................31

Aprender fazendo 32

A importância de educar para o empreendedorismo 32

Capítulo 4: Comportamento Empreendedor　35

Mitos sobre empreendedorismo:...35

Dedicação e perseverança 38

Fracasso...39

Vencendo o medo de empreender 41

Mindset empreendedor..44

Capítulo 5: Habilidades do Empreendedor　49

Problema x Oportunidade 49

Pensando a longo prazo..49

Especialista x Generalista 51

Inove, faça diferente! 52

Encontrando seu talento e missão 54

Capítulo 6: Primeiros Passos　63

Startups 63

Encontre um problema..66

Encontre sua equipe...67

Encontre seu mentor...68

Não tenha medo de falar sobre sua ideia 69

Encontre seu modelo de negócios..70

Os sete pecados do capital..71

Capítulo 7: Histórias de Sucesso e Inspiração　77

Minha história empreendedora 77

Acredite em suas ideias 81

Reflexões de Ozires Silva...83

Empreendedorismo social...87

AIESEC Blumenau: empreendedorismo, responsabilidade
social e liderança 87
Missão de ajudar outros jovens 88

Habilidade 3
Aprendendo a vender

Capítulo 8: Por que Preciso Aprender a Vender?   95

Vendas..95
Remuneração variável em vendas..97
Todos nós somos vendedores 98
Aprender a vender..99
Estamos a todo momento vendendo 99

Capítulo 9: Ingredientes Necessários para Vender   101

Confiança em vendas 101
A regra dos três segundos 102
Aprenda a ouvir..103
Como vender uma ideia em 60 segundos 104
Os 5 Ps dos Vendedores Vencedores....................................104
Sete perguntas que você precisa responder na
cabeça do cliente antes de ele comprar 109
Vendas para não vendedores 111
Pratique, a melhor forma de aprender a vender e
se comunicar...113

Capítulo 10: Como Fazer Grandes Apresentações   117

Apresentações impactantes...117
Conte histórias..118
Aprenda com Steve Jobs 119
E-mails de apresentação 120

Habilidade 4
Aprendendo sobre marketing e sua marca pessoal

Capítulo 11: O que Preciso Saber sobre Marketing   125

Marketing..125
Você não precisa vender para todos!.....................................127
Lançamento 128

xii O que a escola não nos ensina

Dê algo de graça...129
Marketing de permissão 129
Invista em parcerias 130
Vendas 3.0 130

Capítulo 12: Marketing Pessoal — 135

Sua marca..135
"Personal Branding": Invista em sua marca pessoal.............136
Quem você é?..138
Transparência..139
Seja você mesmo!..139
Relacionamentos falsos são iguais a resultados imaginários....140
Redes sociais..141
O poder do networking para os negócios.......................142

Habilidade 5
Aprendendo a ser um líder

Capítulo 13: Por que Aprender sobre Liderança? — 147

Liderança 147
Liderar é para os fortes..148
Minha primeira falência foi também minha primeira vitória....150

Capítulo 14: Dicas para Ser um Líder Melhor — 153

Meritocracia...153
Cultura 154
Delegar tarefas 154
Terceirização..155
Não tenha sala própria...156
Ambiente de trabalho..156
Ninguém é insubstituível, não tenha medo de
    demitir ninguém...157
Confiança 157
Diversidade 158
Fazer o bem 158
Iniciativa..158
Missão 159
Manual prático do líder revolucionário........................160

Habilidade 6
Aprendendo sobre educação financeira

Capítulo 15: Por que Aprender sobre Educação Financeira? 165
Educação financeira 165
Corrida do rato 169
Uma vida financeira forte e saudável 170
Primeiros passos..171
Educação para todos que quiserem!..173

Capítulo 16: Atitudes de Pessoas Ricas 175
Renda x Patrimônio...175
Diferença entre pobre, classe média e rico 175
Faça o dinheiro trabalhar para você..176
Como agem as pessoas ricas e
bem-sucedidas?...176
A arte da educação financeira com o empreendedorismo.....178

Capítulo 17: Dívidas 181
Como sair das dívidas 181
Consumismo e status..183
Diferença entre dívida boa e dívida ruim 184

Capítulo 18: Casal 185
Finanças do casal..185
Casa própria 186

Capítulo 19: Jovens 189
Como os jovens devem lidar com o dinheiro!...........................189

Capítulo 20: Planejamento 193
A arte de poupar...193
Aposentadoria financeira 194
Renda residual..195
A fórmula da riqueza (Bastter) 195

Capítulo 21: Investimentos 197
Investimentos 197
Mudanças econômicas...198
Bolsa de valores 200
Fundos de investimentos 203

xiv O que a escola não nos ensina

Habilidade 7
Aprendendo a manter e cuidar de sua saúde e espiritualidade

Capítulo 22: Saúde — 207

Por que cuidar da saúde? ...207
Se minha agenda deixasse...207
Atividade física ...208
Idade não é desculpa...209
O autoaperto ...210

Capítulo 23: Espiritualidade — 213

Leis Espirituais/Leis do Universo ...213
Oração...215
Amor ...216
Força infinita ...216
Felicidade ...217
Antepassados ...218
A prática do silêncio/meditação...219
A "moda" da depressão...219
O Manifesto...221
Meu último pedido...222
Educação...223

Conclusão — 221

Sobre o Autor — 229

Índice — 231

Apresentação

Este livro tem o objetivo de reunir ensinamentos coletados em centenas de situações e fatos, biografias e experiências próprias, conhecimento que não está presente em nenhuma disciplina escolar ou universitária, o qual fará você refletir e mudar o conceito de muito do que ouviu ou aprendeu sobre temas presentes em seu dia a dia. Foram mais de dez anos de leitura feroz, mais de 200 dos principais livros e biografias de pessoas de sucesso, erros e acertos próprios, para proporcionar a você um verdadeiro guia sobre de fato o que você precisa saber para ter uma vida de sucesso.

Você verá que os mais de 15 anos de vida escolar e universitária não ensinaram a você, e que milhares de reais investidos em sua educação formal poderiam ser simplificados com o que de fato você precisa saber. Durante algumas gerações tivemos uma visão distorcida de importantes pontos que, com uma nova visão, farão de você outra pessoa, e de fato preparada para o mundo atual. Quantos sonhos perdidos, quantas vidas desperdiçadas, quantos homens de sucesso escondidos atrás de um emprego. Liberte-se para uma nova visão!

Este livro pretende ajudá-lo a economizar milhares de reais e horas, com informação resumida e prática do que você realmente precisa saber.

Objetivo

Destinado principalmente a jovens, em uma linguagem de jovem para jovem. Jovens de mentalidade e espírito, indiferente da idade. Este material tem como objetivo quebrar alguns paradigmas sobre a educação tradicional e novas formas de aprendizado prático e autodidata, com sete habilidades essenciais que não estão presentes em nenhuma disciplina escolar ou universitária e que são fundamentais para uma vida feliz e de sucesso.

- **HABILIDADE 1:** Aprendendo a utilizar sua mente
- **HABILIDADE 2:** Aprendendo sobre empreendedorismo
- **HABILIDADE 3:** Aprendendo a vender
- **HABILIDADE 4:** Aprendendo sobre marketing e sua marca pessoal
- **HABILIDADE 5:** Aprendendo a ser um líder
- **HABILIDADE 6:** Aprendendo sobre educação financeira
- **HABILIDADE 7:** Aprendendo a manter e cuidar de sua saúde e espiritualidade

Apresentação dos convidados

Com participação especial e apoio de grandes autores, palestrantes, líderes e empresários brasileiros, meu grande agradecimento por cada um dos amigos e parceiros que contribuíram com este projeto:

ALENCAR BURTI: Empresário do setor automobilístico, presidente do Conselho Deliberativo do SEBRAE SP e membro de diversas outras associações empresariais.

ALEXANDRE TEIXEIRA: Jornalista e autor do livro Felicidade S/A.

ALISON PAESE: Responsável pela Infomoney Educação, um dos maiores portais financeiros do Brasil.

ANDRÉ MASSARO: Especialista em finanças e economia, colunista do portal Exame e autor de livros sobre educação financeira.

ARTUR HIPÓLITO: Fundador do Grupo Zaiom, líder nacional do segmento de microfranquias no Brasil.

CLÓVIS TAVARES: É o único palestrante e escritor a conquistar cinco Tops de Marketing ADVB, autor de 9 livros, entre eles *O Jogo das Vendas*. Em 2014, recebeu o Merlim Award, em Nova York — USA.

CONRADO ADOLPHO: Um dos maiores especialistas de marketing digital da atualidade, autor do livro *8Ps do Marketing Digital*.

CONRADO NAVARRO: Um dos maiores especialistas em educação financeira do Brasil, autor de vários livros, entre eles *Dinheiro é um santo remédio*.

DIEGO LEÃO: Fundador da Escola do Dinheiro.

ERIK PENNA: Selecionado entre os 25 gigantes de vendas e motivação do Brasil.

FERNANDO DOLABELA: Criador dos maiores programas de ensino sobre empreendedorismo do Brasil na educação básica e universitária. Autor de nove livros da área, sendo o principal e clássico *O Segredo de Luísa*.

JOÃO KEPLER: Investidor anjo, membro da Anjos do Brasil, autor e colunista de diversos meios relacionados a startups e novos negócios.

José Menegatti: Palestrante e autor, abordando diversos temas como vendas, atendimento e motivação.

José Ricardo Noronha: Autor do livro *Vendedores Vencedores*, além de grande palestrante e consultor de vendas.

Kelly Zeni: Mentora Endeavor de Empreendedorismo, apoiando startups na captação de recursos.

Leila Navarro: Uma das maiores especialistas em motivação e desenvolvimento humano do país. Autora de diversos livros, entre eles *O poder da superação*.

Luiz Gustavo Gama: Construtor, gestor imobiliário internacional, coach e ex-executivo comercial da área educacional.

Marcelo Cherto: Presidente do Grupo Cherto e do Instituto Franchising, Fundador da Associação Brasileira de Franchising (ABF) e autor do livro *Somos todos vendedores*.

Marcelo Ortega: Autor dos best-sellers *Sucesso em Vendas* e *Inteligência em Vendas*, além de ser um dos maiores palestrantes de vendas do país.

Marlon Tafner: Fundador do Grupo Uniasselvi, vendido para Kroton.

Monica Saccarelli: Diretora da corretora de investimentos Rico.com.vc.

Ômar Souki: Especialista em motivação e marketing, autor e conferencista reconhecido no Brasil e no exterior, já publicou mais de 19 livros.

Ozires Silva: Um dos fundadores da Embraer, autor do livro *Cartas a um Jovem Empreendedor*.

Pâm Bressan: Diretora do projeto nacional "Universitários Acima da Média".

Raúl Candeloro: Autor de mais de 15 livros sobre vendas e criador da revista *Venda Mais*, a maior revista de vendas do país.

Reinaldo Domingos: Educador e terapeuta financeiro, mentor da Metodologia DSOP de Educação Financeira, presidente do Grupo DSOP que abrange Editora DSOP e uma rede de franquias presentes em todo território nacional e na Flórida, Estados Unidos. Autor de diversas obras sobre Educação Financeira e professor do Curso de Pós-Graduação sobre o tema.

Renato Bernhoeft: Presidente da Höft — Consultoria em Transição de Gerações, autor de 16 livros nas áreas de administração e sociedades familiares, articulista de vários jornais, revistas e portais.

Ricardo Bellino: Mentor da School of Life Academy e autor de diversos livros sobre empreendedorismo, como *3 Minutos para o Sucesso*.

Rodrigo Oneda Pacheco: Presidente AIESEC Blumenau, organização mundial presente em mais de 120 países.

Vicente Sevilha: Fundador e diretor da Sevilha Contabilidade, e autor do livro *Assim Nasce Uma Empresa*.

Wilma Resende Araujo Santos: Diretora Superintendente da Junior Achievement Brasil, maior e mais antiga organização de educação prática em negócios, economia e empreendedorismo do mundo, presente em 120 países.

Agradecimentos

Escrever um livro é, sem sombra de dúvidas, um grande desafio. Este sonho já vem sendo alimentado desde meus 18 anos, quando iniciei meu primeiro esboço. Passei vários anos estudando, lendo inúmeros livros e praticando; quanto mais aprendia, mais vontade tinha de aprender, e quanto mais vontade de aprender, mais vontade de ajudar também outras pessoas com o que tinha aprendido, um ciclo sem fim.

Meu grande objetivo é este: ajudar de alguma forma possível ao transmitir minhas experiências e conhecimentos adquiridos ao longo destes anos. Sei que muitas pessoas não possuem o hábito de leitura, então nada mais justo que condensar a informação presente em diversos livros de sucesso em um único material, prático e objetivo, com o que você de fato precisa saber, economizando tempo e dinheiro.

Agradeço imensamente a Deus por me conceder uma vida tão maravilhosa e essa grandiosa missão de ajudar o maior número possível de pessoas com meu espírito empreendedor. Agradeço também a meus pais (Sandra Kuipers e Laercio Cristofolini), familiares e todos antepassados, que me concederam esta grandiosa oportunidade de fazer parte deste mundo; meu sincero muito obrigado por todo amor e compreensão nesta jornada.

Meu muito obrigado também a minha noiva Mariana dos Santos, que sempre me apoiou e ponderou durante as inúmeras horas de leituras, trabalhos e produção deste livro.

A todos aqueles que de alguma forma fizeram ou fazem parte da minha vida, e principalmente a todos aqueles que de alguma forma me proporcionaram momentos de dificuldades, os quais foram imprescindíveis para este verdadeiro aprendizado e vontade cada vez maior de fazer acontecer e quebrar paradigmas.

E claro, a cada uma das pessoas que acreditaram neste projeto, Rugeri e toda equipe da Editora Alta Books, e todos os amigos e parceiros listados acima que contribuíram com valiosos artigos e materiais para este livro.

Espero que esta leitura possa complementar alguma coisa em sua vida e ficarei muito feliz se receber seus comentários e experiências a respeito.

Abraço!

João Henrique Cristofolini

Prefácio

Honrado por ter sido convidado pelo João Cristofolini para assinar o prefácio do livro *O que a escola não nos ensina*.

As verdadeiras lições só aprendemos na escola da vida. Você sabia que retemos apenas 6,3% de tudo o que aprendemos nas escolas tradicionais, ou seja, o sistema de ensino tradicional falha em 93,7% dos casos? Aprender fazendo é a única forma de realmente aprender com eficiência algo que poderá ser aplicado em sua vida prática.

Caráter e resiliência não fazem parte do currículo de nossas escolas e universidades, mas são, sem sombra de dúvida, as duas matérias mais importantes para a formação de uma carreira de sucesso profissional, seja qual for a sua opção.

Se você quiser se dar uma oportunidade de ter sucesso, prepare--se para sair de sua zona de conforto e começar a correr riscos. Não há recompensa sem risco!

Parafraseando Albert Einstein: "Insanidade é achar que fazendo a mesma coisa sempre, você irá encontrar um resultado diferente".

Ricardo Bellino Mentor
School of Life Academy

Introdução

Educação formal x Autoconhecimento

Crescemos sendo ensinados e orientados a ir à escola, tirar boas notas, ser um ótimo aluno, conseguir entrar em uma boa universidade e chegar ao tão sonhado dia da formatura. Com o canudo em mãos é hora de buscar um grande emprego na área de formação, com carteira assinada, bom salário, benefícios e estabilidade, isso quando muitas vezes esta busca não é ainda postergada para continuar com mais especializações, MBA, pós-graduação etc.

A função aqui é o de menos, o que importa realmente é o título universitário e quanto se ganhará no final do mês, de preferência com a menor quantidade de trabalho possível.

O resultado é uma grande quantidade de pessoas trabalhando no que não gosta, fazendo o que não queria, para conseguir no final do mês juntar o dinheiro suficiente para manter sua vida. E, claro, a segurança de poder dizer que no início de cada mês seu dinheiro estará disponível na conta bancária, indiferentemente de crises ou problemas. Como consequência, pessoas infelizes, tristes, deprimidas, doentes são o que vemos com cada vez mais frequência.

Essa história acontece com muito mais frequência do que você imagina. Ao abrir novas vagas de trabalho dentro de minha empresa, frequentemente surgiam currículos fabulosos, de áreas totalmente diferentes da vaga, de lugares de todo o Brasil, com disponibilidade de mudança e início imediato, por valores muito abaixo do esperado pelo currículo do candidato — próximos a valores de trabalhos tradicionais que nem requerem grande formação —, para serem subordinados a pessoas que teriam idade para ser seu filho, ou neto, em empresas que mais pareciam uma casa, em ambientes de trabalho totalmente diferente.

xxiv O que a escola não nos ensina

Bem-vindo ao século XXI, a era da informação, da tecnologia e da internet. Grandes empresas atendendo em nível global, em uma pequena sala ou casa, comandadas por jovens que muitas vezes nem terminaram a faculdade, atendendo grandes clientes globais.

Como isso é possível?

Aqui a primeira grande quebra dos conceitos tradicionais: educação formal não é a única opção existente! Em nenhum momento estou querendo dizer que você não deve buscar uma escola, faculdade e especialização, e sim que também existem outras formas de adquirir conhecimento e informação, muitas vezes muito mais barata e eficiente, dependendo do trabalho a ser desenvolvido.

Não confunda "estudar" com uma instituição de ensino. Grande parte das pessoas de sucesso são famintas por conhecimento, mesmo sem ao menos terem entrado em uma universidade.

Ouço com muita frequência frases como "Vou voltar a estudar", "Já acabei meus estudos", "Você parou de estudar?", "Quando vai voltar a estudar?". Perceba que em todas estas frases, muito comuns na sociedade atual, o verbo estudar está relacionado a uma instituição de ensino formal e tradicional.

Vejamos o conceito da palavra "estudar" no dicionário Aurélio:

Significado de estudar

> v.t. Procurar adquirir o conhecimento de algo: estudar uma lição. / Dedicar-se à apreciação, análise ou compreensão de uma obra literária, artística, técnica etc.: estudou muito Machado de Assis. / Preparar, examinar: estudar um projeto de lei. / Ponderar, amadurecer: estudar um caso. / Observar cuidadosamente: estudar um fenômeno.

Você não acabará de estudar, não parará de estudar e não voltará a estudar, você verá que estudar será um processo contínuo em sua vida, um ciclo sem fim que estará incorporado em seu dia a dia, indiferentemente das ferramentas ou meios utilizados para isso.

Ser autodidata

Você não precisa de uma universidade ou especialização para adquirir conhecimento, além do que já estamos cansados de saber que grande parte do que é ensinado não terá nenhuma utilidade prática. Para ser mais exato, segundo estudo feito pela Universidade de Chicago em 2008, 6,3% do que é ensinado em uma escola é utilizado em sua vida, ou seja, 93,7% do que você aprendeu acabou ficando de lado. Não queira converter esse percentual no tempo de sua vida que isso lhe tomou ou na quantidade de dinheiro que seus pais ou governo gastaram para tal, não lhe faria bem. Por que isso então, mesmo sabendo que muito do que se ensina foi estipulado há mais de 100 anos, sem nenhuma revisão ou adaptação para os dias modernos, para as transformações da tecnologia e da informação, sabendo que isto consumirá grande parte da melhor fase da vida, demandando um grande tempo, um grande investimento e ainda muitas vezes não permitindo que se produza e gere renda na fase de maior energia e vontade da vida? Por que seguir algo que você sabe que não funciona pelo simples fato que a maioria faz? Por que ser apenas mais um?

Além disso, o jovem que escolhe esse caminho acaba sendo tão pressionado pelo sistema educacional que, quando finalmente chega ao término da etapa, acaba ficando com trauma de livros e estudo. Novamente confunde educação formal com conhecimento e acha que já está pronto para o mercado e sua parte já foi feita, agora não precisa mais estudar.

Em um mundo onde a informação corre a cliques de segundo, novos negócios surgem todos os dias, a inovação é diária, as mudanças são a todo o momento, você acha que cinco anos dentro de uma sala de aula, com uma ementa que não foi revista há anos, podem lhe proporcionar isso?

O sistema educacional atual está há anos desatualizado e prepara seus alunos para disputarem por melhores notas e posições dentro da classe, o que nada vale para o mundo real. Seu boletim não é pedido pelo gerente de banco ou investidor, seu trabalho acadêmico também não é consultado em uma entrevista de emprego, sua classificação no vestibular não importará em seu trabalho, e o fato de você ter sido o melhor aluno da turma nenhuma relação terá com o sucesso de sua carreira profissional.

Na escola, nos preparam freneticamente para conseguirmos passar no vestibular e entrar em uma universidade. Anos de estudo sobre assuntos que você verá unicamente em uma prova de vestibular, afinal nenhuma relação terão com seu trabalho do dia a dia. Já dentro de uma universidade, caso não seja federal, realidade da maior parte da população, onde se trata de uma instituição com fins lucrativos, você percebe que até o pior aluno de sua turma entrou no mesmo curso que você. E agora, o grande objetivo é conseguir o tão almejado canudo, o dia da colação de grau, ou o dia da tradicional festa de formatura.

Educação é extremamente necessária para qualquer pessoa e será sempre necessária para o sucesso, porém perseguir pelo caminho da excelência acadêmica não é necessário em todos os casos. São coisas totalmente distintas e sem relação prática.

A antiga cronologia de que para ser bem-sucedido era preciso estudar muito no ensino médio, ingressar em uma boa faculdade, conseguir o primeiro emprego em uma grande empresa ou como funcionário público e crescer profissionalmente na hierarquia da empresa, dificilmente é vista nos dias de hoje.

A estabilidade no emprego já não existe mais como nos velhos tempos e é cada vez mais comum vermos pessoas mudando de trabalho com grande frequência. Você terá muitos trabalhos, empregos e até carreiras diferentes em sua trajetória. Dificilmente seu primeiro emprego será o emprego eterno de sua vida e, com exceção de seu primeiro trabalho, os outros serão reflexos de suas realizações profissionais e conquistas práticas e não de suas credenciais acadêmicas.

Sua reputação, sua história, seu portfólio de trabalho, suas realizações, seus contatos profissionais, sua marca e imagem na sociedade serão muito mais importante do que qualquer outra coisa para sua carreira nos dias de hoje.

Você já percebeu que nada disso tem relação com a vida prática? Já fez o cálculo de quanto é gasto em uma educação tradicional, em anos de mensalidades, matrículas, transporte, alimentação, cópias, formatura? E na quantidade de tempo em que você poderia estar produzindo e fazendo receita neste lugar?

Fazendo um rápido cálculo, uma graduação básica de cinco anos e uma mensalidade de R$700,00 correspondem a um investimento de R$42 mil; somados a transporte, alimentação, cópias e formatura, este valor ultrapassa tranquilamente os R$50 mil. Ao buscar uma especialização, segunda graduação ou MBA, dobramos esse valor. Em um cálculo bem pessimista já são mais de R$100 mil. Some a isso o tempo que você poderia estar produzindo, criando e desenvolvendo, multiplicamos novamente por dois e temos um valor superior a R$200 mil. Invista esse valor e multiplique por alguns anos, compare as possibilidades e escolha a que mais lhe agradar.

Provavelmente aquela pessoa que serve o café da padaria próxima a sua casa também tem uma graduação, afinal para qualquer emprego hoje dizem ser necessário uma. Esta mesma pessoa contraiu uma dívida enorme para tal, atuando muito provavelmente em uma área que não tem nenhuma relação com seu trabalho, por um valor que levará anos para apenas compensar seu gasto com a formação.

Novamente, não estou dizendo que você deva ou não buscar uma educação formal, o objetivo é mostrar que existem outras formas de conseguir e não apenas uma, como a sociedade acaba induzindo. Escolha a sua, mas conheça as diferenças antes e esteja ciente do trabalho e da receita para compensar cada uma delas.

Grande parte dos principais livros, best-sellers em assuntos que realmente são importantes para sua vida (veremos a seguir), custam menos de R$50,00, grande maioria está próximo a R$30,00, ou até menos, ainda mais se considerarmos versões de e-books atuais, as quais costumam ter ótimos descontos e promoções. Se você conseguir ler ao menos 100 desses principais livros da área em que você de fato tem interesse em atuar e trabalhar, assim como eu fiz, seu gasto será de menos de R$5 mil para conhecimento prático, de quem realmente conseguiu e venceu, para assuntos que são de fato importantes para você, para sua vida, para seu trabalho, para sua profissão. E ainda, conforme a sua disponibilidade de tempo e agenda, sem atrapalhar seu trabalho profissional, o qual estará andando em paralelo aos estudos.

Educação deve ser um processo contínuo durante toda sua vida, sempre conciliando estudo e trabalho. Mas o que vemos nos dias de hoje é justamente o contrário, pessoas passando anos e anos trancadas xxviii O que a escola não nos ensina

em salas de aulas, para depois entrar no mercado de trabalho e, a partir daí, dificilmente tocar em novos livros ou formas de aprendizado.

Garanto que o que você aprenderá no formato autodidata o qual vimos a pouco será algumas vezes mais impactante do que você aprenderia em uma graduação tradicional. Some isso a milhares de informações, sites, vídeos (de qualidade e que agregam para sua vida e trabalho) que estão disponíveis gratuitamente na internet, além de revistas e cursos, sua educação autodidata não custa mais de R$10 mil, mais de 10 vezes menos do que uma educação formal e no mínimo 10 vezes mais importante para seu dia a dia.

Perceba que a avaliação aqui não é se a educação formal é boa ou ruim, se devemos ou não buscá-la. O ponto de reflexão é justamente o investimento na educação formal, comparado a outras possibilidades de busca de conhecimento e, principalmente, comparado ao retorno direto deste investimento com seu trabalho. Educação é e sempre será um investimento. Sendo assim, devemos analisá-lo como qualquer outro investimento, e qualquer investimento é analisado sob o ponto de vista do retorno sobre o valor investido.

O problema é que dificilmente, para não dizer nunca, vejo alguém fazendo este cálculo sobre o valor do investimento. Muitas vezes não sabem nem onde e com que trabalharão quando entram em uma universidade, afinal em grande parte este ingresso acontece em uma fase da vida com ainda muitas dúvidas e incertezas sobre o futuro, acabando, assim, fazendo cursos que não gostariam, em áreas que não se identificam, ou ainda em que nunca atuarão. Fazem isso simplesmente para seguir o sistema, para seguir o fluxo, em que títulos são mais importantes do que realizações práticas.

O sistema de educação tornou-se hoje um grande mercado e nicho de negócio e, assim como qualquer outro negócio, visa ao lucro e crescimento. Um sistema tão forte capaz de moldar por várias gerações uma dependência entre seus potenciais clientes. Qualquer um que não segue esse fluxo, que não segue o sistema, que não segue a boiada, é taxado de maluco, irresponsável, despreparado.

A educação continuada ou autodidata não tem início nem fim, é para sempre. Você estará continuamente aprendendo sobre assuntos práticos e atualizados para seu trabalho ou negócio, aquilo que de fato você precisa saber. A avaliação desta educação não é dada por notas abstratas e sim pelo mundo real, pelo sucesso e por suas realizações e históricos no trabalho. Você fará o estudo no seu ritmo e na sua intensidade, na sua carga horária, de acordo com sua disponibilidade de tempo. Também não haverá ninguém para controlar sua frequência, você é responsável por seu sucesso profissional, e não terceiros. Você não precisará contrair dívidas ou financiamentos, também não precisará deixar de trabalhar ou ter vida social durante este tempo, você fará em seu ritmo e em condições realistas.

Isso depende logicamente da profissão e do trabalho que você for escolher, alguns dependem realmente (infelizmente) de uma educação formal, mas é importante que você conheça as opções.

Você quer ir atrás de diplomas universitários ou do sucesso?

Emprego x Trabalho

"Não encontro emprego, tem pouca oportunidade para mim, tem pouco emprego no momento." Como grande parte da população mundial dos últimos anos veio da educação formal, foi moldada e treinada para buscar emprego. Mas há uma enorme diferença entre emprego e trabalho. A escola tradicional ou educação formal nos prepara desde pequenos para sermos ótimos empregados. "Estude, entre em uma boa faculdade, consiga seu diploma e encontre um bom emprego." Trabalhe arduamente das 8 h às 17 h ou das 9 h às 18 h em uma boa empresa, faça um bom trabalho, alcance novos cargos e tenha um grande caminho dentro da empresa.

Que pensamento é esse? Será que não é possível mostrar os caminhos e permitir que o ser humano, com seu livre-arbítrio escolha o seu? Quem disse que esta é a única/principal ou melhor forma para seguir? Será que todos têm de seguir este mesmo caminho?

Novamente reforço que o objetivo deste livro é mostrar o que não nos é ensinado, mudar a forma de visualizar o mundo e mostrar os caminhos. Cada um tem total direito de escolher o que achar ideal para sua vida.

Você já parou para pensar que grande parte da população ganha um salário de até R$2 mil mensais, trabalhando de segunda a sexta das

8h às 17 h, e muitas vezes aos sábados também, enquanto muitas outras pessoas que não passaram pela formação educacional tradicional e prestam serviços técnicos ou especializados chegam a ganhar facilmente este valor em apenas uma semana? Sem patrão, fazendo seu próprio horário e com liberdade?

Estamos na era da informação, em que não existem mais barreiras geográficas, a internet permite que pessoas trabalhem de qualquer lugar, dentro de sua própria casa, em qualquer horário, a qualquer dia. As empresas cada vez mais buscam resultados e não cumprimento de horário. "Quem trabalha não tem tempo para ganhar dinheiro", essa frase reflete exatamente a mudança que estamos passando.

Já tive a experiência de trabalhar em uma empresa tradicional, durante o horário comercial, e me sentia em uma espécie de prisão. Não fazia sentido ter que estar fisicamente lá se sabia que talvez naquele dia ou horário não geraria receita ou lucro para a empresa.

O avanço da internet, celulares e diversas tecnologias de comunicação a distância permitiram uma forma de trabalho jamais vista em tempos anteriores, o modelo de trabalho que seus pais ou avós vivenciaram, pós-revolução industrial, já não é mais o mesmo. Novas possibilidades e formatos de trabalhos surgiram para carreiras flexíveis e independentes. Cada vez mais pessoas em todo o mundo estão despertando para a realidade de que não é mais preciso e necessário unicamente ter um emprego formal durante o horário comercial.

Novos profissionais independentes, donos de pequenas empresas, programadores, designers gráficos, consultores, escritores, *freelancers*, e vários outros fazem contribuições valiosas para empresas e sociedade, são quatro de cada dez novos empregos na economia atual.

Um tempo atrás esses profissionais e trabalhos não existiam neste formato, além dos tradicionais trabalhos, os quais acredito muitos terem sido educados desde pequenos a seguir, assim como eu, por seus pais. Advogados, bancários, médicos, dentistas etc. Havia poucas outras opções, que eram tachadas pelo status ou garantia de sucesso profissional.

Não que essas profissões não sejam importantes, muito pelo contrário, são e muito, porém hoje existem diversas outras opções de carreiras promissoras, o que não existia em tempos atrás.

Em um de meus primeiros trabalhos, em uma empresa familiar, tinha a função de fazer o atendimento telefônico de clientes de todo o Brasil. Sabia que ficava boa parte do dia com tempo ocioso, enquanto poderia estar fazendo outras coisas, mas estava preso às 8 horas diárias. Pensei que, com aquela quantidade de pedidos e ligações, poderia tranquilamente atender outras empresas e ainda sobraria tempo. Por que não trabalhar de minha casa, com telefonia VoIP, a qual me permitia atender ao telefone pelo próprio computador conectado a internet, enquanto estivesse fazendo outras coisas? Poderia atender no mínimo dez empresas nestas características, reduzir significativamente o custo para cada uma delas, aumentar minha receita, trabalhar de casa e ainda ter a liberdade de fazer outras coisas enquanto não houvesse ligações, sem a sensação de estar "preso" em um emprego tradicional. Com a demanda poderia contratar outras pessoas para realizarem o atendimento e assim construir um novo negócio. O negócio se mostrou rentável, mas, problemas de tecnologias, não planejados no início das atividades, relacionados à qualidade da telefonia VoIP na região daquela época, acabaram inviabilizando o negócio. Contudo, foi uma fase muito interessante, com um grande aprendizado e que ilustra muito bem nossa relação entre emprego x trabalho.

Está cada vez mais fácil construir negócios na era da tecnologia, ou simplesmente prestar serviços sem estar vinculado a uma única empresa; é preciso apenas de uma dose de criatividade, falaremos mais sobre isso adiante. Nos EUA, mais de 1/3 dos trabalhos atuais são no formato de *freelancer*, realizados em qualquer lugar, para uma ou mais empresas, gerando menos custos e encargos para a empresa, com muito mais qualidade de vida para quem fornece os serviços, muitas vezes de sua própria casa.

Grande parte dos trabalhos atuais não dependem mais de esforço físico e manual, muito menos de presença física. Em um mundo cada vez mais conectado e globalizado, em uma era de computadores baratos, dispositivos móveis com conexão a internet de baixo custo (sim, no Brasil ainda temos muito a melhorar, mas estamos a caminho), a facilidade para esse tipo de trabalho é cada vez maior e muitas vezes ele é até incentivado por milhares de empresas.

Afinal, horas de trânsito, custos com deslocamento, alimentação fora de casa, limpeza e cuidados de casa e filhos consomem uma grande quantidade de dinheiro que pode ser evitada ou ao menos diminuída com esta nova forma de trabalho.

A universidade só forma empregados

Vejamos o texto escrito pelo amigo, empresário e consultor Renato Bernhoeft que retrata muito bem o foco da educação tradicional nos dias de hoje e a nítida formação de empregados.

Por Renato Bernhoeft
Presidente da Höft —
Consultoria em transição de gerações

Continua sendo algo raro um empreendedor que tenha cursado, ou concluído, um curso superior. E isto não apenas no Brasil. Bill Gates que o diga.

A maioria dos cursos de nível acadêmico — Administração de Empresas, especialmente — não estimulam o desenvolvimento do espírito empreendedor. Muito ao contrário, o inibem com a complexidade de análises de viabilidade exigidas que terminam inviabilizando qualquer sonho ou aspiração de pessoas mais independentes.

Neste poder de "castração" da livre iniciativa a escola só perde para a estrutura familiar que continua educando seus filhos para o modelo do emprego convencional. Exemplo disto é o caso de pais que ainda orientam seus filhos dentro da mentalidade exclusiva de "conseguir um bom emprego numa grande empresa, de preferência multinacional".

E este fenômeno é mais comum na classe média, que se acostumou com a falsa ideia da segurança e "status" do vínculo empregatício que assegura um rendimento no final do mês. Mesmo passando a vida toda insatisfeitos com a sua situação. Valoriza-se uma pseudossegurança em detrimento da realização pessoal e profissional.

Para comprovar o que afirmo vale registrar reportagem recente feita por uma revista de circulação nacional, a qual realizou entrevistas com um seleto grupo de alunos egressos do curso de graduação da mais renomada escola de Administração do país. Perguntados sobre quais eram seus planos, mais de 90% colocou como máxima ambição conseguir um bom emprego numa grande empresa. Exceções foram os alunos — boa parte do sexo feminino — que declararam seu interesse em criar seu próprio negócio no curto ou médio prazos.

É difícil compreender como frente a todos os desafios e mudanças atuais do mercado de trabalho a escola ainda não tenha compreendido que seu papel não é preparar pessoas apenas para serem empregados, mas criar outras alternativas que fujam do convencional e ajustem-se com a rapidez que o mercado exige.

É digna de registro a iniciativa da Universidade de Harvard, dos Estados Unidos. Conhecida como a "West Point do Capitalismo", a Escola de Administração de Empresas de Harvard acaba de mostrar sua capacidade de se adaptar às novas exigências dos seus verdadeiros "clientes". Substituiu seu curso de Administração "Geral", pelo curso de "Administração Empresarial".

Isto aconteceu após verificar que em 1999 mais de 25% das matérias facultativas escolhidas por seus alunos eram do Departamento de Empreendimentos, que 20 anos atrás tinha apenas duas classes.

Esta mudança não significa que Harvard não vai continuar preparando executivos para a IBM, General Motors, Ford e outras grandes corporações americanas, mas apenas que este preparo não serve mais para o número crescente de alunos interessados em trabalhar em médias e pequenas empresas, onde as habilidades e conhecimentos requeridos são muito diferentes.

Vale registrar que essa mudança de "foco" de Harvard possui um significado muito grande. Muitas instituições de ensino tradicional continuam agindo como se o seu cliente fosse o "aluno". Não perceberam ainda que o "aluno" é o produto que elas oferecem ao mercado. E este mercado está mudando muito rapidamente, e não quer mais aquele tipo de "produto" das décadas anteriores.

A cada dia que passa algumas questões tornam-se mais claras e devem ser olhadas com maior interesse, tanto pelos profissionais que ingressam no mercado de trabalho, quanto por aqueles que já estão no mesmo e por instituições que têm como atividade principal preparar esses profissionais. Podemos destacar alguns pontos: educação e desenvolvimento são processos permanentes. Eles não terminam com o diploma ou formatura no final do período letivo. Também não se limitam às atividades em sala de aula ou à presença de um professor.

> Cada vez mais as pessoas necessitam entender que ninguém desenvolve ninguém. O processo é interior e o aprendizado decorre da disposição das pessoas em aprenderem. E aprende-se tanto por meio da observação, leitura, diálogo, reflexão e quanto por tantas outras formas que aguçam nossos sentidos.
>
> Outra tendência é que cada dia necessitamos ampliar nossa visão de mundo e da realidade multicultural. Lidar com a diversidade vai ser mais exigido dos profissionais. E, para isto, torna-se necessário romper com o modelo dualista típico do certo e errado. Vivemos em uma sociedade repleta de ambiguidades e incertezas.
>
> Para tanto a escola nos prepara muito pouco. É necessário que cada um busque suas perguntas e respostas num ciclo permanente.
>
> No Brasil, como no resto do mundo, existem médias e pequenas empresas e empreendedores surgindo velozmente, buscando um "perfil" profissional mais ágil e menos afeito às soluções das receitas e manuais de administração.
>
> Não é por outra razão que "educação" virou um negócio de alto interesse para grupos empresariais e investidores, que estão apostando alto nesta nova tendência do mercado.

Sete habilidades para uma vida feliz e de sucesso, que você não aprende na escola

Que tal trocarmos sete disciplinas que você já teve na escola, faculdade ou especialização e que até hoje não sabe para que e onde vai utilizar por ser disciplinas essenciais, práticas e presentes na vida de grande parte das pessoas de sucesso? Você estaria disposto a fazer esta troca?

Que tal em vez de você estudar sobre as partículas de elétrons, prótons e nêutrons de um átomo, calculando cada uma de suas quantidades, utilizando uma tabela periódica e fórmulas "pequenas", você aprender como utilizar e dominar sua mente em seu dia a dia, de forma prática?

Que tal em sua aula de História você aprender também a história de grandes empresários e líderes da atualidade? Aprender o que fizeram, seus erros, sua forma de pensar, de maneira a inspirar-se a realizar grandes obras?

E se você pudesse "vender" para seu professor ou colegas de classe uma ideia, um conceito, uma opinião, uma visão, algo que goste de fazer? Não estou dizendo em ter que ir para frente de uma turma ler um PowerPoint cheio de conteúdo ou decorar um monte de teoria da qual você não lembrará mais na semana seguinte. Por que você não é ensinado a vender, a se comunicar, a apresentar? O que fazem com você é justamente o contrário, deixam ainda mais aterrorizado em ter que ir até a frente da sala falar em público, você sai da escola traumatizado e promete que nunca mais fará isso de novo. Já vi pessoas em minha sala chorarem por terem que apresentar um trabalho. O que você acha que essa pessoa vai pensar sobre vendas quando estiver no mercado de trabalho?

Que tal se na sua aula de Matemática, em vez de aprender a descobrir o "x" com a fórmula de Bhaskara, você aprendesse uma simples equação da riqueza e educação financeira para conseguir lidar com suas finanças no dia a dia e garantir o futuro de sua família?

E se, ao aprender sobre juros, lhe mostrassem o quanto seu dinheiro pode render com escolhas de investimentos inteligentes?

E se além de lhe ensinarem a jogar futebol, basquete, voleibol e handebol, você aprendesse também a ter uma vida saudável e com qualidade em todas as áreas? Se aquela menina ou rapaz que não é bom atleta, que não gosta de bola, ou que não é tão bom quanto os outros colegas, pudesse mesmo assim descobrir alguma atividade física que tivesse prazer em realizar em vez de ficar traumatizado com a prática esportiva por suas limitações de habilidades naqueles esportes?

E se trocassem a aula de religião, que alguns colégios religiosos oferecem, pela aula de espiritualidade, em que o foco não seria essa ou aquela religião, a discussão não seria sobre crenças, mas que todos tivessem oportunidade de acreditar em seu Deus ou em sua crença, sem perder a espiritualidade?

Já que não consigo mudar essas disciplinas dentro da sala de aula tradicional, proponho a você buscá-las fora dela, seguindo as sete habilidades ou disciplinas essenciais que veremos a seguir:

- **HABILIDADE 1:** Aprendendo a utilizar sua mente
- **HABILIDADE 2:** Aprendendo sobre empreendedorismo
- **HABILIDADE 3:** Aprendendo a vender

- **Habilidade 4:** Aprendendo sobre marketing e sua marca pessoal
- **Habilidade 5:** Aprendendo a ser um líder
- **Habilidade 6:** Aprendendo sobre educação financeira
- **Habilidade 7:** Aprendendo a manter e cuidar de sua saúde e espiritualidade

Lembre-se que vou apontar os direcionamentos que você deverá seguir em sua educação autodidata. Meu objetivo não é lhe dar as respostas sobre todos os temas, e sim instigar você a cada vez mais buscar informação, conhecimento e prática sobre essas habilidades. Quero ensinar você a pescar e não lhe dar o peixe, e tenho total convicção que terminará a leitura deste livro com uma enorme fome e vontade de aprender cada vez mais, sobre o que de fato você precisa saber.

HABILIDADE 1

Aprendendo a utilizar sua mente

CAPÍTULO 1
Sua Mentalidade para o Sucesso

> Tudo é reflexo de sua mente

Leis mentais: entendendo como sua mente funciona e como utilizá-la a seu favor

"Seus pais fizeram o que você é fisicamente. Mas você pode fazer de si mesmo o que será mentalmente." Napoleon Hill

Leis mentais? O que isso tem a ver com meu sucesso?

Arrisco a dizer que no mínimo 50% de seu sucesso estará relacionado com suas atitudes mentais de hoje e de seu passado, elas serão suas principais ferramentas para o sucesso e prosperidade, não importa em que área ou trabalho. Têm tanta ou até mais importância que todos os capítulos que veremos a seguir, portanto, certifique-se de que tenha compreendido bem este princípio antes de avançar em seu estudo.

Tudo é reflexo de sua mente e a prosperidade é reflexo da atitude mental que você tiver durante sua vida. Nossa mente realmente é uma ferramenta muito poderosa — novamente não nos ensinaram sobre seu manuseio na educação formal. Assim como sua principal aliada, ela pode ser sua principal vilã do sucesso. A mente é a principal arma do ser humano, acredite. Grande parte da pobreza e infelicidade das pessoas existe justamente pelo desconhecimento de seu manuseio, mas se aprender a conduzi-la, você poderá usá-la a seu favor.

Você provavelmente já ouviu falar da "Lei de Causa e Efeito", na qual tudo o que você planta, você colhe. Portanto, pare um pouquinho e reflita, o que você está plantando em sua mente? Fomos treinados e ensinados desde pequenos, em casa e na escola, a conviver em um ambiente formatado muitas vezes pelo culto à pobreza, o que veremos a seguir. Diversas pequenas atitudes, conversas e pensamentos moldam o

4 HABILIDADE 1 | Aprendendo a utilizar sua mente

ambiente no qual somos inseridos e inevitavelmente colheremos estes frutos em um futuro próximo.

Você vai precisar entender o funcionamento de sua mente e começar a moldar e plantar novos pensamentos nela, para mudar seu destino e colheita. Somente você é responsável por isso.

Infelizmente, em sua educação formal ensinaram diversas leis: de Newton, da gravidade, entre outras. Fizeram você estudar o universo, outros planetas, que muito provavelmente você não conhecerá ou terá qualquer acesso, mas a lei que está dentro de você, a seu redor e presente em toda sua vida, talvez por estar tão perto e ser tão importante, foi esquecida das grades curriculares.

Entendendo como funciona sua mente

Diversos estudos e pesquisas já foram feitos para entender o completo funcionamento de nossa mente, desde as ideias iniciais de Freud, filosofias orientais, psicanalistas, cientistas, neurociência moderna, revistas, emissoras de TV etc. Em fevereiro de 2013, a revista *Super Interessante* número 315 apresentou uma reportagem de capa com o tema "O mundo secreto do subconsciente", a qual entre vários assuntos mostra que a emissora inglesa BBC perguntou a sete dos maiores experts do mundo em cérebro e cognição, de quatro grandes universidades (Oxford, Montreal, Columbia e Londres) sobre o tamanho do subconsciente e do consciente em nossa mente. Pelas estimativas dos especialistas, a consciência ocupa no máximo 5% do cérebro. Todo o resto, 95%, é o reino do inconsciente.

Considera-se subconsciente tudo aquilo que você em algum dia já ouviu, viu ou pensou. Todas estas informações ficam armazenadas na maior parte de sua mente.

Levando em conta que na sociedade atual somos bombardeados diariamente com notícias e acontecimentos negativos, como você acha que está sua mente agora, mesmo sem você saber?

Você liga a TV logo de manhã e é bombardeado por notícias ruins, pega o elevador e já estão reclamando do tempo, coloca o pé na estrada e já estão reclamando dos próprios motoristas, chega na empresa e estão reclamando do chefe, no intervalo você abre o jornal e novamente é bombardeado, na fila do banco novamente, é reclamação de tudo que é lado! A empresa é ruim, o chefe é ruim, o trabalho é ruim, a comida é ruim, o mundo ruim, o país é ruim, a economia é ruim, o dinheiro é pouco, a casa é pequena, as férias são curtas, a semana é longa... ufa.

Para aonde vai isso tudo? Para um pedaço "pequeno" de sua mente, correspondente a nada menos do que 95% dela.

E agora? A mente é ruim também? A vida é cruel?

Não! Você precisa alimentar e treinar sua mente. Vamos fazer uma analogia para melhor entendimento. Imagine um grande balde vazio, bolas pretas e verdes. O balde vazio é sua mente subconsciente, é desta forma que ela estava quando você veio ao mundo. As bolas pretas são todas as notícias negativas que vimos e estão presentes diariamente em nossa sociedade. As bolas verdes são os pensamentos e vibrações positivos. A cada dia de sua vida, seu balde, ou sua mente, é preenchida por bolas pretas e verdes. Quanto mais bolas pretas você preencher mais escuro ficará seu subconsciente. Temos duas formas para isso não acontecer: evitando ao máximo estar rodeado de notícias e pessoas negativas, o que nem sempre é possível em nossa sociedade, e a segunda forma, a qual depende unicamente de nós, que é colocar voluntariamente pensamentos positivos em nossa mente. Para cada bola preta que entrar no balde em função dos acontecimentos diversos você colocará duas bolas verdes. E o segredo será receber menos bolas pretas e mais bolas verdes.

E como faço isso? Evitando estar próximo de pessoas negativas, programas e jornais assim, mas isso não parece fácil nos dias de hoje, então a solução vai ser colocar o máximo de informação positiva. Repetição, treino, hábito, controle. A repetição e memorização são indispensáveis, seu consciente pode achar isso tolo, mas seu subconsciente não difere isso, então use-o a seu favor.

Sempre quando acordar e ao ir dormir comece a praticar esse hábito, repita para você mesmo ou em voz alta, de preferência na frente do espelho, palavras com vibração positiva. Mesmo que naquele momento tal afirmação não esteja manifestada no momento, afirme. Seu subconsciente não difere essa informação.

Mentalize frequentemente para moldar seu subconsciente afirmações positivas, como:

- Eu sou milionário
- Eu sou próspero
- Eu sou uma pessoa de muito sucesso
- Eu sou uma pessoa de muita sorte
- Eu atraio o sucesso
- Eu atraio a prosperidade
- Eu sou muito feliz
- Eu sou alegre
- Eu sou inteligente
- Eu sou lindo
- Eu sou maravilhoso
- Eu sou perfeito
- Eu atraio somente coisas e pessoas boas
- Somente coisas boas acontecem comigo

Ao começar a fazer isso, você sentirá uma vibração e energia positivas em seu corpo. A palavra é energia, ela tem vibrações. Ah, pegamos os elétrons e prótons então! Quando você está ao lado de pessoas assim não sente uma paz e alegria? E, do contrário, não tem um sentimento ruim? Isso é energia!

Quanto mais informação ou convívio negativo em sua vida, maior terá de ser sua dedicação de tempo nessas afirmações. Lembre-se de terminar o dia sempre com mais pontinhos positivos, ou bolas verdes no balde.

Você já reparou o tipo de conversa com pessoas de sucesso e com pessoas de menos sucesso profissional ou financeiro? Essa diferença é nítida e comprova o que vimos há pouco. Pessoas de mentalidade próspera falam de coisas prósperas e estão cercadas de pessoas prósperas. Pessoas de mentalidade pobre falam de pobreza e estão cercadas de pessoas pobres. Em que grupo de conversa você quer estar? Novamente a opção é sua, mas é importante conhecer a diferença de cada uma delas.

Comece a ler coisas de sucesso, frequentar lugares de sucesso, vestir-se como uma pessoa de sucesso, conversar com pessoas de sucesso, agir como pessoas de sucesso. Essa é a Lei da Atração, que já existe há milhares de anos.

Tudo que acontece em sua vida é reflexo de sua mente. Pense em um projetor multimídia, tudo que é projetado já existe, é apenas projeção, e se a lente por algum motivo estiver suja ou danificada, a projeção também é prejudicada.

Comece a plantar sementes positivas em sua mente, use seu subconsciente a seu favor e encha-o de pontinhos positivos. O resultado é surpreendente, e o melhor, não paga nada, aproveite!

Não estou dizendo, como algumas pessoas pensarão, ou provavelmente já pensaram quando viram o tal do segredo, que com isso você não precisa de trabalho, preparação, estudo, dedicação etc. Nada disso. A grande diferença é que, ao estar mentalmente condicionado ao sucesso e prosperidade, o universo/vibrações/energias, o que preferir, conspiram a seu favor. Você atrai pessoas com esta mesma vibração, atrai negócios, ideias etc.

A exemplo do comparativo de um controle remoto com sua televisão, os canais da programação da TV já estão todos disponíveis, mas para você conseguir assistir precisa sintonizar com aquele canal de seu interesse. E, isso, logicamente depende de uma ação, que só você pode realizar. O universo está repleto de pessoas boas, de boas ideias, de boas empresas, de muito dinheiro, tudo isso já existe, já está disponível a todos. Você só precisa sintonizar sua mente nesta mesma vibração para poder atrair estas coisas. Mesmo que esteja passando seu jogo favorito em um canal de esportes, se você não sintonizar o controle com aquele canal específico, por mais que o jogo esteja passando, você não poderá ver. É assim com nossa vida!

Foi justamente por isso que fiz questão de colocar este tópico no início de nosso estudo, como primeiro passo de nossa preparação. Somaremos isso com conhecimento prático e ações. Ações sem preparação não teriam resultados, assim como preparação sem ação também não. Então, vamos adiante!

O que você ouviu sobre dinheiro e sucesso quando criança?

Se você, como eu, nasceu em uma família de classe média, muito provavelmente ouviu desde pequeno algumas coisas sobre dinheiro e su-

8 HABILIDADE 1 | Aprendendo a utilizar sua mente

cesso, que em nada contribuíram para sua plantação mental. E como já vimos, sua programação mental está totalmente relacionada com seu sucesso pessoal e profissional do futuro.

- Somos pobres, mas felizes
- A casa é de pobre, mas é limpinha
- Não temos dinheiro para comprar isso
- Você acha que dinheiro dá em árvores?
- Você acha que sou feito de dinheiro?
- Os ricos são gananciosos
- Não somos ricos
- Você nasceu eu uma família pobre e será pobre também
- Nunca vou ficar rico
- Só se eu ganhar na Mega-sena
- O dinheiro não é importante
- Pessoas ricas não são felizes
- Você prefere ser rico ou feliz?
- Estude bastante para conseguir um bom emprego, meu filho
- O governo é sempre culpado
- Nesse país não dá pra ganhar dinheiro
- Estamos trabalhando bastante para conseguir trocar de carro e pagar nossa casa

Agora responda novamente, como você foi programado em relação ao dinheiro? Seus pais não fizeram por mal, eles não querem o seu mal, isso é reflexo de várias gerações, e você não precisa culpar ninguém, apenas tenha consciência que se quiser mudar os frutos e reflexo de sua mente, terá que reprogramá-la, e isso só depende de você.

Você precisará anular as crenças anteriores que ouviu sobre dinheiro e para tal terá que ler e falar sobre isso, afinal regravar seus pensamentos não será um trabalho de um dia para o outro, ou de uma semana para outra. Você passou anos ouvindo e falando sobre isso, talvez uma vida toda e precisará ter persistência para criar novos hábitos e crenças, os quais serão criados e plantados aos poucos para uma colheita futura. Você ainda estará colhendo no presente o que plantou no passado durante muitos anos, mas somente se começar a mudar sua plantação do presente que no futuro poderá colher frutos diferentes.

Seu futuro só depende de você, é você quem cria seu destino, não importa sua situação financeira atual, sua idade, sua profissão ou seu país. Não é culpa de ninguém, não é culpa do governo, você é o culpado por sua situação atual e só você pode mudá-la. Conscientize-se disso e comece a mudar. Não espere que para mudar sua situação atual você precise jogar na loteria, ganhar na Mega-sena, ou que o governo aumente o salário-mínimo, diminua os impostos, ou o que quer que seja. A riqueza não cairá em seu colo, você não terá resultados diferentes do que tem hoje fazendo as mesmas coisas e mantendo os mesmos pensamentos. E o melhor, você não precisa viver assim.

Não precisa escolher entre ser feliz e ser rico, você pode ser os dois. Existe muita gente com dinheiro que não é feliz, você pode pensar; sim, existe. Assim como existe muita gente que não é feliz e também não tem dinheiro. Uma coisa não tem nenhuma relação com a outra, veremos a seguir sobre felicidade, e você não precisa escolher entre elas.

> Você é o culpado por sua situação atual e só você pode mudá-la

Você não precisa dizer que não tem dinheiro para comprar tal coisa, pergunte-se: o que devo fazer, ou quanto devo poupar, para conseguir isso? Perceba a diferença entre os pensamentos, você pode continuar sem condições para comprar tal coisa naquele exato momento, mas no primeiro caso você bloqueou tal possibilidade, e literalmente se acomodou e fugiu de suas responsabilidades. Já no segundo, você abriu sua mente para pensar em possibilidades de como fazer, colocou sua mente e criatividade para trabalhar, abriu as portas e não as fechou.

Ser rico não é pecado. Sim, existem ricos gananciosos, assim como existem pessoas pobres gananciosas e más, novamente uma coisa não tem nenhuma relação com outra. Você deve pensar que almeja a riqueza não para prejudicar os outros ou para criar status, você almeja a riqueza para ajudar ainda mais pessoas, para pagar ainda mais impostos, para melhorar seu bairro, para ajudar seus familiares e a quem precisa e para gerar empregos. Sim, grande parte das pessoas ricas contribuem significativamente com a sociedade. No Brasil, ainda não temos o hábito frequente da filantropia, mas é muito comum vermos em outros países, principalmente nos EUA, pessoas ricas doando grande parte de

10 HABILIDADE 1 | Aprendendo a utilizar sua mente

suas fortunas para pessoas com necessidades, exemplos clássicos são Bill Gates e Warren Buffet, ambos nas listas dos homens mais ricos do mundo. E sem esquecer de um jovem bilionário, Mark Zuckerberg, ele foi o norte-americano que mas doou dinheiro em 2013!

Pagar imposto não é ruim; sabemos que existe muita corrupção, e que o dinheiro poderia ser utilizado de forma muito melhor, sabemos também que o serviço público que utilizamos não corresponde ao que pagamos, mas isso é uma questão política, devemos sim nos responsabilizar em escolher nossos candidatos e exigir reformas políticas e fiscais do governo, devemos sim ir às ruas protestar e mudar nossa sociedade. Mas, tenha consciência de uma coisa, para sua programação mental, quanto mais impostos você pagar, mais dinheiro você está ganhando, a conta é proporcional.

O dinheiro não é, nem de longe, o mais importante em sua vida, é apenas uma ferramenta para permitir que você conviva na sociedade. O dinheiro não tem nenhuma relação com a felicidade, mas a falta dele tem inúmeras relações com problemas na sociedade atual, veremos mais sobre isso adiante.

Como atrair a prosperidade

Vimos acima como funciona a mente, a partir de agora você pode utilizá-la a seu favor em qualquer área de sua vida, como na financeira e profissional. Você viu que 95% de sua mente é composta pelo subconsciente, a base da pirâmide, e seu consciente, por 5%. Se pensamentos estão totalmente ligados a ações, chegamos a conclusão de que se uma pessoa tem ações que não são resultantes em sucesso e felicidade, é porque esta ação veio de seu consciente, que é apenas uma pontinha do iceberg de seu subconsciente, o qual com toda certeza estava programado e condicionado para este tipo de ação e reação. Precisamos olhar para a essência, para a causa e não para o reflexo que se manifestou. Você não poderá mudar sua situação profissional, financeira, amorosa ou social tentando mudar o reflexo, ou seus atos, por mais que você queira e se esforce, verá que as coisas acabam não se concretizando, porque você não mudou a essência, sua mente, subconsciente.

Veja algumas diferenças claras de mentalidade:

Observação: Os termos "rico" e "pobre" apresentados não se referem à condição financeira ou econômica de tal pessoa, e sim de suas atitudes mentais, pensamentos e mentalidade.

Pessoas de mentalidade *pobre* reclamam da falta de dinheiro. Pessoas de mentalidade *rica* conversam sobre como ganhar mais dinheiro.

Pessoas de mentalidade *pobre* pensam pequeno. Pessoas de mentalidade *rica* pensam grande.

Pessoas de mentalidade *pobre* passam horas e horas assistindo a TV. Pessoas de mentalidade *rica* leem livros e revistas sobre prosperidade e sucesso.

Pessoas de mentalidade *pobre* não gostam do que fazem. Pessoas de mentalidade *rica* fazem o que gostam (amam).

Pessoas de mentalidade *pobre* invejam pessoas ricas. Pessoas de mentalidade *rica* admiram pessoas ricas.

Pessoas de mentalidade *pobre* visualizam problemas e dificuldades em tudo. Pessoas de mentalidade *rica* visualizam soluções e oportunidades em cada aparente problema.

Pessoas de mentalidade *pobre* deixam o medo as bloquear. Pessoas de mentalidade *rica* usam o medo a seu favor.

Pessoas de mentalidade *pobre* têm medo do risco. Pessoas de mentalidade *rica* aprendem a controlar seus riscos e arriscar sempre.

Atitudes mentais que rejeitam a prosperidade (do livro *A prosperidade em suas mãos*, de Yoshihico Iuassaca – editora Seicho-No-Ie do Brasil – 17ª edição)

- "Inveja de pessoas ricas": A palavra inveja vem do latim "não querer ver". Ao não querer ver pessoas ricas, você está rejeitando a própria riqueza. Você não precisa ter inveja de pessoas ricas, não precisa ter inveja de seu vizinho porque ele trocou de carro, foi promovido, ou está ganhando mais, a inveja só vai fazer com que a prosperidade se afaste cada vez mais de você. Mude sua atitude mental de inveja para admiração, procure entender o que estas pessoas estão fazendo, o que estão pensando, onde estão andando, com quem estão saindo. Aprenda com elas e não inveje. A riqueza e o sucesso são infinitos, felizmente seu vizinho não precisa ser um fracassado para você ser um sucesso, e vice-versa, ambos podem ser um sucesso, por isso não há motivos para ter inveja.

- "Pensamentos negativos": Comece a observar o comportamento e o reflexo das pessoas a seu redor, veja se as pessoas que mantêm sempre pensamentos negativos e que reclamam de tudo e de todos atraem coisas boas ou negativas para si. Observe o mesmo comportamento em pessoas bem-sucedidas. Você não precisa reinventar nada, não precisa estudar nada para isso, basta simplesmente observar os dois tipos de comportamento e escolher qual você quer seguir, simples assim.

- "Ver o concorrente como inimigo": É muito comum não só entre empresas, mas principalmente entre pessoas, da mesma empresa, da mesma família etc. "Aquele cara roubou minha vaga", "Aquele cara abriu um negócio na frente do meu", "Esse novo rapaz que entrou na empresa agora vai me prejudicar". Tenha certeza de uma coisa, concorrente não só não é seu inimigo como é sua maior ferramenta para o sucesso. Isso mesmo, você não leu errado. Se não existissem concorrentes muitas pessoas estariam no mesmo lugar até hoje, muitos negócios estariam atuando da mesma forma há anos e décadas, inúmeras invenções, descobertas e melhorias no mundo não teriam surgido. É o concorrente ou oponente que nos faz reinventar a cada dia, que faz nossa criatividade ir a busca de coisas novas, que faz nos esforçarmos ainda mais no trabalho, é isso que faz o mundo girar. Agradeça a seu concorrente, agradeça a pessoa que está "concorrendo" com a mesma vaga ou posição que a sua, ela fará você extrair o máximo de capacidade que possui.

- "Viver com a mão fechada": Vamos estudar mais à frente sobre educação financeira. Assim como temos muitas pessoas que não conseguem controlar suas finanças e vivem acima de suas situações financeiras atuais, existe o oposto que cultiva o dinheiro como uma raridade. E as duas atitudes, os dois opostos em excesso, prejudicam sua situação financeira e mental.

- "Pagar as contas se queixando": Quer uma experiência melhor do que esta? Observe o semblante, os pensamentos e conversas das pessoas que estão na fila do banco. É incrível! Ainda acho que esse deve ser um dos lugares mais poluídos mentalmente por metro quadrado. Cuidado você que transita frequentemente por lá, ou que trabalha por lá, é hora de mudar esse quadro. Agora pense um pouquinho, você já viu algum mendigo de fato, na fila de um banco, pagando as parcelas de seu veículo, casa ou viagem do final de ano? Provavelmente não, ou não seria um mendigo. Só tem conta para pagar quem tem crédito, só tem crédito quem supostamente tem condições de pagar e só tem condições de pagar quem tem dinheiro. Ou você prefere estar na posição do mendigo, sem ter mais nada para pagar pelo resto da vida? É possível, você que escolhe. Sugiro começar a agradecer a cada vez que for pagar alguma coisa. Vai pagar a parcela do carro, agradeça por ter a oportunidade de comprar e ter aquele veículo, vai pagar a escola de seu filho, agradeça por ter oportunidade de fazer isso, vai pagar sua dívida, agradeça pela oportunidade que teve, e pelo aprendizado, espero.

- "Trabalhar sempre em benefício próprio": Veremos a seguir que sucesso e prosperidade estão totalmente relacionados também com a quantidade de pessoas que seu trabalho, produto, serviço ou ideia beneficiarão, quanto mais, melhor.

- "Culto a pobreza honrada": O ser humano, em especial o brasileiro, até mesmo por sua história, de colonizadores e descendentes, parece ter orgulho ou até mesmo necessidade de se mostrar um coitado. E querer se mostrar um coitado é o maior fracasso que você pode ter. Querer que as pessoas tenham pena de você, ou mostrar que porque nasceu em uma família pobre, ou em uma cidade x ou y, não pode ter sucesso. Não importa sua situação atual e sim onde você quer estar. E mais, grande parte dessas pessoas que cultivam a pobreza honrada já possuem muita coisa, nunca vi um mendigo ter honra da pobreza, é muito mais comum ver isso em pessoas de classe média, que não são pobres, mas também por algum motivo não conseguiram ainda sair do meio e migrar para o outro lado.

Atitudes mentais que atraem a prosperidade (do livro *A prosperidade em suas mãos*, de Yoshihico Iuassaca)

- "Manter sempre o pensamento "já sou rico"
- "Falar e pensar somente em prosperidade"
- "Agradecer o que já tem"
- "Gostar de seu trabalho e de sua profissão"

Como ser mais otimista

Vejamos o texto escrito pelo grande amigo Ômar Souki, autor de mais de 19 livros sobre mente, espiritualidade e prosperidade. Como ser mais otimista não parece ser uma tarefa fácil nos dias de hoje, mas você verá que com pequenas mudanças de atitudes isto é sim possível.

Por Ômar Souki

"É perigoso ser otimista". "Quer dizer que, mesmo que tudo esteja errado: a corrupção na política, a violência, a miséria, a poluição desenfreada, você acha que está tudo bem?". "Isso me cheira mais a irresponsabilidade e falta de compromisso". Essas frases refletem a postura de pessoas que confundem otimismo com alienação. Elas têm medo do otimismo, porque não o conhecem.

Mesmo as pessoas otimistas por natureza se sentem culpadas por manter um alto-astral nesse contexto aparentemente caótico. De fato, estamos enfrentando desafios colossais. Há uma distância perniciosa entre ricos e pobres. Ainda prevalece a mentalidade da escassez: para que eu ganhe é preciso que o outro perca ou, se o outro ganhou é porque eu perdi. Até parece que a atitude ganha-ganha (para que eu ganhe não é preciso que o outro perca — podemos ambos ganhar) não funciona.

Há também pessoas que até gostariam de ser mais otimistas, mas diante da aparente perversidade do mundo, acham que não é possível. Elas se perguntam: "Será que posso ter expectativas positivas frente a tantos desastres e conflitos?".

Fora os otimistas convictos como você e eu, podemos, então, identificar, pelo menos, três outros tipos de pessoas:

(a) As que têm medo do otimismo.

(b) As que são otimistas, mas se sentem culpadas.

(c) As que gostariam de ser mais otimistas, mas não sabem como.

Não é preciso ter medo do otimismo — ele não indica fuga da realidade. Pelo contrário, uma atitude positiva diante da vida aumenta, em vez de diminuir, nossas possibilidades de solução de problemas.

O otimista não ignora os problemas e as crises, apenas acredita que existe solução. Esse foco na solução e não no problema é a característica básica de toda liderança. Para ser líder, em qualquer situação, seja na vida, nos negócios ou na política, é importante, antes de mais nada, que a pessoa seja otimista.

Se você não adota uma expectativa positiva e não se enche de entusiasmo, logo pela manhã, não consegue enfrentar seu dia. Sem uma atitude mental positiva, a pessoa desanima, para e se enfraquece.

Inúmeras pesquisas comprovam que o otimismo é fonte de saúde. Norman Cousins, um médico norte-americano, constatou que estava com uma doença incurável. De acordo com os exames, teria apenas mais seis meses de vida. Por isso, dedicou-se a fazer só o que gostava: viajar mais, assistir comédias e soltar boas gargalhadas. Após seis meses, repetiu os exames. Constatou que estava completamente curado. O seu otimismo e a sua alegria o haviam curado. Escreveu o livro O poder curador de sua mente, no qual explica como foi que o otimismo teve um papel fundamental em fortalecer seu sistema imunológico.Estudos realizados na Universidade de Harvard comprovaram que os pessimistas são mais propensos a doenças. Foi constatado que eles tendem a ser mais passivos. São mais lentos em tomar decisões e em tomar as rédeas das crises. Por isso vivenciam mais dificuldades durante a vida do que os otimistas. A pergunta óbvia, portanto, é a seguinte:

Como ser mais otimista?

Mude sua forma de explicar os desafios. Por exemplo, ao perder um texto que acabou de digitar, não diga "estou perdido", "que desgraça" ou "isso sempre acontece comigo". Pelo contrário, respire fundo e diga para você: "sim, isso é frustrante, estou chateado — mas posso agora escrever algo melhor ainda". Dê significados positivos até mesmo às coisas que são aparentemente desagradáveis. Lembre-se que toda moeda tem dois lados.

Mude seu padrão de pensamento. Alguns pensamentos comuns são os seguintes: "Será que vou conseguir chegar a tempo hoje?", "Será que serei assaltado no ônibus?", "Acho que será difícil vender para aquele cliente.", "Talvez o mundo não resista a mais essa catástrofe ecológica". Mude para: "Hoje vou chegar dez minutos antes de meu compromisso", "Este dia trará surpresas agradáveis para mim", "Estou preparado para encantar meus clientes" e "Mesmo que o mundo acabe hoje, vou tratar a todos com gentileza".

Procure conviver mais com pessoas otimistas. Seja mais cuidadoso ao escolher suas companhias. Sempre que possível, evite pessoas que só sabem reclamar. Observe à sua volta e identifique aquelas que estão mais dispostas e felizes. Aproxime-se delas e sentirá a irradiação positiva que emana dos otimistas convictos. Deixe-se contaminar pelo otimismo. É bom para a saúde e melhor ainda para suas vendas!

Capítulo 2
Seu Comportamento para o Sucesso

> Comece a estudar e ler sobre as pessoas de sucesso

Pense grande

"As pessoas malucas o suficiente para acreditar que podem mudar o mundo são as que realmente o mudam." Steve Jobs

Você já percebeu que todos os grandes líderes, empreendedores e pessoas de sucesso pensam grande? E, por outro lado, a grande maioria da população contenta-se e acomoda-se com pouco, pensando sempre pequeno?

Qual a diferença de trabalho entre pensar grande e pequeno? Paga algo a mais por isso? Preciso ter alguma coisa especial? Precisa ser rico?

Até agora, tudo o que vimos em relação às pessoas de sucesso não envolve ter dinheiro (e você verá ao longo deste livro que isto está muito longe de ser necessário para iniciar uma carreira ou negócio). Evolve comportamento, é isso que vamos trabalhar.

Você tem um objetivo nessa vida, que é ajudar o maior número possível de pessoas com seu trabalho, esforço e dedicação. Se eu pensar em um trabalho ou negócio que vai ajudar uma pessoa, vou ganhar por uma pessoa. Se eu pensar em um trabalho ou negócio que vai ajudar 100 pessoas, vou ganhar proporcionalmente a essas 100 pessoas. Se eu pensar em um trabalho ou negócio que vai ajudar 1.000, 10.000, 100.000, 1.000.000 de pessoas, vou receber de acordo com isso também.

Comece a estudar e ler sobre as pessoas de sucesso, você verá que todas pensavam grande, sem exceção. O mundo precisa de pessoas assim, somente dessa forma que conseguiremos inovar e construir grandes projetos.

18 HABILIDADE 1 | Aprendendo a utilizar sua mente

O grande problema é que nossa sociedade, oriunda de uma educação tradicional, tende a questionar e julgar esse tipo de pessoa. Então, não tem outra saída, esteja preparado a escutar todos os tipos de coisas. Você vai ser chamado de louco, e isso é bom.

Costumo dizer, enquanto não estiverem me chamando de louco, estou pensando pequeno demais e é preciso rever os conceitos. Cansei de contar as vezes que me chamaram de louco ou irresponsável por pensar tão grande. "Você deve pensar pequeno", alguns me dizem. Vem cá, o mundo já está lotado de pessoas pensando pequeno, por que tenho de ser mais um? Se pensar pequeno já automaticamente limita todas as possibilidades de ser grande, prefiro pensar grande e mesmo se não conseguir voltarei a ser pequeno, assim como os outros, mas ao menos tentei. Logicamente, a possibilidade de você errar ou o tamanho de seus potenciais problemas serão muito maiores pensando grande do que pensando pequeno, a queda é maior também, sem dúvidas.

Mas a vida é uma só, como você quer ser lembrado quando morrer? Pense nisso.

O que diria de um jovem de 21 anos que abandonou a faculdade, sem dinheiro, para ir atrás dos maiores autores, gurus e especialistas do Brasil em educação financeira, empreendedorismo, vendas, liderança, marketing, e criar uma empresa de educação com cursos baseados em seus livros?

Só pode estar louco né? Pois é, e estava, tão louco e inconsequente que fui lá e fiz.

A arte de sonhar

Realizo sonhos a cada dia, ter um negócio próprio de sucesso já é um grande sonho, escrever um livro é um sonho, assim como cada conquista do dia a dia. Meu grande objetivo é construir um legado, quero construir negócios que ajudem e melhorem a vida de milhares ou milhões de pessoas, quero ser lembrado não pela quantidade de bens ou dinheiro ganho, mas pelo impacto que pude deixar e contribuir para a vida das pessoas.

Para alcançar seus sonhos primeiramente é preciso sonhar, muitas pessoas não sonham mais, acham que isso é coisa de louco, irresponsável. Mas o mundo precisa de grandes sonhos, de grandes projetos, de grandes empresas, de grandes líderes. Não tenha medo de sonhar, e sonhe grande! O preço é o mesmo.

Se você tiver um sonho em que realmente acredita, que lhe proporcione alegria, paixão e vontade de acordar todos os dias para realizá-lo é porque você pode conseguir e não desistirá durante o caminho. E aí, meu amigo, só depende de você, de sua atitude e persistência: se você tem um sonho, coloque na cabeça que só irá abandoná-lo quando partir deste mundo, antes disso vá a luta e não desista jamais, a vida é uma só, muito curta para viver o sonho de outras pessoas.

Todos os grandes negócios, grandes empresas, grandes invenções nasceram de um sonho, se essas pessoas tivessem deixado de sonhar ou simplesmente não realizado seu sonho pelo medo de errar, pela segurança de seu emprego, pela falta de dinheiro, ou por qualquer outra desculpa, muito do que temos hoje não existiria. Você já imaginou sua vida sem energia elétrica, sem computador, sem internet, sem celular, sem automóvel, e tantas outras invenções do ser humano? Tudo começou com um sonho, e se você começar a estudar a história de cada um destes sonhos, verá que eles foram recheados de dificuldades e desafios, muitos deles nascendo em momentos de crise, de famílias humildes, sem um tostão no bolso, desacreditados pela sociedade.

> O mundo precisa de grandes sonhos

Infelizmente na escola não aprendemos sobre histórias de pessoas de sucesso, como elas desenvolveram seu sonho. A história se repete em cada caso de sucesso, engana-se quem acha que essas pessoas são super-heróis ou possuem poderes maiores do que você. Elas são humanos assim como nós, erram como qualquer um, têm problemas e dificuldades, a única diferença é que não perdem o encanto de sonhar. E você também pode fazer parte da história da humanidade, basta sonhar e ir atrás de seu sonho. Não paga nada e você ainda corre o risco de realizá-lo, está esperando o que, meu caro? Vamos causar impacto no universo?

Vencendo o medo

Um dos principais entraves do ser humano em realizar algum tipo de atividade fora de seu cotidiano, de sonhar, de pensar grande, é o medo, que acaba paralisando muitas pessoas. Medo de falar em públi-

20 Habilidade 1 | Aprendendo a utilizar sua mente

co, medo de errar, medo de fracassar, medo do que os outros vão achar etc. Sentir medo é natural, o problema é não agir em função do medo, que nada mais é do que um bloqueio interno e mental. A única forma de corrigir isso é através da atitude mental, como vimos anteriormente, e da prática.

Robert Kiyosaki, em um de seus livros, fala como foi ensinado a eliminar o medo de vender, que nada mais era o medo de falar com pessoas desconhecidas. Sua lição foi uma só: para eliminar o medo de falar com pessoas desconhecidas só existe uma forma, falando com o máximo de pessoas desconhecidas que você puder. E isso é com tudo: para perder o medo de nadar você precisa aprender a nadar, começando a nadar. Sim dói, bastante, confesso. Por isso quanto mais rápido você puder fazer isso, melhor. Menor será o sofrimento e mais rápido ele passará.

Tenha medo de desperdiçar sua preciosa vida fazendo o que você não gosta.

Tenha medo de não tentar realizar seus sonhos.

Tenha medo de se arrepender por aquilo que você não tentou.

Tenha medo de ver seu vizinho abrindo o negócio que você por anos ficou imaginando.

Tenha medo de ser apenas mais um no mundo.

Tenha medo de ser igual a todos.

Tenha medo de viver uma vida por aparências.

Tenha medo de chegar em sua aposentadoria sem condições financeiras.

Tenha medo de sobreviver e não viver.

Tenha muito medo disso tudo e nunca mais terá medo de ir atrás de seus sonhos.

Mantenha o espírito de humildade, sempre!

Pensar grande e sonhar não tem nenhuma relação com ser arrogante. Mantenha sempre o espírito de humildade. Sinto lhe dizer, mas você não é nada e não sabe nada perante o tamanho do universo. Somos mais de sete milhões de pessoas dentro de um planeta, sem considerar outros seres vivos e todo o universo ao redor, cada um com uma história, com experiências e habilidades. Pessoas de sucesso sabem ouvir e respeitar qualquer pessoa, indiferente da profissão, idade ou classe social, todos possuem experiências de vida, visões e opiniões, muitas delas diferentes da sua.

Portanto, esteja disposto a aprender sempre, com tudo e com todos, mantenha o espírito jovem e curioso, aberto a novas ideias, novos conhecimentos, novas pessoas e novas experiências. No momento que você achar saber tudo e nada ter a aprender, é sinal que já concluiu sua missão neste mundo e não tem mais o que aprender com ele.

Um sinal muito comum de jovens é achar que já sabem tudo e que estão prontos. Também já tive esse sentimento, mas garanto para você que é o pior erro que poderá cometer. Mesmo que você viva dez vezes até os 100 anos terá muito a aprender, o aprendizado e experiências são infinitas.

> Esteja disposto a aprender sempre

Esse fato também é muito comum nos adultos experientes que perderam a curiosidade de uma criança.

Você pode!

Alguma coisa do que vimos até aqui parece realmente muito difícil ou impossível de ser feita? Você acha que precisaria de um MBA para aprender isso?

São conceitos simples, mas totalmente práticos, e o mais importante: à disposição de qualquer pessoa, a custo zero. Sim, qualquer pessoa pode ser milionária, qualquer pessoa pode ser bem-sucedida, basta entender esses conceitos básicos da vida e colocá-los em prática, não existe segredo nem fórmula mágica.

E por que não ensinaram sobre isso na escola ou na faculdade? Por que isso tudo que estamos vendo não está na teoria moderna da Administração, não está nos teoremas de Pitágoras, nem nos vestibulares ou provas de concurso. Isto está na vida, na prática, e o que foi construído dentro de uma escola tradicional, saiu lá de dentro por pessoas que muitas vezes seguiram o caminho acadêmico e infelizmente não aprenderam sobre estas lições.

Atalhos e fórmulas mágicas

O ser humano tem por costume buscar atalhos para alcançar seus objetivos. Mesmo sabendo o caminho que deve percorrer e o caminho que outros já percorreram, acha, por algum motivo, que com ele será diferente e mais fácil. O reflexo disso vivenciamos diariamente, com pessoas em busca de fórmulas mágicas para emagrecer, mesmo sabendo que para isso basta fazer exercícios físicos e ter uma boa alimentação, gastando mais calorias do que se consome. Mesmo assim não faltam alternativas e atalhos, e logicamente existem porque há pessoas que pagam por isso, e muito. O mesmo se aplica a diversas outras coisas: aprender um novo idioma, planejar uma aposentadoria com planejamento financeiro, montar o próprio negócio etc. Não queira reinventar a roda, você pagará muito mais caro por isso e terá uma grande probabilidade de ficar pelo caminho.

Felicidade

Em um momento em que muito se fala em capitalismo, receita, dinheiro e riqueza é importante refletirmos, afinal isso também não é discutido no dia a dia tradicional. De onde vem a felicidade?

Pare para pensar um pouquinho sobre isso, de onde você acha que vem a felicidade?

Será mesmo que é no sucesso ou na prosperidade? Ou será na pobreza como alguns dizem? Afinal, como diz o velho ditado "Sou pobre, mas sou feliz".

Muitas pessoas passam a vida toda atrás da felicidade, buscam em todos os lugares, em diferentes regiões, em diferentes empregos, em diferentes trabalhos, em diferentes pessoas. Procuram, procuram, procuram, mas acabam não encontrando. Por que será?

Como não encontram a felicidade, a solução é buscar soluções para o "prazer", com significado totalmente diferente. Prazer é momentâneo, quem busca a felicidade em bebidas, dinheiro, drogas, compras, remédios, está buscando o prazer, e daí que surge o vício. Como o prazer é momentâneo, mas dá uma boa sensação, a solução é repetir esse prazer, até você ficar escravo e viciado nele.

Devem de fato ter colocado a felicidade em um lugar muito bem escondido, ou no alto da montanha. Tão bem escondido que o ser humano, na pressa e correria do dia a dia atrás unicamente da prosperidade, esqueceu de olhar no lugar mais óbvio: nele próprio. Sim, a felicidade está dentro de cada pessoa, é um modo de ser, por isso milhares de pessoas estão a procura e até hoje não a encontraram e nunca vão encontrar, enquanto estiverem olhando para o lado de fora. Parece complexo, mas agora que você já viu como funciona sua mente e que sua vida é puro reflexo dela, consegue entender facilmente que a felicidade é um modo mental de estar e viver. Tenha pensamentos felizes, que vão gerar vibrações felizes, que vão ser manifestadas em seu corpo, que manifestam a seu redor, nas outras pessoas e em tudo o que você faz.

Uma maneira muito utilizada pelos orientais para realmente se autoconhecerem é a prática da meditação. Reforço que este livro tem como objetivo quebrar paradigmas, e tudo que estamos falando é prática e sem complexidade ou teoria. A meditação permite fazer uma coisa, novamente muito simples, mas que acabamos não fazendo como deveríamos durante o dia, a respiração. Você deve estar pensando que agora sim eu fiquei louco, quer dizer que não respiramos durante o dia e vou precisar parar para respirar? Quase isso. De fato nossa respiração é sim bastante superficial durante o dia, o suficiente para viver, mas não o suficiente para sentir seus benefícios. A atividade de meditação tem como objetivo justamente parar o que você está fazendo e se concentrar unicamente em sua respiração, que é de fato encher os pulmões de ar até não aguentar mais e esvaziar lentamente. Faça isso durante alguns poucos minutos durante seu dia e verá na prática a sensação de paz e tranquilidade.

Bem-vindo à felicidade, a felicidade está aqui e agora.

Sua missão de vida

Muitas pessoas questionam o real sentido da vida, sua importância, sua existência neste mundo. Por não terem encontrado a felicidade como vimos anteriormente, ou por não conhecerem as leis mentais, acabam achando que perderam o sentido e vontade de viver.

Outras pessoas, ao se aposentarem, acabam ficando doentes, sem ter mais um objetivo na vida.

Afinal, qual seu objetivo neste mundo? Será que está aqui por acaso?

Será simplesmente acordar todos os dias, ir para o trabalho e voltar para a casa?

Seria realmente um pensamento muito pequeno achar que a vida é somente isso. Você tem a missão de beneficiar o maior número de pessoas a seu redor, fazendo o que você gosta, com amor. Ao fazer isso, naturalmente o sucesso e a recompensa vêm até você.

Percebo bastante que as pessoas de sucesso, grandes líderes, têm realmente sua missão em primeiro lugar. Já a grande maioria das pessoas pensam primeiro na recompensa e depois em sua missão. Uma pequena mudança de ordem é capaz de alterar 100% o resultado. Pessoas de sucesso abandonam tudo, se desprendem de bens materiais e ganhos financeiros no início de sua jornada para ir atrás de sua missão. Já pessoas comuns, primeiro pensam em seu ganho financeiro, em seus bens, para um dia, quem sabe, pensar em sua missão.

> Faça o que você gosta

Faça o que você gosta, tenha realmente o desejo e a vontade de fazer algo diferente, de contribuir de alguma forma, de ajudar as pessoas. O sucesso é consequência. Inverta a ordem e estará preso a um trabalho tradicional, sem felicidade, sem sucesso para o resto de sua vida.

Qual é o seu limite e modelo de sucesso?

Vejamos o texto do amigo e coach Luiz Gustavo Gama, que apresenta uma ótima reflexão sobre comportamento para o sucesso e felicidade.

Por Luiz Gustavo Gama

O meu maior paradigma sempre foi encontrar a tal da medida certa, e acredito que seja o de muitos que estão lendo, afinal sempre começamos a empreender com uma referência muito menor do que vamos adotando ao longo do caminho. Acho que foi nesse momento que algum ser humano concluiu que, quanto mais temos mais queremos, e de fato é verdade, felizmente!

Do que seria a vida se não fosse a busca incansável pelo pleno prazer da realização? Do que seria a vitória se não houvesse a comemoração? Do que seria o corpo se não a busca incansável pela sustentação através do alimento? Querer mais é vital, biológico, correto, é da nossa natureza, talvez o que para maioria das pessoas seja difícil de entender é que querer mais não significa ter uma busca única e implacável dos desejos do ego, que por suma vaidade atropela a vida de pessoas, de modo que as consequências são imensuráveis e negativas.

Querer mais da vida é correto, nobre e fantástico, ruim é fazer qualquer coisa e a qualquer custo por isso.

Como será meu modelo de vida?

Sempre tive essa preocupação, só de pensar que poderia ficar rico, gordo, alcoólatra e doente, já me davam certos anseios, até porque sou de uma geração que assistia nas novelas a imagem de que o rico era gordo, careca, adúltero e bebia whisky. Engraçado, mas esse era o perfil do homem bem-sucedido, e eu tinha medo!

Recordo-me de uma excursão de colégio, isso foi em 1994, cursava a quarta série do ensino fundamental, e na parada do almoço critiquei o restaurante que minha professora elegeu para almoço da excursão. Foi frustrante, o local poderia ser melhor, as crianças mereciam, e, na minha opinião, na época ela errou. Fui falar isso com ela, e, coitada, ela não podia ter tido uma postura mais errônea. Meio frustrada, ela soltou com toda força de seu coração magoado a seguinte afirmativa infeliz:

—Luiz Gustavo, tomara que quando você crescer você tenha muito dinheiro.

Lembro-me da cara dela, da afeição, até do tom da voz e, claro, também de não entender por que ela fora tão ríspida. Ela de fato se ofendeu pessoalmente com uma criança que queria um restaurante com parquinho, que coisa, não? Tenho uma vontade danada de vê-la novamente e dizer:

—Minha cara professora, obrigado, seu desejo foi realizado.

Com o passar do tempo fui aprender que professor é humano e erra, a prova viva disso é que eles cresceram ouvindo que se ganha pouco e mesmo assim depois de adulto estudam para isso, e ainda fazem greve, vai entender, né? A moral da história em questão é que, pessoas que não se dedicam a escolher qual tipo de vida querem ter e assumem com coragem e lutam por isso, de fato nunca experimentarão a plenitude de ser feliz com a vida que levam.

Amigos, devemos ser cuidadosos ao eleger o que dará credencial de alegria em nossas vidas. Lembro-me da preocupação de meus pais e parentes com relação a que faculdade ou curso superior fazer. Mas quanto mais vejo essa sociedade, mais fica claro que o aumento de frustrados aumenta junto ou até mais com o número de novos acadêmicos. Graduação acadêmica não simboliza nem dá credenciais de sucesso e conhecimento, afinal as pessoas mais fantásticas que conheço hoje largaram ou mal terminaram suas faculdades. Engana-se quem acha que faço apologia à ignorância, quero deixar bem claro que o responsável por seu sucesso em sua carreira é você, mas o sistema elege a universidade como a responsável por isso e aí está o erro, nada poderá substituir sua responsabilidade de vencer. O conhecimento agregado facilita, mas não garante!

O sistema saúda a mediocridade, elege falsos ideais moralistas e, sem exemplos práticos, engessa pessoas em um molde de fracasso de forma subliminar.

Com toda certeza você já deve ter ouvido uma série de ditos populares, alguns até fazem sentido, mas a maioria não tem noção da incoerência que cometem. Vejamos alguns:

Sorte no amor, azar no dinheiro. (Eis o maior e mais estúpido de todos.)

A voz do povo é a voz de Deus. (Eu imagino Deus engasgando ao ouvir isso.)

Parece bom demais para ser verdade. (Esse merece ir para o Guiness Book da estupidez.)

É duro demais ler isso, frases ridículas, detestáveis, que deixam claro o quanto os ditos populares são enganosos e mantêm o povo na ignorância. Se analisarmos com mais sensibilidade, concluímos que: "Bom demais para ser verdade?" então quer dizer que o bom é quando está ruim? Será que o correto aqui não seria dizer:

"É bom demais porque é verdade."

Não somos nós os responsáveis pelo nosso modelo de pensar?

Aliás, nós é que acreditamos nas leis da espiritualidade e atração, igualdade e retorno. Amigo, a voz do povo é a voz do povo, a receita do sucesso acaba se tornando um caminho particular de descoberta, na verdade não existe um método, mas creio eu que podemos evitar o que atrapalha, e pensar correto, falar correto é automaticamente agir correto. Não se sucumba à mentalidade padronizada e engesse seu potencial, isso fará de você mais um igualzinho na terra do frustradinho e coitadinho.

Quem cuida do padrão mental, de como pensar e enxergar as coisas, viverá e terá coisas e situações com maior coerência, acertará mais e melhor, com menos dor do que os que não cuidam de seu padrão mental.

HABILIDADE 2

Aprendendo sobre empreendedorismo

Capítulo 3
Por que Aprender sobre Empreendedorismo?

Cuide de seu negócio

Durante as últimas décadas, milhões de pessoas foram ensinadas e treinadas para conseguir um bom emprego. A clássica história de ir para uma boa faculdade e conseguir um bom emprego infelizmente não funciona mais. Estamos passando por uma grande transformação na economia mundial, a maior de todas depois da revolução industrial. Passamos por uma das maiores crises das últimas décadas, que nitidamente mostrou que o mundo mudou.

As regras não são mais as mesmas, o velho ditado popular e o ensino tradicional estão totalmente defasados para esta nova fase da economia mundial. Segurança no emprego, estabilidade e investimentos fáceis não fazem mais parte das novas regras.

Pudemos ver, mesmo que de longe, uma grande crise nos países desenvolvidos, principalmente nos EUA e na Europa. Milhares de pessoas e jovens desempregados, economias e investimentos perdidos, aquela velha história da segurança no trabalho provou na prática que não existe mais. Passamos por pouco dessa grande mudança no Brasil. Em uma época de grande euforia na economia nacional e alto consumo e investimento interno, a crise passou muito rápido por aqui, mas tivemos um grande aprendizado, vendo o que aconteceu em países que não tiveram tanta sorte.

Países como Espanha, onde mais de 50% dos jovens estavam desempregados e não tinham aonde apresentar seu diploma escolar para participar de um processo de seleção de trabalho. Milhares de aposentados que tiveram suas economias perdidas, milhares de famílias que perderam suas casas e emprego.

De fato, a economia mudou, o mundo está mudando e a educação precisa acompanhar este processo. E uma das principais mudanças é que você precisa começar a cuidar de seu próprio negócio e não depender de outras pessoas ou do governo. Uma grande quantidade de pessoas e jovens começaram a cuidar de seu próprio negócio em meio a grande crise que passaram, mas para isso vão precisar rever antigos conceitos que aprenderam, afinal foram treinadas para conseguir um emprego e não gerar novos empregos, há uma grande diferença nisso.

Existem hoje diversas opções para cuidar de seu próprio negócio, você não precisa necessariamente abandonar seu trabalho e emprego para isso. Seu trabalho e seu negócio não necessariamente precisam estar interligados. Mas, você deve, o quanto antes, começar a pensar em seus negócios. Eles podem ser uma empresa própria, uma franquia, vendas diretas, marketing de rede, investimentos, imóveis, ações, livros, ou o que quer que seja. Desde que gere receita para você, sem necessariamente exigir a sua presença física — o que deixa de ser um negócio e passa a ser um emprego.

Não aprendemos sobre empreendedorismo na escola

A grande maioria, assim como eu, foi treinada desde pequeno para pertencer a classe média, para ser empregado. O sistema precisa desta grande massa representativa para fazer a roda girar, para comprar passivos achando que são ativos, para investir milhares de reais na educação formal, para fazer a economia e principalmente o consumismo girar. Alguém tem de pagar a conta e, infelizmente, a maior parte dela é paga por essa classe.

Estamos todos dentro de um grande sistema, de uma grande indústria. A educação formal faz parte dele. As pessoas que estão lá dentro foram treinadas para fazer parte deste sistema, então naturalmente você será treinado também para seguir as mesmas regras e o mesmo rebanho.

Somente conseguem ter um resultado diferente desses, aquelas pessoas que quebram o sistema, que abandonam o rebanho, que se afastam do fluxo tradicional. E essas são consideradas loucas e irresponsáveis.

Ensino é hierarquia, aprendizagem é rede

Fernando Dolabela, autor do livro O *Segredo de Luísa*, é uma das maiores referências no Brasil em educação empreendedora. Veja a mensagem deixada por ele sobre o aprendizado de futuros empreendedores.

Por Fernando Dolabela

Muitos dizem que empreendedores não gostam de escola. Outros acham que a escola atrapalha. O capitalista de risco norte-americano Peter Thiel, um dos investidores do Facebook, criou o programa "20 under 20", que oferece uma bolsa de 100 mil dólares para 20 alunos brilhantes, com menos de 20 anos de idade, que desejam empreender. O objetivo da bolsa é tirar os alunos das universidades e conectá-los a redes empreendedoras do Vale do Silício.

Isso não significa que algo esteja errado nas universidades. Por sua natureza, universidades não são, nem pretendem ser, o local ideal para formação de empreendedores. De fato, instituições como Stanford e MIT nos Estados Unidos, Technion em Israel, e várias outras espalhadas pelo mundo têm sido fonte de geração de startups justamente por entenderem que para transformar alunos em empreendedores é indispensável conectá-los ao mundo lá fora, habitado por capitalistas de risco, empreendedores, clientes, concorrentes.

Há que se considerar também as diferenças entre ensino e aprendizagem. A academia oferece o ensino, cujo objetivo é a reprodução de conhecimentos. Ela define aquilo que deve ser assimilado e o processo de avaliação, porque tem a responsabilidade de certificar, aferindo se um recém-graduado domina os conhecimentos indispensáveis ao exercício de sua profissão. Para isso, ela se estrutura como uma hierarquia meritocrática.

No entanto, o ensino não é adequado à preparação de empreendedores, cuja atividade central, que é identificar oportunidades, inovar e criar o futuro, não é transferível. A tarefa central do empreendedor, criar o futuro, depende do ser e suas individualidades e não se constitui de um corpo de conhecimentos traduzíveis em algoritmos ou relações de causa e efeito. Enfim, não se pode ensinar alguém a ser empreendedor e nem atribuir a ele um diploma ou certificação de que está preparado para ter sucesso.

> Há milênios empreendedores aprendem por meio da interação em redes descentralizadas, em que cada um busca o saber que lhe interessa, no momento que julgar adequado. Não há hierarquia do saber ou um conhecimento consolidado a ser transferido. Cada inovação requer um processo ou caminho específico. Enquanto hierarquias são instrumentos de ensino voltados para a reprodução de conhecimentos, redes são veículos de aprendizagem e criação.

Aprender fazendo

Esteja certo que a melhor escola do mundo é a escola da vida. Você pode aprender com os outros, mas nada e ninguém lhe ensinarão melhor do que a própria vida, a experiência pessoal. Portanto, a melhor forma de aprender fazendo é fazendo, literalmente. Esteja disposto a tentar e testar o máximo possível e o mais rápido possível. Comece o quanto antes! Agora, com o que você tem!

A importância de educar para o empreendedorismo

Um grande exemplo disso é a Junior Achievement, que vem desempenhando um importante papel de formação de jovens empreendedores. Vamos conhecer um pouco mais no texto abaixo de sua diretora superintendente, Wilma Resende.

Por Wilma Resende Araujo Santos
Diretora Superintendente da
Junior Achievement Brasil

O Brasil é um país com potencial para gerar um grande número de empreendedores. Por isso a importância de preparar os jovens, desde cedo, para o mundo dos negócios. Imaginem se os estudantes pudessem, além das aulas de Matemática, Ciências e Português, ter acesso a conhecimentos sobre o funcionamento de um processo produtivo, livre iniciativa e comercialização. Por meio da criação de uma empresa estudantil e acompanhados por profissionais das áreas de marketing, recursos humanos, finanças e produção, conheceriam os fundamentos da economia de mercado e da atividade empresarial.

Imaginem, ainda, que os alunos pudessem, de forma lúdica e agradável, através de jogos e debates, aprender que é possível administrar suas próprias finanças e seu orçamento pessoal e familiar. Tópicos como fluxo de caixa e lei da oferta e da demanda seriam abordados em dinâmicas divertidas, deixando claro o papel das empresas na economia.

Seus conhecimentos se estenderiam à prática de importação e exportação. Em educação financeira, os custos e benefícios da utilização dos produtos e serviços bancários seriam avaliados, sendo incentivados a se tornarem consumidores mais inteligentes em um mundo globalizado.

Os exemplos acima são realidade em mais de duas mil escolas brasileiras, onde 3,3 milhões de alunos já receberam, em sala aula, programas voltados para o empreendedorismo. Através da Junior Achievement, entidade sem fins lucrativos e mantida pela iniciativa privada, estudantes dos 26 estados e do Distrito Federal têm contato com uma metodologia especialmente elaborada para jovens, na qual empresários e executivos, no papel de voluntários, repassam suas experiências no mundo dos negócios.

Através dessas experiências práticas, a Junior Achievement ensina aos estudantes que criar riquezas e gerar empregos contribui para o desenvolvimento econômico. Conscientiza, também, que ser empreendedor contempla a preocupação com a saúde do nosso planeta, razão pela qual a Junior Achievement construiu um Projeto de Sustentabilidade.

Em sala de aula, os jovens adquirem a visão correta de cidadania, na qual o cidadão é consciente de seus direitos e assume seus deveres, e são instigados a exercer a liderança de forma ética, sempre comprometidos com o desenvolvimento econômico, social e ambiental. A Junior Achievement oportuniza aos jovens a vivência no mundo dos negócios, para o desenvolvimento de seu potencial e de suas habilidades, formando cidadãos mais conscientes e bem preparados para assumirem lideranças nas áreas empresarial, educacional e política do nosso país.

Os esforços da Junior Achievement são financiados por mais de 700 empresas espalhadas por todo o país. Na Junior Achievement Brasil existem patrocinadores de Projetos Nacionais e empresas como Gerdau, Telefônica, Ultragaz, Klabin, HSBC e Grupo Abril e Organizações como o Sebrae, que juntaram suas marcas às da Junior Achievement, garantindo crescimento e desenvolvimento.

Capítulo 4
Comportamento Empreendedor

Mitos sobre empreendedorismo:

Mito: Terei meu próprio negócio e não precisarei mais trabalhar.

Fato: Você trabalhará três vezes mais nos primeiros anos do negócio.

Mito: Para ter meu próprio negócio preciso ter muito dinheiro.

Fato: Milhares de empreendedores começam seus negócios sem dinheiro nenhum — eu fui um deles. Você precisa de um bom projeto, com bom propósito, o dinheiro é consequência.

Mito: As pessoas vão me ajudar a desenvolver meu negócio.

Fato: Sinto lhe informar, mas as pessoas não estão preocupadas com você. Dedicação e proatividade total no início do negócio, não espere pelos outros, afinal é seu negócio.

Mito: Não precisarei trabalhar muito, apenas administrar o negócio.

Fato: Você precisará entender um pouco de todas as áreas, o conceito 360º que veremos adiante, e precisará também muitas vezes colocar a mão na massa em todas as áreas.

Mito: Não preciso saber vender, meu produto se vende sozinho.

Fato: Uma das principais habilidades de um empreendedor é a capacidade de comunicação e persuasão, tudo envolve vendas, você estará vendendo a todo o momento. Se não gosta disso, ou comece a gostar ou procure outra atividade.

Mito: Não preciso saber de marketing, o boca a boca é a melhor divulgação.

36 Habilidade 2 | Aprendendo sobre empreendedorismo

Fato: Você precisa saber um pouco de todas as áreas, não precisa ser um especialista em nenhuma delas, você será um generalista, o que veremos a seguir também. Deverá sim contar com profissionais ou terceirizados qualificados, mas é fundamental conhecer o processo como um todo para acompanhá-lo.

Mito: Não preciso saber de finanças, o que importa é entrar dinheiro.

Fato: O coração de seu negócio é tão importante quanto ou até mais que todas as áreas que vimos há pouco, o conceito é o mesmo. Aprenda a ler os números, projeções e balanços, eles são o retrato de seu negócio.

Mito: Terei meu próprio negócio e poderei trabalhar no horário que quiser, fazer o que quiser.

Fato: Você poderá, verdade, mas acabará sendo o primeiro e o último a sair, a sensação de liberdade ainda é muito boa. Mas cuidado para não se tornar escravo de seu trabalho, o que muito provável vai acontecer no início de seu negócio, se de fato você estiver comprometido com o sucesso dele.

Mito: Vou poder ter mais tempo para ficar com meus amigos e familiares.

Fato: Essa pode ser sim uma consequência do sucesso de seu negócio, mas até lá tem muito caminho pela frente, esteja disposto a abdicar alguns prazeres do curto prazo e muitas horas de lazer.

Mito: Não vou mais precisar aguentar meu chefe chato.

Fato: De certa forma é verdade, mas, por outro lado, terá diversos outros indivíduos para administrar, seja fornecedor, funcionário, cliente, parceiro.

Mito: Meu sócio pode fazer isso.

Fato: Você está de fato comprometido com seu sucesso? Então não espere por seu sócio e nem por ninguém, faça!

Mito: Só preciso ter um site.

Fato: Infelizmente você não está mais nessa fase, seu site estará junto com milhões de outros, será apenas mais um. O mais importante não é apenas ter um site (requisito básico) e sim o que você vai fazer para que as pessoas cheguem a seu site, ou loja.

Mito: Minha ideia vale muito.

Fato: Para você sim, mas para os outros não deixa de ser apenas uma ideia. Ideias existem a rodo, a capacidade de desenvolvê-las que é de fato o grande ponto do sucesso.

Mito: Vou ter uma sala só para mim.

Fato: Para começar, dependendo do negócio, claro, você não precisa nem de escritório ou estrutura, muitos negócios são online ou vão até o cliente, ninguém vai bater a sua porta nesta etapa do negócio, então não se preocupe com isso. Afinal, o dinheiro está na rua, vá atrás dele, saia do escritório, ou melhor, não tenha um.

Mito: Montei um plano de negócio, está tudo certo e garantido.

Fato: Está ótimo para sua matéria de administração da faculdade, não para o mundo real. É apenas o começo e, o mais importante, esteja preparado para revê-lo algumas vezes durante o processo, além de se deparar com milhares de coisas que você não havia planejado, é natural do desenvolvimento de qualquer negócio. Esteja aberto a isso, já vi vários "empresários" fecharem as portas para oportunidades do dia a dia pela rigidez em seguir seu plano de negócios, tenha bom senso, disciplina é importante, mas esteja sempre aberto.

Mito: Vou ganhar muito dinheiro rápido.

Fato: Se o seu objetivo é esse, não inicie seu negócio, você passará por diversos obstáculos durante o processo, que não será curto, e se sua principal razão e objetivo for ganhar dinheiro você vai desistir na metade do caminho. Somente aqueles que tinham uma razão, objetivo e missão, muito além de ganhar dinheiro, é que conseguem ter forças e disciplina para continuar em seu negócio. Afinal, você não vai ganhar dinheiro rápido, não só não vai ganhar dinheiro como vai doar durante muito tempo, seu trabalho e recursos financeiros, é por isso que grande parte desiste e são poucos os empreendedores de sucesso. Observe, todos têm um objetivo maior por trás de seu negócio que não é dinheiro, isso é consequência.

De fato, empreendedorismo não é para qualquer pessoa, as dificuldades são muitas, os erros são naturais, os fracassos são pertinentes, as vozes contra são diárias, parece que é tudo e todos contra você, de fato exige um preparo mental e espiritual muito grande, ou novamente, uma vontade e missão muito forte.

Se, por outro lado, você estiver no grupo dos "loucos" e para você isso tudo for uma grande diversão, seja bem-vindo ao mundo do empreendedorismo, onde você terá experiências novas a todo instante, uma grande variação de sentimentos e adrenalina. Eu adoro tudo isso, fico energizado até quando falo sobre isso.

Sem dúvidas, não há aprendizado e aventura melhor que pague a experiência de você passar por este processo. Costumo dizer que depois de uma notícia boa, logo vinha outra pior e vice-versa, o processo realmente é frenético.

Aquelas pessoas que tentavam colocá-lo para baixo, desmotivá-lo ou de certa forma prejudicar seu negócio, serão sua principal motivação de continuar. Quando tenho novas ideias, o processo número um para essa ideia ser analisada é ter pessoas contrárias a ela, se todos concordam, de fato há alguma coisa de errada no processo e a ideia já virou senso comum.

Dedicação e perseverança

Você já viu a história dos principais homens de sucesso? Se ainda não viu, fica a dica, leitura de biografia de pessoas de sucesso é uma forma de aprender com acertos e erros dessas pessoas, além de servir como ótima fonte de motivação. O enredo é diferente, os objetivos também, mas a dedicação e perseverança dessas pessoas são comuns em todos os casos. Tropeços, fracassos, volta por cima, muito trabalho e força de vontade são ingredientes básicos e tradicionais nas histórias de sucesso. Você acha que com você será diferente?

Você não precisa ter dinheiro.

Você não precisa de experiência anterior.

Você não precisa saber tudo.

Não existe momento ideal.

Não existe lugar ideal.

Não é culpa do governo.

Você vai errar, e isso é normal.

Comece logo! O quanto antes.

A principal coisa que você precisará é dedicação e perseverança, para não desistir tão fácil. Inúmeros negócios fecham suas portas com poucos meses de vida, não consigo entender se o planejamento foi tão ruim ou se a dedicação foi tão pequena. Você pode precisar mudar, pode errar muito, pode perder muito dinheiro, funcionários etc. Mas você, o empreendedor por trás do negócio, precisa estar firme e forte a cada dia.

Uma história muito bacana é de Napoleão Bonaparte que, para evitar que seu exército de soldados desistisse no meio do caminho, literalmente queimava a ponte a qual acabara de passar. Somente nesse momento você elimina qualquer possibilidade de voltar.

Muitas pessoas começam um negócio já com um plano B, com um plano de fuga, com um emprego paralelo. Não que isto seja errado, mas está automaticamente criando inúmeras possibilidades de olhar para trás e desistir nas primeiras dificuldades.

Quando você queima de fato a ponte pela qual passou, cria um comprometimento com você, com seus familiares e com todos a seu redor. Você pode errar, pode perder, mas em nenhum momento desistirá, pois você não tem outra opção, depende disso. E isso que de fato diferencia empreendedores de sucesso de aventureiros.

Fracasso

Infelizmente no Brasil ainda existe um preconceito muito grande contra o fracasso, talvez por nosso sistema de educação reprimir desde pequeno qualquer erro e julgar aqueles que o cometeram, vangloriando os alunos que nunca tiram notas baixas, ou melhor, que nunca erraram ou fracassaram. Quanto mais cedo e mais rápido você errar, melhor. Nem o melhor profissional, o melhor time de futebol, a melhor equipe, a melhor empresa é capaz de acertar sempre.

Vamos voltar ao exemplo do colégio, com dois alunos diferentes. Um deles nunca tirou nota baixa, nunca pegou recuperação, nunca recebeu uma crítica do professor, de seus pais, da diretora, dos próprios alunos em relação a sua capacidade intelectual. Esse aluno se forma e vai ao mercado de trabalho. Evidentemente mais cedo ou mais tarde ele errará em alguma coisa. E quando falamos em errar ou fracassar não necessariamente estamos direcionando a alguma coisa ruim. Um vendedor não tem como ganhar em todos os contatos de sua venda, um investidor não tem como ganhar em todos os investimentos. Você acha que o jovem deste nosso exemplo estará preparado para o mundo real?

Agora, outro jovem, que em sua infância não era o melhor aluno, já tirou notas baixas, já ficou de castigo em casa por seu erro, já pegou recuperação ou já reprovou de ano, já cometeu erros e já fracassou na vida escolar. A probabilidade desse jovem estar mais preparado para transcorrer obstáculos e suportar fracassos é muito maior. Não estou querendo dizer que esse ou aquele terão mais ou menos sucesso, ou que a solução é reprovar de ano e se rebelar. Estou tentando mostrar a origem ou a causa do problema cultural que temos no Brasil em relação ao fracasso, resgatando lá dos primórdios de nossa infância.

Se analisarmos outros países, como os EUA, por exemplo, o cenário é totalmente oposto, justamente por ter um sistema educacional totalmente diferente. Se você for um jovem nos EUA e buscar capital de investidores para seu novo negócio, o fato de ter em seu currículo fracassos será um grande sucesso e vantagem para você. E realmente faz todo sentido, se você tiver que escolher entre investir seu dinheiro em dois negócios iguais, comandados por duas pessoas diferentes, uma delas que já fracassou em seu primeiro negócio similar e outra que nunca teve uma empresa própria, qual você escolheria?

> Não existem super-heróis

Não tem jeito, você vai fracassar, isto é fato, então que fracasse o mais rápido possível, aprenda o mais rápido possível e melhore o mais rápido possível. Veremos mais sobre isso, no conceito de startup.

Outro grande causador desse remorso de fracasso é novamente a própria mídia. Muitas pessoas ou empresas de sucesso passam uma imagem de "conto de fadas", de Midas, de super-herói, de sucesso absoluto, de modo que quem está do lado de fora enxergue tal pessoa ou empresa com estas características e superpoderes.

Mas a grande realidade é que isso não passa de uma imagem construída e forçada, com interesses por trás, seja da própria empresa ou pessoa, seja de um produto, livro, curso, patrocinador ou qualquer outra coisa. Não existem super-heróis! Ninguém nasceu com poderes de outro planeta. É claro que alguns desenvolveram suas habilidades de forma mais rápida, mas, principalmente, estes se arriscaram e tentaram mais. E inevitavelmente tiveram, têm e continuarão tendo muitas dificuldades e obstáculos no caminho, os quais na grande maioria das vezes não são mostrados e divulgados.

Como somos influenciados por esse conceito de super-herói, a partir do momento que tentamos ser iguais a eles, ao construir um novo negócio ou um grande projeto/sonho e enfrentamos dificuldades, ou até mesmo fracassamos nas primeiras tentativas, temos a sensação e impressão de sermos fracassados, incompetentes, incapazes de fazer algo que aquele super-herói fez. Sem saber que esse "super-herói" também errou, muitas vezes bem mais do que ele mesmo, morre ali um grande empreendedor, um grande atleta, um grande profissional, um grande sonho, um grande projeto. E o pior é que esse trauma passa e contamina seus familiares, seus amigos próximos, gerando uma vibração e um sentimento de muito medo de tentar e errar.

Isto é muito profundo e muito sério, capaz de mudar vidas, gerações, cidades, países e toda uma nação, merece sem dúvidas um livro e estudo inteiro para isso.

Vencendo o medo de empreender

Veja o que o empresário Artur Hipólito, case do mercado de *franchising* brasileiro, tem a nos passar, com dicas para vencer o medo de empreender.

Por Artur Hipólito
Fundador do Grupo Zaiom

Uma das perguntas que mais recebo dos jornalistas diz respeito aos passos necessários para que seus leitores tenham sucesso na escolha e desenvolvimento de seus negócios.

Por ser uma questão importante, resolvi compartilhar dez princípios que considero cruciais para quem pretende ter sucesso com seu próprio negócio, em especial no sistema de franchising.

1º Vencer o medo de empreender: Não é porque você comprou sua franquia que seu medo foi vencido. Você venceu uma batalha, mas ainda não venceu a guerra, e para ter sucesso em sua empreitada você deverá vencer seus medos todos os dias, pois eles fazem parte da vida do empreendedor. Nesse ponto, precisa aprender a ter cuidados com as pessoas negativas, e elas estão, às vezes, muito mais perto de você do que imagina. Essas pessoas são conhecidas como loucos fronteiriços, pois se estivessem dentro do hospício não sairiam, mas como estão do lado de fora, não conseguimos colocá-las num local mais condizente com sua postura mental. Para elas nada vai dar certo, tudo que você fez ou pretende fazer está fadado ao fracasso e se você acorda animado para desenvolver uma nova ação, ela de imediato diz: "Isto não vai dar certo, já vi este filme antes, você vai fracassar etc". É impossível conviver com pessoas que já acordam dizendo que a vida é esta aqui mesmo, que você não tem sorte, que nada vai dar certo. Ou você muda sua postura ou vai acabar acreditando que o negador está certo e estará descendo cada dia mais os degraus para o fundo do poço. A ordem é: liberte-se, pois o Sol nasceu para todos, mas antes de tudo é preciso querer, pois se você não quiser, nada acontecerá.

2º Superar a primeira derrota: Ninguém gosta de perder, mas a vida pessoal, profissional e de empreendedor não é feita só de vitórias. As derrotas nos ensinam, às vezes muito mais do que as vitórias, pois o ditado popular diz: "Aprendemos de duas formas na vida, na dor e no amor, mas muitas vezes escolhemos a dor, mesmo sabendo que a opção de escolha é nossa". Assim, perder faz parte da vida, é normal, o que é anormal é se contentar com o resultado. É preciso humildade para superar a primeira derrota e saber que nem sempre nosso caminho será construído só de vitórias. Superada a primeira derrota e assimilados nossos erros e a nossa dor, estaremos mais fortalecidos para a vitória a qual terá um sabor muito mais gratificante para nós.

3º Humildade para aprender: Muitas vezes em nossas vidas nos comportamos como o ditado popular que diz que pau que nasce torto, morre torto, como se pau fôssemos. Não somos paus, somos seres humanos que vencemos, perdemos e lutamos e, portanto, podemos mudar, basta querermos. Para tanto, é preciso humildade para aprender o que não sabemos, para começar de novo, para estudar sempre e compreendermos que o ambiente da microempresa é um ambiente de conhecimento plural onde precisamos criar as condições metais favoráveis a fim de expandir nossa mente.

4º Avalie seus dons e talentos: Nem sempre o que é bom para um amigo ou para o mundo é bom para você. Verifique se existe compatibilidade entre o negócio à vista e suas habilidades, pois em microfranquia ninguém fará por você o que dono precisa fazer e o dono será você.

5º Avalie os diversos negócios em fontes confiáveis: Ao avaliar os negócios existentes, verifique se eles estão credenciados por suas respectivas associações, pois dificilmente uma empresa do ramo ficará sem ser associada a uma organização como a ABF — Associação Brasileira de Franchising, uma das maiores do mundo.

6º Verifique o investimento necessário: Levante o valor a ser investido e avalie se está do tamanho de seu bolso. Lembre-se que nenhum negócio contempla sua sustentabilidade e de sua família em sua elaboração, razão pela qual você deve ter um colchão de poupança básica para atender às suas necessidades pessoais e não confundi-las com as necessidades de investimento da operação.

7º Levante informações do franqueador: Pesquise informações sobre o franqueador, quem são, de ondem vêm, para onde vão, suas experiências profissionais, sua história de vida. Converse com franqueados, mas cuidado para não ser vítima da síndrome do ex, pois ex-mulher, ex-marido e ex-franqueado jamais assumirão suas culpas pelo fim do relacionamento.

8º Treine na hora certa e jogue conforme as orientações do técnico: Ao adquirir sua microfranquia, faça de seu treinamento inicial um momento de aprendizado e treine bastante, mas quando for entrar em campo aja de acordo com as orientações de seu técnico, pois franquia é time e não esporte individual.

9º Trabalhe como nunca trabalhou: Coloque em prática todas suas habilidades, dons, talentos e, principalmente, vontade de trabalhar. Tem gente que já nasce cansado e quer resultados diferentes dormindo até tarde, como se os negócios andassem sozinhos. Esses jamais esquecem de olhar no espelho e ver suas verdadeiras responsabilidades, pois procuram nos outros os motivos de seu fracasso, quando na verdade eles são a essência dele. Portanto, acorde cedo, trabalhe com dedicação como nunca trabalhou em sua vida, que o Universo comungará para que seus resultados lhe surpreendam.

10º Nem sempre o mais inteligente vence, mas sim quem chega primeiro: É possível afirmar que nem sempre a pessoa mais inteligente vence, mas sim quem chega primeiro. Porém, para chegar na frente é preciso muita vontade e coragem para enfrentar os desafios do pioneirismo.

Quantas pessoas conhecemos pela vida que têm ideias maravilhosas, mas que não passam do campo da partícula "se": se eu tivesse mais recursos, se eu tivesse tido apoio maior, se eu tivesse mais sorte, se eu tivesse mais coragem, se eu tivesse mais tudo etc e, de repente, se deparam com aquela ideia fazendo sucesso e aí, então, entram em crise, procurando colocar problemas onde não existem, simplesmente porque não foram capazes de superar a partícula do "se".

> Portanto, nossa reflexão hoje é a seguinte: você está preparado para chegar na frente? Infelizmente alguns nunca estarão, mas irão em suas crises buscar culpados, sem nunca olharem no próprio espelho, local mais apropriado para tal busca. Mas, por outro lado, uma grande maioria de vencedores riscarão do mapa o "se" e, além de chegar em primeiro, lutarão para lá permanecerem, mas para isso é preciso seguir adiante e caminhar o quilômetro a mais na busca do sucesso que começa antes de tudo dentro de cada um de nós.

Mindset empreendedor

Conrado Adolpho, um dos maiores especialistas do empreendedorismo digital no Brasil, também escreveu dez pontos principais que avalia dentro de sua trajetória empreendedora, indispensáveis para o sucesso no mundo dos negócios, os quais não aprendemos na escola ou na faculdade. Vejamos:

> **Por Conrado Adolpho**
> Autor do livro 8Ps do Marketing Digital
>
> Ao longo de minha vida de empreendedor — e isso significam longos 20 anos — pude perceber por meus próprios altos e baixos que a diferença entre o empreendedor de sucesso e o de fracasso está no que pensamos, na maneira como vemos o mundo, ou seja, em nosso mindset.
>
> Poucos dão o devido valor à matéria-prima do que empreendemos — o pensamento. Tudo é criado duas vezes. Nasce de uma centelha de pensamento, uma ideia, um insight. A partir daí, parte-se para a decisão de recriar o pensamento no mundo real. Em átomos.
>
> Há uma velha história que gostaria de contar aqui. Um homem perguntou a um sábio: "Dentro de mim há dois lobos, um lobo bom que me protege e me orienta. Que me defende e me faz companhia. Dentro de mim, porém, há um outro lobo, uma besta sem controle, um lobo muito mau que ataca a todos sem motivos e que destila sua raiva sobre quem quer que seja. Que me envergonha e me faz sofrer. Em uma luta entre os dois, qual vencerá?". O sábio pensou e respondeu com maestria: "aquele que você alimentar".
>
> Assim é o nosso pensamento: o lobo que alimentamos é o que nos governa. Se alimentarmos o fracasso, a derrota e a inveja, será o lobo mau que vencerá. Se alimentarmos a generosidade, a benevolência e

o altruísmo, será o lobo bom que vencerá. Tudo é criado duas vezes e o mundo é apenas um reflexo do que pensamos, seja bom ou ruim.

Um empreendedor é naturalmente um recriador de pensamentos no mundo real. Ele imagina, vê a oportunidade e, de onde não havia absolutamente nada, faz com que surja algo, a "tangibilização" de sua visão. O empreendedor é um dos tipos de profissionais que mais deveria se preocupar com seu mindset, pois ele, por definição de sua posição na sociedade, é dos que mais luta para transformar sua visão em realidade. Empreendedores que decidiram se tornar grandes ditadores criaram a destruição. Empreendedores que decidiram servir à humanidade conseguiram criar paz e harmonia em uma sociedade.

Há, porém, algumas regras para se construir o mindset correto. Como infelizmente não aprendemos sobre isso na escola e nem na faculdade, resolvi resumir a minha experiência prática de 20 anos em dez pontos que considero fundamentais para se avançar com sucesso. Foi muito difícil escolher somente dez, mas considero que, se aprendê-los, terá a essência do que acredito serem os fundamentos para um empreendedor de sucesso.

Em primeiro lugar: o empreendedor precisa de uma meta clara, uma visão específica. Ele precisa ter em sua mente — de modo mais transparente possível — o que deseja construir. Algo claro, que seja possível a todos para que entendam e partilhem da mesma visão. Sem isso, os negócios ficam confusos e se perdem em seu crescimento. Perdem sua essência, não perduram.

Uma visão, contudo, não é só uma visão. É algo para transformar o mundo. É necessário que o empreendedor tenha propósito, senso de responsabilidade para com sua missão no mundo. Querer construir uma padaria é mais do que construir uma padaria. É alimentar, é proporcionar saúde, reunião familiar em torno de uma mesa de café da manhã, união dos povos através do pão. É algo maior do que si mesmo ou do que o negócio.

A empresa deve ser grande e próspera dentro de seu coração, independentemente do tamanho que ela tenha do "lado de fora". O propósito fará com que o negócio preencha todo o ser do empreendedor. Isso é o que fará a empresa crescer, de maneira sustentável e apaixonada. Do contrário, ela definhará ou nunca sairá do papel. Esse é o nosso segundo ponto — ter um propósito, uma missão clara para sua visão. Ela tem que representar algo maior do que tijolos ou fluxo de caixa e vendas. Deve ter um propósito envolvido e que movimente todos para uma mesma direção independentemente do dinheiro. Algo inspirador que realmente provoque mudanças na sociedade, não só na conta bancária do próprio empreendedor.

46 Habilidade 2 | Aprendendo sobre empreendedorismo

Uma empresa deveria ser sempre vista como "nós", não como "eu". Um negócio é mais do que um único homem ou mulher. É uma equipe. Esse é nosso terceiro ponto — a construção de uma boa equipe. Um empreendedor sozinho não chega muito longe. É preciso ter o apoio de pessoas apaixonadas pelo negócio, pela visão e pelo propósito. É preciso construir uma equipe que compartilhe da visão do empreendedor e de sua missão no mundo. Pessoas que queiram construir no mundo real a visão que o empreendedor teve em algum momento de sua trajetória.

Se você é o melhor homem de sua equipe, você tem contratado da maneira errada. Um empreendedor de sucesso sabe que deve se cercar de pessoas melhores do que ele. Muitos empreendedores caem no erro de acariciar o próprio ego contratando somente pessoas que sejam menos competentes do que ele próprio, quando deveria ser justamente o contrário. Enche seu coração de orgulho mostrar o quão bom ele é. Ledo engano. O orgulho é o primeiro grande erro do empreendedor. Ponha na cabeça: você não é importante.

O quarto ponto decorre do terceiro — comunicação. Um empreendedor deve ser um comunicador. Alguém que transmite por meio de palavras e imagens (quadros mentais pintados, não com pincéis, mas com palavras) exatamente o que deseja. Algo que movimente um grupo de pessoas em direção ao objetivo. Um empreendedor deve desenvolver sua habilidade de se comunicar bem com o outro. A boa notícia é que isso é algo que pode ser aprendido. A má notícia é que exige muito treino. Eu mesmo nasci como uma criança muito tímida e fui desenvolvendo essa habilidade ao longo de anos e anos. Tornei-me um bom comunicador, mas não sem dor.

O quinto ponto importante para o mindset empreendedor é dar o primeiro passo com o que se tem. Comece com o que tem agora. Um empreendedor muitas vezes começa apenas com sua visão e mais nada. Muitas vezes não tem dinheiro, não tem equipe, não tem absolutamente nada além de sua vontade. E, pode acreditar, é tudo que um empreendedor precisa para transformar sua realidade e a realidade de quem o cerca. Muitos se dão desculpas para não enfrentar o caminho — que é árduo — dizendo que não começam porque não têm dinheiro, não têm carro ou não sabem inglês. Desculpas para não enfrentar o caminho. Um empreendedor de sucesso sabe que deve começar com o que se tem. Dá o primeiro passo em direção à escuridão com plena confiança — outra característica de grandes empreendedores — de que tudo dará certo, porque ele fará dar certo.

A falta de recursos, a má comunicação, a falta de integração entre a equipe, além de problemas na clareza e assertividade da visão, levarão a falhas. E isso é natural. Algo que o empreendedor deve ter como uma lei é o meu sexto ponto do mindset empreendedor — o fracasso faz parte do sucesso. Não há vitórias sem quedas. Não há acertos sem erros. Há uma frase de que gosto muito a qual diz que você não deve deixar o sucesso subir à sua cabeça do mesmo modo que não deve deixar o fracasso descer a seu coração. Manter o equilíbrio em uma situação de crise e manter a sanidade em uma situação de vitória são ações fundamentais para um bom mindset empreendedor. Esse ponto é crucial: saber lidar com fracassos e vitórias como parte da caminhada. Nada além disso.

Nosso sétimo ponto decorre do último: definir as "perdas aceitáveis". No início de todo processo empreendedor, é preciso que ele defina até onde está disposto a perder para tornar sua visão uma realidade. Essa será sua definição de "fundo do poço". O que de pior pode acontecer e ser absorvido por sua mente e seu coração sem levá-lo à loucura ou à depressão. Geralmente somos mais resistentes do que achamos. Lidamos com mais perdas do que achamos que conseguimos. Defina até onde consegue ir e saiba que poderá ir além. Ter a consciência do que de pior pode acontecer torna os problemas mais amenos.

A partir do momento em que se monta um negócio, principalmente em seu início, é preciso ter o que chamo de "foco difuso". Muitas obras sobre empreendedorismo falam de foco, foco, foco. Concordo. Mas o oitavo ponto que percebi na minha caminhada é que no início do negócio não se sabe exatamente onde estão as verdadeiras oportunidades e brechas. O empreendedor ainda não entrou no problema de maneira tão profunda. Só o enxergou como uma oportunidade de negócios. Não descobriu quais são suas nuances, suas armadilhas, suas curvas. No início, tenha um foco não tão estreito. Olhe para os lados procurando qual é a real oportunidade dentro daquele campo que você enxergou como promissor. Esteja aberto a novas ideias e caminhos possíveis. Não quer dizer que vá seguir todos, mas esteja sempre atento.

Ao contrário do que muitos dizem, na minha opinião, foco não é a capacidade de escolher algo, mas sim a capacidade de "desescolher" tudo que não lhe levará em direção a sua visão. Foco é aprender a dizer não.

O negócio, porém, não fica no início para sempre. Passada essa primeira fase de vencer a "arrebentação", entra-se na segunda etapa. A segunda parte do nosso oitavo ponto será sobre o foco, porém, nessa nova fase do negócio. O foco difuso agora tem que se transformar em foco estreito. Em uma determinada etapa do negócio, em que ele já está maduro na administração de rotina, procurando as brechas para o crescimento, muitas novas oportunidades vão surgir. Algumas vão lhe levar em direção a sua visão, outras vão lhe afastar dela. É preciso saber discernir uma da outra. Não perder a sua essência. Manter-se no prumo.

O nono ponto do que considero como mindset empreendedor é entender que o negócio é feito de partes agradáveis e prazerosas, porém também é feito de partes chatas e enfadonhas. É preciso encarar essas últimas também. O negócio como um todo deve ser controlado como uma orquestra. Um negócio é basicamente o equilíbrio de todas essas partes. É preciso cuidar do financeiro, da rotina, da contratação de novos membros da equipe. É preciso cuidar para que tudo continue no lugar certo e funcionando. Um negócio é um organismo. Equilíbrio é a palavra-chave de um empreendimento para que funcione corretamente. Mantenha o equilíbrio entre as partes chatas e as partes agradáveis, cuidando de todas com igual atenção.

O meu décimo e último ponto do mindset empreendedor é saber que uma empresa deve ficar independente de você. Um empreendedor não se dá um emprego. Ele cria algo para perdurar, para ser maior do que ele. Para isso, o negócio não pode chegar somente no limite do próprio empreendedor. E isso só é conseguido com a criação de processos. É necessário criar processos claros que todos sigam para garantir a perenidade e o crescimento sustentável do negócio. A criação de processos na empresa é o que faz com que o negócio realmente cresça e se torne até maior do que a visão inicial. A criatura que suplanta o criador. Esse é o objetivo de um empreendedor de sucesso. Mais uma vez o ego do empreendedor pode pôr tudo a perder nessa etapa. Não faça com que a empresa dependa de você somente para sentir que é importante.

Esses foram os dez pontos mais importantes que aprendi ao longo de minha vida. Comecei a montar negócios quando tinha 12 anos. Montei minha primeira "empresa de verdade" com 22 e de lá para cá não parei mais. O empreendedorismo é algo que lhe abduz. Não é fácil, mas de um prazer que não tem limites. É uma escolha de vida. Um caminho.

Depois desses dez pontos sobre o mindset empreendedor, sabendo que tudo é criado duas vezes e é de seu pensamento que tudo se origina, me diga, qual lobo você anda alimentando?

Capítulo 5
Habilidades do Empreendedor

> Dificuldades e problemas são proporcionais ao tamanho de seus sonhos

Problema x Oportunidade

Qualquer história de empreendedor é recheada de grandes dificuldades e desafios, comigo e com você que está pensando em iniciar seu próprio negócio também não seria diferente. Abrir uma empresa no Brasil não é nada fácil, realmente uma atividade de guerreiro e é por isso que empreender não é para qualquer um. A quem monta um negócio pelo simples motivo de ganhar dinheiro, sinto dizer, mas a probabilidade de desistir durante o caminho é muito grande. Somente quando você tem um objetivo maior, um sonho, um ideal que qualquer dificuldade se torna pequena e você consegue lá no fundo achar forças para continuar.

Vivenciei na prática que realmente aquele velho conceito de que com a dificuldade nós evoluímos e crescemos realmente funciona. Cada dificuldade, cada momento e vontade de jogar tudo para o alto e desistir se transformava em uma grande oportunidade e evolução nos negócios. O que faz você, depois de um tempo, olhar para trás e agradecer por ter recebido a abençoada dificuldade; sem ela talvez você tivesse se acomodado e perdido inúmeras chances de evoluir, ou seguido por outros caminhos, não tão promissores.

As dificuldades e problemas são proporcionais ao tamanho de seu sonho. Quer construir um grande projeto ou grande empresa? Esteja preparado para enfrentar grandes dificuldades. Quer ter pouca dificuldade? Tenha um pequeno projeto, simples assim.

Pensando a longo prazo

Essa expressão é difícil para o brasileiro, queremos tudo para ontem, é natural do próprio ser humano. Mas você verá que grandes sonhos,

50 Habilidade 2 | Aprendendo sobre empreendedorismo

grandes ideias, grandes projetos não surgem do dia para a noite. As coisas demoram a acontecer, mudanças acontecem durante o caminho, fornecedores atrasam, projetos não são entregues no prazo, retrabalhos acontecem, pessoas entram e saem da empresa etc. É preciso passar por cada degrau, cada obstáculo e desafio — quando você achar que está chegando, terá mais uma curva e mais obstáculos. Isso serve para testar você, justamente. Pequeno projeto, curto prazo, grande projeto, longo prazo. O que você quer construir?

Esteja preparado para conhecer e ouvir diversas pessoas que vão tentar de alguma forma lhe desanimar, pessoas que vão cobrar resultados de curto prazo, pessoas que vão desistir durante o caminho. Se fosse fácil realmente, qualquer um faria, essa dificuldade se torna uma seleção natural no mundo dos negócios.

Quando temos de fato um objetivo fiel, um objetivo de ajudar de alguma forma a sociedade, com certeza atraímos pessoas dispostas a ajudar. Aquelas que caíram pelo caminho realmente não eram as adequadas para esse perfil. Lembre-se sempre: ninguém é insubstituível, não importa quem seja ou o que faça. Você atrairá pessoas ideais para você, se seus objetivos forem corretos.

Pessoas entram em uma nova empresa já querendo ser promovidas, ter aumento de salário e assumir um posto de gerência. O cara nunca trabalhou na vida, não tem nenhuma experiência de trabalho, acabou de sair do quadrado de quatro paredes da sala de aula, se libertou para o mundo e quer sentar na janela? Talvez essa seja uma característica muito comum, principalmente nos jovens de hoje, por estarmos acostumados a cliques de segundos com a internet, mensagens instantâneas, onde uma mensagem que foi visualizada no mesmo momento e não foi respondida já é sinal de atraso; realmente fica difícil não gerar este comportamento de pressa e ansiedade.

Mas infelizmente, no mundo dos negócios, não é tão fácil como aquelas bonitas histórias que a mídia nos passa, de jogadores com 18 anos de idade ganhando milhões, jovens empresários que dentro da universidade construíram um site, ou empresa, que vale milhões ou bilhões etc. Sim, isto existe, e mesmo porque por trás de cada uma destas histórias existe um longo caminho de superação, dificuldades e obstáculos, que muitas vezes a mesma mídia não mostra. O sucesso rápido nessas histórias são casos raros, são exceções, não conte com isso.

Um exemplo muito recente é a venda do WhatsApp, uma empresa com pouco mais de 50 funcionários e alguns poucos anos de vida, para o Facebook por mais de 16 bilhões. O grande detalhe desse aparente conto de fadas é que antes de iniciar esta empresa, seu fundador acabara de ser rejeitado do processo de seleção do próprio Facebook e Twitter. Acharam que ele não tinha o perfil ideal para a empresa e simplesmente o recusaram. O que você acha que a maioria das pessoas faria nesta situação? Entraria em depressão, buscaria outros empregos, chegaria a conclusão que de fato era um fracassado. Ou qualquer outra coisa próxima disso. E esse aparente fracasso foi a porta de entrada para o mundo dos negócios, onde sem emprego, rejeitado pelo mercado, resolveu junto com seu sócio construir seu próprio negócio. E quis o destino que poucos anos depois aquela mesma empresa que o rejeitou adquirisse sua empresa por mais de 16 bilhões e lhe desse uma cadeira no conselho de presidência do Facebook. E você ainda vai deixar que qualquer porta fechada elimine seus sonhos e objetivos?

Não quero lhe desanimar, muito pelo contrário, meu objetivo é acender novos sonhos e fazer você pensar muito grande, mas a probabilidade de você começar uma empresa e ganhar milhões do dia para a noite é a mesma que você ganhar na Mega-sena, simples assim.

Não tenha pressa, tudo que você plantar irá colher no futuro. O que você está plantando hoje?

Especialista x Generalista

Quando se vai à faculdade ou especialização, como o próprio nome já diz, procuramos nos especializar em um determinado assunto. Indiferentemente da área, o processo é o mesmo. De fato é uma exigência básica no mercado de trabalho, as empresas buscam especialistas.

Porém, no mundo do empreendedorismo, esse conceito não funciona, você não precisa, ou melhor, não deveria ser um especialista em um determinado assunto. Você vai precisar conhecer um pouco de toda a cadeia do negócio, o chamado conceito 360º, que de fato são todas as áreas que regem uma empresa (marketing, financeiro, pessoas, jurídico, ambiental, engenharia, político etc.), e buscar especialistas para cada uma das áreas, que não será você.

52 HABILIDADE 2 | Aprendendo sobre empreendedorismo

Um empreendedor de sucesso não tenta abraçar todas as áreas da empresa sozinho, você pode até tentar fazer isso no início do negócio, mas verá que muito em breve precisará de mais pessoas. É muito comum pessoas tradicionais e conservadoras acharem que, porque é seu negócio, devem cuidar de todo o processo. De fato, é impossível alguém ser um grande especialista em todas as áreas, logo o negócio tende a pender em uma delas, levando sempre para o lado no qual o dono do negócio tem mais habilidade ou interesse, e isso é um grande perigo, afinal todas as áreas são importantes, e precisam andar em sintonia para que a roda continue a girar, por 360º.

Você não precisa ser o melhor, você não precisa saber as respostas para tudo, mas precisa saber a quem e onde recorrer. Tenha pessoas de sucesso e especialistas a seu redor, ninguém faz nada sozinho, você vai precisar de uma equipe.

Inove, faça diferente!

"Criatividade é apenas conectar coisas." Steve Jobs

Como muito falamos neste livro, já que o objetivo é quebrar algumas barreiras e paradigmas, pergunto novamente: por que ser igual?

O ser humano foi criado com características diferentes um do outro, cada um com características, desejos, gostos e qualidades diferentes. Você nasceu para fazer a diferença, para ser lembrado nas próximas gerações. Não tenha medo de ser diferente, pense fora do quadrado, saia de sua zona de conforto e veja o mundo de outra forma, literalmente.

É o conceito oceano azul do livro *A Estratégia do Oceano Azul* criar mercados que não foram explorados. Por que você vai concorrer, competir ou ser igual aos outros? Crie você seu mercado, crie você seu oceano e faça os outros copiarem você, e não o contrário.

Inovar não necessariamente precisa estar ligado com novas invenções, e sim pequenas melhorias que mudem a vida das pessoas. Por isso que grande parte dos negócios de sucesso surge de uma dificuldade ou crise, na necessidade de fazer algo melhor.

A Apple talvez seja na atualidade a empresa mais inovadora do mundo, e também, ou por consequência, a mais valiosa. Vale destacar algumas características em seu modelo de negócio e de seu líder Steve Jobs. Inovação não é algo que você consegue colocar dentro de uma pessoa ou dentro de uma empresa, também nasce dentro de cada um e reflete na cultura do ambiente e dos demais. E muitas das etapas que são essenciais neste processo, estamos vendo neste material, que é uma consequência de todas essas mudanças de pensamentos e hábitos.

Steve Jobs tinha paixão pelo que fazia, sabia sonhar e ter visão do futuro, não tinha medo de errar, perseguia a simplicidade em tudo que fazia e sabia vender e se comunicar como ninguém. Todas as habilidades que não aprendemos na escola, e que o fizeram também abandonar a faculdade para seguir seu grande sonho e propósito.

Podemos dizer que nos dias de hoje, apesar da grande quantidade de negócios que existe no mercado, é muito fácil inovar. Sim, inovar não tem nenhuma relação com aquela velha imagem de cientistas montando peças ou misturando vários líquidos para achar uma fórmula mágica. Um estudo feito por Carmine Gallo, em seu livro *Inovação: a arte de Steve Jobs*, mostra que muitos cases atuais de empresas consideradas inovadoras se assemelharam em um fator: uma experiência de atendimento excepcional. E quanto custa isso? Nada, ou muito pouco. Para você ver a deficiência de inovação nos dias atuais dentro de muitas empresas. Práticas consideradas "básicas" ou essenciais dentro de um negócio tornaram-se case e referência de inovação no mundo dos negócios. O que não tem nenhuma relação com o tamanho da empresa, seu faturamento, ou quanto investe em P&D.

Outro hábito muito comum que retrata a falta de criatividade de muitas pessoas nos dias de hoje é literalmente copiar uma ideia de negócio em sua totalidade, porque outra pessoa o fez e teve ou está tendo sucesso. Não estou dizendo que não devemos copiar, muitos negócios de sucesso não foram reinventados e sim melhorados ou adaptados. Há uma grande diferença entre você fazer ou construir algo, porque outro está fazendo e está tendo resultado, a enxergar uma boa ideia no mercado e aperfeiçoá-la, ou melhor, você buscar ideias e práticas em diferentes setores e acoplar em seu modelo de negócio ou trabalho.

Vou dar um exemplo bem claro de um novo negócio que desenvolvi recentemente. Tive, em função de um dos projetos em andamento,

54 Habilidade 2 | Aprendendo sobre empreendedorismo

uma boa experiência em educação a distância e mercado de franquias. Duas áreas independentes, porém presentes na essência de um de meus negócios. Busquei então o principal aprendizado que tive em cada uma destas duas áreas. Na primeira, uma ótima ferramenta de EAD que havíamos encontrado junto a um fornecedor, após um grande tempo de pesquisa, uso e aperfeiçoamento e, na área de franquias, uma dificuldade presente em todo o setor, que era justamente capacitar e treinar os franqueados.

A ferramenta de EAD já existia, não precisava reinventá-la ou criar uma nova, e também não seria nem um pouco inovador utilizá-la como a empresa que a desenvolveu já vinha utilizando, no mercado corporativo tradicional. Neste caso, peguei uma ferramenta que já estava pronta e moldei uma proposta de valor para um novo segmento de clientes (pequenas e médias redes de franquias), o qual não era atendido no momento, com algumas pequenas particularidades e modelos para foco nesses clientes.

Essa foi uma inovação, simples, pequena, que me gerou investimento inicial zero e construiu, além de uma nova empresa, um novo mercado, ou melhor, um novo oceano azul.

Associar práticas e necessidades de diferentes setores é uma ótima dica para buscar inovação. Não queira copiar todo o negócio em si, porque você viu em um livro, em uma revista, ou em uma palestra. Já foi, já passou, você perdeu a boiada, agora vamos encontrar a próxima grande tacada. Assim como você não vai esperar sair na capa da revista que é hora de comprar ação da Petrobras para ir comprar, pois você estará seguindo a boiada novamente e será somente mais um (a partir do momento que esta informação está na capa da revista, sinto lhe dizer, mas o negócio já passou), foque no próximo negócio. **Corro até aonde a bola deverá estar e não onde ela estava.**

Encontrando seu talento e missão

Vejamos o que a poderosa Leila Navarro, uma das maiores autoras e palestrantes de motivação e desenvolvimento humano, tem a nos dizer sobre desenvolvimento de empreendedores.

Por Leila Navarro
Autora do livro *O poder da superação*

Fazemos parte de um grande mercado onde tudo acontece simultaneamente. São bilhões de informações e mudanças, milhões de demandas, uma correria desenfreada para resolver tudo e garantir a nossa sobrevivência. É tudo tão dinâmico que sem perceber agimos mecanicamente, nos deixando levar pela maré enquanto o tempo vai passando. Tem coisa mais dolorosa e triste na vida de um ser humano do que um dia acordar, perceber que não lutou por seus sonhos mais verdadeiros e profundos, e que não realizou sua vida plenamente?

O Brasil é apontado como um dos países mais empreendedores do mundo, mas há muito a melhorar no que se relaciona às condições de consolidação de milhares de novas ideias, negócios e empresas. Segundo pesquisa publicada em fevereiro de 2014, realizada pela GEM (Global Entrepreneurship Monitor), feita em 68 países, sob o comando da London Business School e Babson College, patrocinada no Brasil pelo SEBRAE e realizada pelo Instituto Brasileiro de Qualidade e Produtividade (IBQP), em parceria com a Fundação Getúlio Vargas (FGV), sete de cada dez brasileiros que abrem uma empresa tomam a iniciativa por identificar momento favorável para ganhar dinheiro sendo donos do próprio negócio.

Em 2002, apenas 42% das pessoas abriam uma empresa por acreditar na demanda de mercado, enquanto os demais viam o empreendedorismo como necessidade, principalmente por não encontrar emprego. Em 2013, esse índice que mede o empreendedorismo por oportunidade subiu para 71%, o maior em 12 anos. O Brasil teve o melhor desempenho no ranking de empreendedorismo por oportunidade entre os países dos Brics (grupo que reúne, além do Brasil, Rússia, China, Índia e África do Sul). O indicador brasileiro também não ficou muito atrás das chamadas "economias maduras", como Estados Unidos (78%) e Reino Unido (84%).

Segundo o levantamento, quase metade dos novos empreendedores tem pelo menos o segundo grau completo. Entre os novos empresários que estão cursando ou já completaram o ensino superior, 92% iniciaram o negócio por oportunidade. Observa-se que o aumento da escolaridade é um dos fatores que mais fortalecem o empreendedorismo no país. O brasileiro passou a olhar o mercado, enxergar uma oportunidade para abrir sua empresa e, o mais importante, se preparar para isso. Assim, é relevante dizer que todo empreendedor precisa aprender a percorrer alguns caminhos e que um Planejamento Estratégico Pessoal e Profissional, o que representa um recurso que nos dá condições de parar, refletir. Dedicar um tempo para enxergar o que estamos fazendo com nossa vida, sonhos e negócios torna-se imprescindível. É momento de tomada de consciência e de verificar se estamos nos dedicando para o que realmente é importante — um jeito de fazermos escolhas responsáveis para nossa própria vida. Mas, para muita gente isso ainda é um mistério, então, como é que se faz isso?

É simples. É só reservar um tempinho e pegar um pedaço de papel e uma caneta para fazer anotações ou, se preferir, grave um áudio. O que importa é registrar para que tenha parâmetros e no futuro você possa olhar para trás e ver o quanto cresceu e progrediu. Universalmente a passagem de ano é considerada em todos os lugares do planeta o início de um novo ciclo, mas não espere a chegada de um novo ano para iniciar a construção de seu futuro. A partir da sua decisão de alinhavar novos caminhos, em primeiro lugar, faça um balanço de tudo que já passou. Faça uma lista de todas as coisas boas que aconteceram e agradeça ao Universo por cada uma delas.

Você pode agradecer, por exemplo, pela existência e saúde dos seus filhos, os amigos de verdade, o seu emprego, os investimentos que fez em formação, capacitação e/ou especialização, os jogos, shows e filmes que assistiu, os momentos de confraternização com a família, com os colegas de trabalho, as festas de que participou etc. Qualquer coisa boa que tenha acontecido em sua vida é motivo de agradecimento. É muito importante que você se lembre das coisas boas que conquistou, e torne-se digno de receber outros presentes e alcançar novas conquistas no futuro.

O passo seguinte é fazer uma lista com todas as dificuldades que passou e das coisas que queria conquistar e não conseguiu ainda. Escreva ao lado de cada dificuldade, de cada sofrimento o que aprendeu com cada uma delas. Aprender é o segredo da juventude. Veja as crianças. Elas aprendem tantas coisas brincando, se divertindo, sorrindo. Mas às vezes aprendem apanhando também. Nós, adultos, também aprendemos pelo prazer, mas, muitas vezes só aprendemos quando sofremos. O bonito disso é que quando a gente passa a olhar para o sofrimento como uma fonte de aprendizado, tudo fica diferente, pois ficamos mais focados em entender qual foi o aprendizado do que em ficar lambendo as próprias feridas. Por isso é muito importante anotar os aprendizados ao lado da lista de dificuldades.

Digamos que você tenha ficado desempregado por um período e sem dinheiro. Apesar das dificuldades, você pode ter percebido que aprendeu que pode fazer coisas diferentes. O empreendedor enxerga oportunidade e essa é uma característica que pode ser desenvolvida. Digamos que você queria ter comprado um carro novo e não conseguiu, mas com isso aprendeu que é preciso poupar mais e, ainda, que existem coisas mais importantes que um carro novo. Uma pessoa querida da família faleceu, mas você aprendeu que é preciso valorizar a vida e dar mais atenção às pessoas amadas e desfrutar mais dos momentos especiais com eles. Ao terminar de fazer este balanço sobre o ano que passou, você estará pronto para começar a planejar o futuro.

O segundo passo é fazer uma revisão de valores. Escreva uma lista de todos os valores mais importantes para sua vida, por exemplo, alegria, amizade, amor, família, cooperação, verdade, respeito, justiça, perdão, honestidade, lealdade, amizade, gentilezas e por aí vai. Depois, olhe para essa lista e escolha os três valores mais importantes para você e se comprometa a praticá-los. Eles serão a sua referência nos momentos difíceis. Quer um exemplo interessante? Eu conheço uma família muito humilde que o valor mais alto para eles é a alegria e o bom humor. Então, mesmo diante das maiores dificuldades eles procuram preservar a alegria. Para isso usam a criatividade: contam histórias engraçadas, falam bom dia uns para os outros todas as manhãs, riem das próprias dificuldades, juntam um grupo de amigos para jogar pelada nas tardes de domingo ou um dominó, ou então, para assistir ao futebol na casa de alguém, organizam um "junta panela", em que cada convidado leva um prato. Eles se viram e com alegria e bom humor vão tocando a vida, arrumando força para lutar e se tornarem vencedores. Ser empreendedor é também ter a capacidade de extrair riquezas do improvável.

Agora que você já sabe seus valores, pode iniciar o terceiro passo do planejamento que é o exercício dos talentos. Como se faz isso? Mais uma vez é muito importante fazer um registro dos seus levantamentos. Anote ou grave tudo.

O que é um talento? É um dom que temos desde o nosso nascimento, uma qualidade, uma competência que vem da nossa essência, uma capacidade que nasceu com a gente. É ser muito bom naquilo que faz. Tão bom que não tem ninguém melhor que a gente naquilo. E aí está uma questão! É muito difícil reconhecer e acolher um talento verdadeiro e sabe por quê? Porque desde criança aprendemos que para ser muito bom, para ser o melhor em alguma coisa é preciso ralar muito. Há uma mentalidade de que a pessoa só é boa porque se esforçou muito para aprender aquele trabalho difícil "pra caramba". Daí, colocamos tanta energia para ficar competente naquilo que passamos a acreditar que esta competência adquirida às duras penas é o nosso talento, o nosso dom. Sendo que o nosso verdadeiro talento não é esse.

Fique atento! O talento verdadeiro é aquilo que faz naturalmente. Não precisa de esforço. É aquilo que fazemos com tanto prazer e de uma forma tão fluida que passa o tempo e não o percebemos passar, não dá preguiça de realizar e não ficamos cansados. É um prazer estar a serviço do nosso verdadeiro talento. Ele é tão natural como respirar, nem percebemos! Então, se o talento é algo que nem percebemos, isso significa que precisamos de ajuda para descobri-lo.

Para descobrir seu verdadeiro talento você deve escolher algumas pessoas (umas sete ou oito) entre parentes e amigos de sua confiança e perguntar para eles. Procure preparar a pessoa antes de perguntar, pois nossa cultura está mais focada em ressaltar os defeitos de tal forma que chega a constranger quando o foco é destacar talentos e qualidades. Por isso é importante explicar para as pessoas escolhidas sobre a importância e a seriedade desse exercício para sua vida. É importante dizer que este presente é muito especial e que será uma ajuda que poderá transformar sua vida para melhor. Depois de preparar seu amigo, daí você pode fazer a pergunta várias vezes e de diferentes formas, como, por exemplo:

- Qual é a coisa que você mais admira em mim?
- Em sua opinião qual é a minha maior qualidade?
- Qual era o meu maior talento na minha infância?
- Que talento você acha que eu tenho desde criança até hoje?
- O que eu sei fazer que você admira e poucas pessoas sabem fazer igual?

Procure ouvir atentamente o que seu amigo vai dizer. Não despreze nada. Se possível grave a conversa, anote tudo ou peça que a pessoa escreva. E lembre-se que talento é como respirar — a gente nem percebe que está respirando. Por isso não despreze nada do que ouvir, pois é justamente aquela coisa que você acha a mais banal de todas em você que é seu real talento e precisa ser cuidado para você obter mais sucesso profissional, financeiro e pessoal. Se você aprender a usar seu talento, descobrirá o que mais ama nesta vida e pode alinhar à sua capacidade de empreender e, até, ajudá-lo a definir futuros negócios.

Aqui vale uma dica importante: dependendo da pessoa ela terá a resposta na ponta da língua. Pode ser que alguma prefira escrever para você e ainda precise de um dia para pensar. Não tem problema. Respeite o jeito de ser de cada uma dessas pessoas, mas seja determinado em obter sua resposta daqueles que toparam fazer o exercício com você.

Os relatos que eu já ouvi das pessoas que fizeram este exercício são surpreendentes. Elas descobriram detalhes importantes que nem imaginavam sobre seus talentos. Eu tenho um amigo que impressionava as pessoas com o talento que tinha para descobrir como as coisas funcionam e consertá-las, especialmente computadores. Ele desprezava totalmente essa qualidade e investia numa outra que nem prometia um futuro promissor. Em uma oportunidade ele viajou para outro país e acabou tendo que trabalhar com computadores para ganhar a vida. Em dois anos, de balconista do McDonald's ele virou gerente de tecnologia de informação de uma empresa de porte chamada FOR-A, uma produtora de áudio e vídeo. Para ele, aprender sobre computadores era uma coisa muito banal e por ser tão "fácil" ele não dava a devida atenção. Empreendeu seu talento e deu uma guinada em sua vida profissional.

Outro caso interessante é de uma amiga que sempre adorou música, mas se formou em Administração de empresas. Embora muito competente, sua carreira estava estagnada. Por outro lado, ela sempre brincava e se divertia com a música. Compunha algumas canções, cantava em rodinhas de violão com os amigos, até que um dia, despretensiosamente, acabou montando uma banda de forró. O trabalho com a banda foi ficando sério e hoje eles já estão com duas músicas no CD da Cooperativa Brasil, em Campinas. Já concederam várias entrevistas na televisão e rádio e estão recebendo inúmeros convites para a realização de shows. Além disso, já possuem repertório para lançar seu próprio CD. Enfim, ela abandonou a carreira de Administração e decidiu se dedicar à música. Certamente seguir as direções do próprio talento é uma excelente escolha.

Bom, agora chegou a hora de descobrir sua missão no mundo. Este é o quarto passo do planejamento. Imagine que a vida na Terra é uma grande OBRA em construção a qual depende de todos os seres humanos e formas de vida do planeta para ficar pronta e trazer felicidade para todos. Imagine que cada um de nós tem um tijolo na mão e um pouco de cimento para ajudar nessa construção. Não pode faltar nenhum tijolo. Seu tijolo é sua missão. Que nome você dá a ela? Como você irá realizá-la?

- Tem gente que veio ao mundo com a missão de alegrar as pessoas e fazê-las sorrir.

- Tem gente que veio ao mundo para cuidar da ecologia por meio da preservação ambiental.

- Tem gente que veio ao mundo para cultivar o valor família de geração em geração.

- Tem gente que veio ao mundo para desenvolver e cuidar da tecnologia.

- Tem gente que veio ao mundo para ouvir as pessoas e ajudá-las a acreditar em si próprias.

- Tem gente que veio ao mundo para educar as crianças.

- Tem gente que veio ao mundo para registrar as histórias escrevendo livros e artigos.

- Tem gente que veio ao mundo para rezar pela paz.

60 Habilidade 2 | Aprendendo sobre empreendedorismo

E você está aqui na Terra para quê? Com qual tijolo você ajudará a construir esta imensa obra?

Esse é um exercício individual e você deve fazer para si mesmo as seguintes perguntas:

- Para que você quer estar vivo?
- Para que você está neste mundo?
- Qual é sua tarefa neste mundo?
- Para que está fazendo as coisas que faz em sua única vida?

Temos duas histórias bem conhecidas de pessoas que empreenderam seu próprio talento e tornaram-se conhecidas mundialmente. Bill Gates (Microsoft) e Mark Zuckerberg (Facebook) ficaram famosos por criarem organizações que realizaram inovações em seus setores. Mas vale dizer que empreendedor não é somente aquele que inova, mas toda pessoa que consegue fazer conexões importantes de seu talento e são mais felizes por isso.

Procure refletir sobre qual é sua missão quando estiver indo ao trabalho, quando estiver trabalhando, quando estiver brincando com seus filhos, quando estiver cozinhando ou fazendo faxina na casa. Pense sobre sua missão no mundo quando estiver no bar com os amigos, quando estiver no quarto com seu cônjuge, companheiro, pense sobre sua missão quando estiver consertando o encanamento de sua casa ou regando as plantas em seu jardim... Olha quantas possibilidades!

Para fazer esse exercício é importante que você esteja em um lugar bem tranquilo em sua casa ou em qualquer outro que você não corra o risco de ser interrompido durante o tempo que considerar necessário. Você pode ficar em seu quarto, ir para uma praça sossegada, subir no telhado de sua casa ou até ir para o templo de uma igreja em um horário sem movimento — este é um encontro especial com você mesmo.

Lugar escolhido, agora feche os olhos e respire profundamente, umas quatro vezes antes de começar. Conte devagar até quatro na inspiração e sinta o ar preencher todo o pulmão. Ao expirar, conte devagarzinho até oito, até todo o ar sair de seu pulmão. Procure ficar bem calmo. Olhe para dentro de você e procure a resposta sobre sua missão no mundo. Depois escreva ou grave. Não se preocupe se o texto ficar muito longo ou curto demais. No começo é assim mesmo. O importante é você guardar este registro.

Ao terminar o exercício da missão você já está pronto para o quinto passo do planejamento que é a reflexão sobre seus sonhos do futuro. Libere a imaginação e procure enxergar como você se vê no futuro. Explore sua visão empreendedora e imagine-se daqui a cinco anos. Como você é? Como está sua vida pessoal? Sua vida financeira? Seu trabalho? Seus amores? Sua moradia? Seus projetos? O que você realizou? O que você conseguiu construir para você? O que você construiu para melhorar o mundo?

Repita o exercício olhando um futuro dez anos adiante, depois 15, 20 anos. Olhe para o futuro mais distante que você puder e tiver disposição. E registre suas ideias.

E, agora, o sexto e último passo. Depois de ter feito um balanço de suas realizações, ter um levantamento das coisas mais importantes para você e para sua vida, a partir dos três valores que você destacou anteriormente e que deverão ser o norte da sua vida, ter descoberto quais são seus talentos, agora você já sabe o "para que" você veio a este mundo, qual é sua missão, quais são seus sonhos e como você quer estar no futuro, e precisa de um Plano de Ação para executar sua ideia ou negócio empreendedor. Pouco ou nada adiantam as etapas anteriores se você não estabelecer metas para alcançar seus objetivos. Então, mãos à obra!

Faça agora uma lista das coisas que você precisa fazer para chegar onde deseja a partir de algumas perguntas importantes:

- Que coisas são seus objetivos e sonhos?
- Quais são os passos que você deve dar para alcançá-los?
- Quando e como você fará cada etapa?
- Quais os recursos necessários para atingir seus objetivos?
- Para quem você pedirá ajuda?
- Como você medirá se está conseguindo ou não?

Frequentemente, digo que o futuro já começou e é você quem faz! Então, olhe para frente. Faça um plano para este ano e comece a semear em sua mente tudo que colherá ao longo de um período e de toda sua vida. Algumas coisas podem ter resultado imediato, outras após alguns meses e ainda haverá a colheita após alguns anos, mas é importante começar agora.

E preste bastante atenção em sua caminhada. Preste atenção nas grandes ou pequeninas conquistas e registre os avanços. Pratique a atitude da gratidão! Agradeça as pequeninas conquistas, valorizando cada passo na longa estrada que terá pela frente. Seja humilde e firme. Não se deixe levar pelos outros. Olhe sempre para dentro de você e para frente. Siga seu coração.

Celebre cada pequeno avanço — este é o segredo do sucesso dos grandes empreendedores. E quando seu coração estiver agitado demais, não se apavore. Desacelere e pare tudo o que estiver fazendo, sem pressa. Respire profundamente e consulte seus registros, as suas anotações para saber onde você está e para aonde deve seguir, sem jamais esquecer que você só colherá o que semear! Então, mãos à obra!

Empreender sem planejar são ações que não combinam! Construir o futuro está diretamente relacionado ao ato de planejar, e tem tudo a ver com atitude empreendedora.

Capítulo 6
Primeiros Passos

Startups

Não poderíamos deixar de falar sobre a onda de startups que estamos vivendo nos últimos anos. Apesar do pouco tempo e da quantidade de informação conceitual no Brasil sobre o assunto, vou dividir com você alguns de meus aprendizados práticos, que mais tarde se comprovaram com a análise "teórica" da metodologia de startup. Infelizmente acabei estudando sobre o funcionamento de uma startup depois de já ter errado bastante, ou melhor dizendo, depois de ter feito tudo ao contrário, na escola da vida.

Afinal, muito do que estudamos sobre empreendedorismo e administração no conceito tradicional não vale para o mundo das startups. E eu descobri isso fazendo exatamente o contrário, na prática.

Uma startup é caracterizada pelo desenvolvimento de um novo negócio ou produto e que envolve muitas incertezas. Afinal, é novo. A grande diferença em relação a uma empresa tradicional é que nela você já tem um modelo de negócio definido e precisa apenas executá-lo, enquanto em uma startup você precisa descobrir e testar o modelo de negócios ideal, o que dificilmente acontece na primeira ou nas primeiras tentativas.

O conceito de startup originou-se no Vale do Silício, onde surgiram as primeiras grandes empresas de tecnologia, e a cultura empregada nessa região aos poucos foi tomando conta de outras regiões. Hoje existem diversos lugares pelo mundo como referência no desenvolvimento de startups, e o Brasil é um deles.

Em grande parte essas empresas estão relacionadas com o mundo digital, pela facilidade e baixo custo de se iniciar um novo negócio e de expandi-lo a nível global. Mas outros fatores, além do avanço cada vez

64 HABILIDADE 2 | Aprendendo sobre empreendedorismo

maior da internet e tecnologia, contribuíram para este novo modelo de empreendedorismo que estamos vivendo, considerado por muitos uma nova revolução, similar a que vivemos na revolução industrial, e que está tendo seu grande auge nesta década 2010–2020; nós podemos fazer parte desta história.

A crise nos EUA e Europa em 2007, com as demissões e perda de milhares de empregos, intensificou ainda mais a necessidade de empreender. Muitas pessoas iniciaram seus próprios negócios por necessidade, e um dos grandes mitos da segurança em um emprego tradicional começou a ser desmascarado.

A diminuição dos juros cada vez mais constante, principalmente no Brasil, onde estamos acostumados com altas taxas de juros nos investimentos tradicionais de renda fixa, também mudou, e muito, a forma de investir o dinheiro. A facilidade de conseguir um bom investimento com baixo risco está cada vez menor, o que fez com que investidores começassem a olhar para outros tipos de investimentos, em renda variável, como o mercado de ações e novos negócios/startups.

O resultado disso é:

- Baixo custo de negócios na Internet/Tecnologia;
- Queda de empregos e aumento de pequenos e novos empresários;
- Capital disponível de investidores.

O cenário perfeito para o surgimento ou alavancagem do modelo das startups. Ao mesmo tempo que é maior o número de startups/concorrentes, são mais exigentes e experientes os investidores deste modelo. Ou seja, não existe mais amadorismo, é preciso muito profissionalismo e competência para o sucesso com novas ideias de negócios.

Ao contrário da administração tradicional, que nos ensina a fazer uma ampla pesquisa de mercado, uma longa análise, extensivo plano de negócios, para depois de alguns vários meses ou anos iniciar o novo negócio ou produto, o conceito de startup nos traz algumas lições básicas e diferentes.

Você precisa testar seu produto. O grande e talvez o maior desafio de uma startup é desenvolver um produto ou negócio que seja de fato útil para as pessoas. Como está cada vez mais fácil criar uma startup pela própria internet e cada vez mais jovens buscando iniciar seu próprio negócio, principalmente nos países desenvolvidos, natural que muito do que é desenvolvido infelizmente não vá funcionar e não seja utilizado pelas pessoas.

E você, ao contrário do que lhe ensinaram, não testa um produto com pesquisa de mercado, apenas. Um produto é testado na prática, em campo, no dia a dia. Já dizia Henry Ford, se tivesse feito uma pesquisa de mercado em sua época, as pessoas teriam dito para criar uma carroça mais veloz ou mais espaçosa. Steve Jobs também não chegaria a um Ipod, Iphone ou Ipad, se perguntasse às pessoas. Se algo não existe, como vamos saber se queremos? Precisamos ver, sentir, usar e depois, talvez, poderemos opinar.

E como ter que pular a etapa de pesquisa de mercado e precisar desenvolver um produto para que as pessoas possam utilizá-lo para depois avaliarmos sua receptividade envolveria um alto investimento, foi desenvolvido o conceito de "produto mínimo viável". Significa que você deve construir no menor tempo possível, afinal a cada dia surgem novos negócios, novas tecnologias e ferramentas, se você esperar seis meses ou um ano para desenvolver seu produto ou negócio, talvez quando for lançar, ele já esteja desatualizado, ou alguém já o fez. E além de construir no menor tempo possível, gastar o menor valor possível. Já que é para testar, que seja com pouco dinheiro, ninguém quer jogar dinheiro fora, não é mesmo? Então, o objetivo aqui é construir um produto "beta", uma amostra, um protótipo, uma primeira versão de seu produto, que permita que as pessoas possam usar e validar.

A partir do momento em que as pessoas começarem a usar esse produto ou serviço, você terá duas opções a seguir. Ou descartar o produto, se o mesmo não teve nenhum interesse de uso por parte do público, ou melhorar seu protótipo, com a opinião dos usuários, a fim de, agora sim, investir em aperfeiçoar seu produto. Não com o que você acha que deveria ter, mas com o que os usuários querem que tenha. Há uma grande diferença aqui, e esse é também um dos principais erros e causas de fracasso de muitos novos negócios.

Tudo isso você deve fazer gastando o menor valor possível, com uma equipe enxuta, uma estrutura enxuta e divulgação enxuta, para você justamente validar seu novo modelo de negócios. Somente depois

66 HABILIDADE 2 | Aprendendo sobre empreendedorismo

disso você começará a pensar em como criar escala para seu negócio, mas nunca perdendo a essência de manter sua estrutura enxuta.

Um grande erro, que também cometi, é no início do negócio, principalmente quando você tem um crescimento e sucesso muito rápido, aumentar o custo fixo de sua empresa e esquecer de manter sua estrutura enxuta.

Você não precisa de uma estrutura maior, você não precisa de uma sala maior, não precisa de um novo carro, ou qualquer coisa que não vá melhorar diretamente seu negócio. Gaste somente com aquilo que vai trazer dinheiro para seu negócio, essa regra vale principalmente para o início do negócio, mas meu conselho seria estender essa regra por mais algumas décadas, ou melhor, para sempre.

- Em resumo, o ciclo de uma startup: ideia, validação da ideia, prototipagem, teste, teste, teste, escala, investimentos.

Você não precisa, e dificilmente conseguirá, de investidores na primeira etapa do negócio. Você precisa primeiramente validar a sua ideia, afinal, ideias apenas não valem nada, existem milhares delas, disponíveis a todos, é preciso primeiramente testar sua ideia. Para isso, você vai usar o conceito do produto mínimo viável e prototipagem, gastando o menor valor possível, com dinheiro de seu próprio bolso ou empréstimo de amigos e familiares, afinal um banco também dificilmente irá lhe emprestar dinheiro para isso. Somente depois de todas essas etapas, testes e validações de sua ideia e modelo de negócios que você deverá (se achar necessário) buscar investidores, para ganhar escala em seu negócio.

Encontre um problema

Um novo negócio não necessariamente, e dificilmente, nasce com uma ideia pronta ou com um produto pronto. Engana-se quem acha que as grandes empresas que você conhece começaram com os produtos e formatos que vemos hoje, muitas delas não só melhoraram como mudaram drasticamente e inúmeras vezes, mas quem está do lado de fora muitas vezes não percebe.

Você precisa entender que não é uma grande invenção, uma grande solução ou uma grande ideia que nasce em um empreendimento.

As velhas histórias, nas quais uma luz surge enquanto você estava dormindo e você começa daí um novo produto, não são verdades em quase 99% das vezes, com raríssimas exceções. Engana-se também quem pensa que tais empreendedores tinham superpoderes e eram pessoas fora da média com ideias brilhantes.

Produtos mudam, ideias mudam, com uma velocidade muito grande! Investidores não compram ideias de produtos geniais, pessoas não são atraídas por produtos.

Você precisa identificar um problema presente na vida das pessoas e este problema será o objetivo de seu negócio, será a história que você contará para encontrar as pessoas certas e buscar investidores futuramente.

O mundo está cheio de problemas a serem resolvidos, existem milhares de oportunidades e possibilidades. Comece a olhar e observar em sua vida e na das pessoas a seu redor problemas e dificuldades para pequenas coisas do dia a dia. Muitos dos grandes negócios começaram com problemas enfrentados por seus próprios fundadores, que eram constantes na vida de milhares de outras pessoas.

Com um problema em mãos e um objetivo de buscar melhorias e soluções para tal, você poderá buscar pessoas para sua equipe e que enfrentam ou reconhecem o mesmo problema, e tenham interesse em fazer parte de tal causa.

Em conjunto e com muita prototipagem, testes e validações, vocês começarão a construir um produto, uma solução para este problema. Esse produto mudará bastante frequentemente com o tempo, mas o problema e a missão continuam os mesmos, ou quem sabe farão você enxergar outras possibilidades, totalmente diferentes do conceito original. É assim que nasce um negócio no mundo real, essa é a escola da vida. Porém, se você ficar em casa sentado na cadeira, nada disso inicia e você nunca chegará nesta fase.

Encontre sua equipe

Como você viu, investidores não compram ideias ou produtos, estes mudam frequentemente até sua solução final. Investidores compram uma equipe com um propósito de resolver um problema em comum.

Você não faz nada sozinho, nenhum empreendedor de sucesso fez nada sozinho e com você não será diferente. E diversidade nesse ponto é essencial, pessoas de áreas e funções diferentes, idades diferentes, culturas diferentes, habilidades diferentes e até mesmo cidades ou quem sabe países diferentes são fundamentais para a construção de um produto minimamente viável a partir do problema detectado.

Hoje com a internet está cada vez mais fácil se conectar com diferentes pessoas, de diferentes lugares, você não precisa mais se limitar apenas a seu círculo de amizades locais. Além disso, diversos eventos e iniciativas de empreendedorismo permitem encontros e eventos presenciais para troca de ideias e contatos.

Veremos mais sobre a formação de equipe, na habilidade de liderança.

Encontre seu mentor

Sim, você precisa de um mentor, aquela pessoa que poderá lhe aconselhar e lhe guiar em seu caminho. A atividade de "dono de um negócio" acaba sendo uma função bastante isolada, e mesmo que você tenha uma ótima equipe e sócios que o complementem, a visão e opinião de pessoas de fora, que já passaram por problemas similares, é muito importante.

Você não precisará, e dificilmente conseguirá, encontrar um único mentor em sua vida, em cada fase do negócio já tive diferentes mentores. Os negócios mudam em uma velocidade muito rápida e a abrangência de áreas envolvidas em um negócio é muito grande, o que dificilmente será de conhecimento de uma única pessoa.

Será preciso cuidado na escolha de seus mentores, há muita gente hoje em dia que fala muito e pouco faz ou já fez. Prefira sempre aqueles que já realizaram algo no mundo real, que tenham histórico no dia a dia do trabalho e não apenas teórico ou acadêmico.

O verdadeiro mentor não será aquele que lhe dará todas as respostas, que lhe dirá o que fazer passo a passo como uma receita de bolo ou que fará alguma coisa para você. Cada negócio é um negócio diferente, cada problema é um problema diferente, o verdadeiro mentor não tem o objetivo de ter o mérito da solução ou da ideia. Cuidado com este tipo de pessoa, que por status e glória queira que você faça tudo o que ele mandar, que tenha opiniões únicas e prontas. O mentor não será sua máquina de respostas e a solução de todos os seus problemas.

Aparentemente, em um primeiro momento, este mentor lhe parece a solução ideal, você descobriu a mina de ouro, o "cara", que poderá lhe dar todas as respostas. Sinto dizer, mas já tive tal experiência, e em nenhum dos casos foi positiva. Aquele mentor que o deixar ainda mais confuso, que fizer você pensar e refletir muito, que fizer inúmeras perguntas, que fizer você encontrar a resposta e resolver o problema é o mentor ideal.

Não é uma situação confortável, é verdade, você ficará apreensivo, com muitas dúvidas e, sinceramente, ficará "p" da vida com o tal sujeito, mas em um segundo momento verá que o que ele fez foi o melhor para você e para seu negócio, no longo prazo.

Você pode buscar seu(s) mentor(es) por meio de contatos de conhecidos localmente, pela internet ou por instituições e organizações de empreendedorismo, aceleradoras, incubadoras etc.

Você se surpreenderá com a facilidade de chegar até essas pessoas, compartilhe seus problemas e soluções de sua empresa/projeto com outras pessoas que encontrará alguém disposto a lhe ajudar. Para isso, outra dica importante:

Não tenha medo de falar sobre sua ideia

É muito comum pessoas que estão iniciando seus novos negócios acharem que descobriram a nova invenção da humanidade e ficarem extremamente receosos em compartilhar ou falar sobre sua ideia de negócio, com o medo de alguém copiá-la ou roubá-la, literalmente. Confesso para você que já tive esse medo no início também, mas posso lhe garantir que isso não levará você a lugar nenhum. E mesmo que alguém "roube" sua ideia, você precisará fazer isso se quiser desenvolver um negócio de sucesso.

Já vimos que ideias não são o maior ativo de uma empresa, principalmente de uma startup, e sim sua equipe. Ideias existem milhares, e isoladas não possuem valor algum, não valem nada. Se acha que terá uma ideia ao acordar e venderá esta ideia para um grande investidor, sinto lhe dizer, mas a probabilidade de você fazer isso é muito pequena, para não dizer nula.

Faz parte da construção de seu negócio, de seu produto e de sua própria ideia, a prototipagem e validação do mesmo, e isso só pode ser feito com pessoas. São elas que ajudarão você a desenvolver, melhorar e validar sua ideia ou produto. Você precisa delas, tentar ir contra a maré será uma grande perda de tempo, energia e dinheiro.

Se o maior patrimônio de uma empresa hoje são as pessoas, seu medo deveria ser perder ou não conseguir formar uma boa equipe, e não suas ideias. Fale com o maior número possível de pessoas sobre sua ideia, peça opiniões diferentes, somente assim você terá a possibilidade de testar sua ideia, formar equipe, buscar investidores e ter sucesso em seu negócio.

Uma boa ideia para você pode não ser tão interessante para os outros.

Encontre seu modelo de negócios

"Oportunidades de negócios são como ônibus, sempre tem outro chegando." Richard Branson

Este será seu principal desafio da startup, e isso ocorre principalmente porque hoje existem diversos modelos de negócios possíveis. Os formatos tradicionais não são mais os únicos, e você precisa descobrir qual o melhor para seu modelo de negócio.

Não vamos nos detalhar em modelos de negócios especificamente, isso daria outro livro, e, afinal, já temos clássicos da literatura sobre o assunto. Recomendo a leitura do livro *Business Model Generation: Inovação em Modelos de Negócios* da Editora Alta Books para saber mais a respeito.

Minha dica, no entanto, por experiência pessoal, é: não fique preso a um único modelo de negócio ou ao modelo inicial, esteja aberto e disposto a mudar bastante no início de seu negócio. Novamente, o conceito da prototipagem aqui, como existem diversas opções de modelos de negócios, para diferentes tipos de negócios, você terá de validar na prática. E para isso o erro é inevitável, ou bastante provável. Esteja disposto a errar e mudar seu modelo de negócio durante o caminho, não fique preso a sua ideia inicial, ela sofrerá mudanças e adaptações. O importante novamente é agir rápido.

> Ideias não são o maior ativo de uma empresa

Os sete pecados do capital

Para finalizarmos este capítulo, vamos acompanhar o texto "Os sete pecados do capital", de quem vem apoiando startups na captação de recursos diariamente, minha colega Kelly Zeni, que também é mentora Endeavor de Empreendedorismo.

Por Kelly Zeni
Mentora Endeavor de Empreendedorismo

O ambiente empreendedor brasileiro mudou substancialmente nos últimos anos. De um país que pouco sabia sobre inovação e capital de risco, passamos a ser uma nação cobiçada por fundos estrangeiros que, em suas bagagens, trouxeram expressões que caracterizam esse mercado: startups, spin offs, venture capital, growth capital, bootstrapping, pitches e muitas outras.

Por outro lado, o Brasil ainda tem um longo caminho a percorrer até criar um ambiente favorável às empresas nascentes. Desde a selva tributária até a burocracia necessária para se abrir uma empresa, passando pela barreira cultural que impede a disseminação de novos conceitos de inovação e acredita que só gera valor aquilo que se origina no universo acadêmico e é passível de ser patenteado.

É verdade que os obstáculos fazem parte do processo de amadurecimento. Mas algumas falácias têm permanecido e atrapalhado a clareza de pensamento dos empreendedores. Entre outras, as que aqui denominamos de sete pecados do capital.

PECADO #1 *Ah, se eu tivesse dinheiro...*

Como medida para reduzir a mortalidade de empresas, o Sebrae, em parceria com os Conselhos Regionais de Contabilidade, tem realizado nos últimos anos importantes projetos no sentido de incorporar a cultura de gestão nos micro e pequenos empreendedores. E surpreendeu-se ao constatar que, dentre o total de empresários que participam das atividades ofertadas pela entidade, 60% em média reportam, no início da consultoria, uma urgente necessidade de investimentos externos — ou seja, mais dinheiro e mais crédito. Após diversas práticas para a otimização gerencial, o Sebrae constatou uma melhora significativa na visão dos empresários, concluindo que o grande problema encontrado era a falta de informação, de conhecimento e de planejamento, que, unidos à carência de crédito, se tornam fatais.

É comum que os empreendedores entendam a entrada de um investidor como um bálsamo para todos os males e relaxem a musculatura no período pós-investimento, podendo causar danos irreversíveis. Com recursos limitados, o empreendedor é obrigado a ponderar e tomar decisões melhores e, por consequência, acaba sendo financeiramente mais disciplinado.

PECADO #2 Omitir-se enquanto empreendedor.

Muitos empreendedores acreditam que o Vale do Silício é um lugar mágico e o ambiente de negócios brasileiro é o único responsável pelas dificuldades pelas quais passa um empreendedor: "meu negócio teria dado certo se eu tivesse que pagar menos impostos, se os custos fossem menores, se o governo incentivasse mais as pequenas empresas" são sentenças comuns em seus discursos. Mas ser empreendedor é mais uma questão de postura do que de ambiente econômico. Que o digam Robert Fraser, fundador da Alpargatas, os irmãos Gerdau e seus conterrâneos, os irmãos Grendene — empresários de sucesso e, nesse caso, sobreviventes de um ambiente econômico responsável pelo insucesso de muitos outros empreendedores.

Se você não tem estômago para fazer da inovação uma atividade diária, para reinventar seu negócio quantas vezes forem necessárias e nem para "matar um leão por dia", procure outra atividade. Sem o sangue de empreendedor correndo nas veias, seu negócio não dará certo — no Brasil, no Vale do Silício ou em terras marcianas.

PECADO #3 Não entender o verdadeiro papel da captação de recursos.

Mesmo sem conhecer as consequências de se ter um sócio capitalista, muitos empreendedores deixam-se iludir pela aura dourada que envolve a conquista de um. Qualquer outra opção (menos gloriosa à primeira vista) é descartada ou sequer considerada. Mas há muito que pode ser feito antes de se chegar a um fundo de investimentos. Principalmente para as empresas que estão na fase final de desenvolvimento do produto, a entrada de investidor pode diluir substancialmente a participação dos sócios-fundadores desmotivando-os e, consequentemente, levando a empresa ao insucesso.

É fato que o dinheiro de empréstimos tradicionais tem um custo que é, na maior parte do tempo, desencorajador. Por outro lado, os recursos subsidiados não possuem uma flexibilidade de uso tão grande quanto tais empréstimos. A avaliação das diversas possibilidades de captação, feita conjuntamente com o planejamento estratégico e com o orçamento da empresa ao início de cada ano, permite que se direcionem melhor os recursos disponíveis, subsidiando ações que tenham características para tal e usando dinheiro próprio apenas em atividades onde não há opção mais barata.

É crucial, portanto, entender que o recurso externo servirá para reduzir a pressão sobre os recursos internos e que a captação deve ser tratada como um processo e não como um evento.

PECADO #4 Desconhecer o processo de investimento antes de embarcar em um.

O empreendedor vive sob pressão — não apenas porque precisa lutar para que a empresa cresça, mas também porque precisa aprender sobre seu negócio à medida em que ele é construído.

No mundo real, nenhum investidor sério toma sua decisão depois de uma apresentação de 15 minutos. Diferentemente de empréstimos, que exigem garantias reais e usam algoritmos sofisticados de cálculo de risco, o venture capital acontece mais lentamente (em média, 6 meses entre a primeira abordagem e o negócio fechado). Portanto, há de se ter paciência. Os empresários que não reagem profissionalmente diante deste cenário não inspiram sua equipe a perseverar em face da rejeição.

Miles Kington disse: "O conhecimento está em saber que o tomate é uma fruta. Sabedoria é saber que nunca se coloca um tomate em uma salada de frutas". O dinheiro é importante. Mas ainda mais importante é saber quando buscar por ele.

PECADO #5 Fazer projeções mirabolantes.

Ser um empreendedor é, por si só, motivo de orgulho. Mas um exagero na dose pode afastar os investidores. Uma ideia não é um negócio — aliás, há uma distância significativa entre ambos. E transformar um em outro depende muito mais da capacidade de execução da equipe do que da ideia em si. Acredite: na grande maioria dos casos, seis alunos de um curso técnico em Bangalore conseguem construir um aplicativo como aquele que os empreendedores dizem ser único.

Por mais que seu produto seja excelente, procure ser realista em relação aos números. É fácil criar uma projeção de receita para cinco anos — o difícil é acreditar nela. Se o seu perfil não é orientado

PECADO #6 *Acreditar que se trata de uma questão pessoal.*

às finanças, peça ajuda. Não se esqueça de usar pesquisas de mercado de fontes reconhecidas e seja coerente em seu raciocínio. Também descubra as métricas de desempenho mais comuns em seu segmento e use-as para demonstrar quão saudável seu negócio é.

O "não" de um investidor talvez seja um dos momentos mais frustrantes da vida de um empreendedor. E, feliz ou infelizmente, ele é infinitamente mais frequente do que um sim.

O que é importante ter em mente é que não se trata de uma questão pessoal e nem significa, necessariamente, que sua empresa não é um bom negócio. Os investidores têm suas preferências em relação a segmentos de atuação, tipos de negócio (B2B ou B2C ou ainda B2B2C), valores de aporte, tipos de ativos chave que a empresa domina etc. Além disso, há ainda que se respeitar algumas regras relacionadas ao período de investimento e desinvestimento, periodicidade das chamadas de capital, conflitos de interesse e outros.

A melhor coisa a ser feita nestes casos é estudar os fundos de investimentos e verificar a aderência de seu projeto com a tese de investimentos de cada um deles. Isso pode ser feito, em primeira análise, por uma avaliação dos investimentos já efetuados, analisando quais foram os segmentos em que o fundo já investiu, valor total do fundo e valor de cada aporte, período de vida do fundo etc.

PECADO #7 *Demorar demais para pedir recursos.*

Nos círculos de engenharia, há uma máxima que afirma que existem apenas dois tipos de problemas: aqueles que violam as leis da física e aqueles que tempo e dinheiro podem resolver. Mas para ter sucesso, não basta apenas não estar na primeira categoria e nem saber de quanto dinheiro você precisa. Talvez seja mais importante saber quando ele é necessário.

Há poucas coisas que afastam mais um investidor do que um empreendedor desesperado por dinheiro apenas para manter seu negócio vivo. Afinal, se o empreendedor não conseguiu prever a crise atual e nem tomou as medidas para mitigá-la, que confiança terá o investidor em que ele será capaz de gerenciar a empresa?

Tenha ciência de que, tal como na vida, existem corridas de 100 metros, 200 metros e maratonas. Cada uma tem sua função, seus desafios e suas recompensas. No mundo dos negócios e da construção de uma nova empresa, a corrida está muito mais para uma maratona do que para uma corrida de 100 metros. Por isso, prepare-se o melhor que puder, peça (e aceite!) ajuda e corra... e depois que passar a linha de meta, descanse. Mas não por muito tempo, pois logo estará aí uma nova maratona.

Lembre-se: campeões não se tornam campeões no ringue, ali eles são apenas reconhecidos!

CAPÍTULO 7
Histórias de Sucesso e Inspiração

Minha história empreendedora

O modelo educacional formal e tradicional nos prepara nitidamente para sermos empregados, não somos ensinados a sermos donos do próprio negócio. Por isso, você novamente terá que rever seus conceitos e buscar estas informações. Quantas vezes você ouviu o conselho "estude para conseguir entrar em uma grande empresa" em comparação com "estude para ser dono de uma grande empresa"?

Desde os meus 13 anos tenho um hábito assíduo por leitura. Meu primeiro livro foi o clássico *Pai Rico Pai Pobre*, de Robert Kiyosaki, o qual abriu minha mente para o mundo do empreendedorismo. Sabia que não queria ter uma vida como do personagem "pai pobre" do livro, estudar, entrar em uma boa faculdade, conseguir um bom emprego realmente não era o que me motivava. Decidi a partir dali que atuaria no quadrante "D e I" (dono do próprio negócio/investidor), construiria ativos, desenvolveria negócios, faria o dinheiro trabalhar para mim e não passaria a vida trabalhando por dinheiro.

Nasci em uma família de classe média, em que meus pais sempre ralaram bastante para oferecer tudo de melhor, passaram por dificuldades, mas nunca deixaram faltar nada em casa. O conselho era sempre o mesmo, estude bastante para entrar em uma boa empresa, ou em um banco, mais especificamente.

Depois deste primeiro contato com a leitura, vieram, sem dúvida alguma, mais de 200 livros do gênero, desde a coleção completa do pai rico a histórias de pessoas e empreendedores de sucesso, empreendedorismo, liderança, vendas, marketing, educação financeira, inovação, gestão, investimentos, espiritualidade, PNL, estudo da mente, e tudo o que você possa imaginar, que esteja ligado com prática do dia a dia e longe de teorias. Nunca gostei de teoria, teorias foram feitas para serem quebradas.

Quanto mais eu lia, mais "diferente" ficava do padrão da sociedade. O fato de ter que ir para escola, estudar sobre assuntos que não me interessavam ou que sabia que não seriam importantes para minha vida prática, me fizeram pensar e tentar parar de estudar diversas vezes. Descobri ali que eu era autodidata, aquele mesmo jovem que era apaixonado por leitura de negócios não gostava mais de ir para aula, tirava notas baixas e poderia ser considerado membro do grupo dos piores alunos. Para você ter uma ideia, cheguei a "matar" aula para ficar na biblioteca lendo meus livros, e não foi uma ou duas vezes, foram várias, era a média de dois livros inteiros por semana.

Minha grande sorte ou oportunidade foi durante este período. Minha mãe, profissional de educação física, abriu junto com meu avô uma academia de ginástica, que na verdade não era uma simples academia para os padrões da época e da cidade, foi a maior e mais moderna academia, chegando a mais de 500 alunos ativos. Envolvi-me desde muito cedo na empresa, minha mãe, professora, vivia dentro da sala de ginástica e sobrava para mim cuidar de todo o resto. Comecei na recepção, ajudando nos horários de maior movimento depois da aula, passei a recepcionista oficialmente, depois treinei e gerenciei novos recepcionistas até estar gerenciando toda a equipe, uma média de 15 pessoas. Para um guri de 15 anos, selecionar, treinar, gerenciar, fazer reuniões, criar planejamento estratégico, ações de divulgação etc. não parecia nada comum.

Tudo isso conciliando com a leitura feroz de livros, teoria e prática sempre juntos. Cada novo livro eram algumas folhas de novas ideias, completei um caderno inteiro de ideias e projetos a serem aplicados na empresa retirados do livro, tenho ele até hoje. Algumas ideias malucas claro, mas muita coisa que ainda seria muito útil e renderia alguns novos negócios.

Naquela época já não queria ser igual aos outros, tinha de ser diferente dos concorrentes sempre e, para isso, inovamos em tudo, era no marketing agressivo, nas aulas diferenciadas, nos eventos, nas campanhas, em tudo. Duas das inovações mais marcantes foram, a primeira, um programa próprio na televisão local de 30 minutos semanais, falando sobre a importância da atividade física e qualidade de vida. Eu, claro, fui para rua buscar patrocínio e apoio para viabilizar o programa, montei pautas, busquei patrocinadores e apresentei o programa — parecido foi com a minirrevista que criamos com circulação gratuita e diversas dicas de saúde, entre várias outras. E a segunda, a implantação de um conceito para pessoas que não gostavam e não tinham tempo para fazer academia: criamos um sistema que permitia ao aluno ficar apenas 30 minutos na academia, de forma rápida e prazerosa. O resultado foi uma grande mídia e divulgação espontânea, marca registrada de todos os meus negócios. Sempre consegui muita mídia, porque sempre fiz coisas diferentes, nunca gostei de fazer o mesmo, o básico. Se é para fazer que seja diferente de todo mundo!

Bom, você já deve ter notado a quantidade de coisas que fiz, isso ainda com 15 anos, e meu objetivo em relatar isso é um só, mostrar que todo jovem deve começar a trabalhar o quanto antes, estudo e prática tem de estar juntos, sempre!

Você quer saber qual meu salário com 15 anos durante alguns anos? R$100,00, isso mesmo, não faltou vírgula não, cem reais. Quantos jovens você acha que sairiam de sua casa, deixariam de fazer suas coisas, para ganhar 100 reais e assumir tamanha quantidade de trabalho e obrigações?

Com minha experiência atual e busca constante de estagiários e novos talentos, posso dizer que até hoje não encontrei nenhum, infelizmente.

Qual a lição disso para nós, jovens? Essa lição encontra-se inclusive no livro *Pai Rico Pai Pobre* e sua versão para jovens, não trabalhe por dinheiro. Eu trabalhava por R$100,00 porque eu fazia o que eu gostava, meu objetivo não era comprar roupa ou calçado de marca, meu objetivo era colocar em prática o que eu aprendia nos livros e construir um negócio, construir um ativo, fazer o dinheiro trabalhar para mim e não passar a vida toda trabalhando para ganhar dinheiro em uma coisa que não gostasse.

Em meio a tudo isso, os estudos formais acabaram ficando um pouco de lado, sempre com notas medianas, mas passei de ano e entrei na faculdade. Essa empresa hoje não existe mais, por motivos pessoais de minha mãe, que não tinha o interesse de levar uma vida de mulher de negócio, seu foco e objetivo eram outros, era a sala de aula, era atividade física, era ar livre, qualidade de vida. Eu, ainda menor de idade,

80 Habilidade 2 | Aprendendo sobre empreendedorismo

acabei por não seguir neste ramo, e hoje minha mãe atua de forma autônoma com uma grande carteira de clientes, muito feliz e realizada. Empreendedorismo realmente não é para todo mundo, mas com essa história muito cedo tive a grande oportunidade de fazer meu primeiro MBA de negócios na vida real, meu primeiro MBA de negócios foi com menos de 18 anos. Enquanto a grande maioria estava entrando em uma universidade ou terminando o ensino médio, já tinha passado do sucesso ao fracasso em uma empresa, e isso não tem preço ou MBA que pague.

Aos 20 anos, entrei como trainee/estagiário em uma corretora de investimentos com o objetivo de prospectar novos clientes. O contrato de experiência inicial era de três meses. Não trouxe nenhum cliente neste tempo, com exceção de minha mãe. Por outro lado, investi e me dediquei fortemente à área de educação, sabia que era preciso educar as pessoas a lidar com o dinheiro, em um processo de médio e longo prazo.

Um pouco antes do fim desses três meses, os donos da empresa me chamaram e disseram que abririam uma empresa de educação. Tinha duas opções: ser o gerente que tocaria este negócio ganhando R$2 mil por mês ou abrir a empresa e prestar os serviços para ele.

Logicamente, optei pela segunda opção, mesmo sem dinheiro e na pura coragem.

Durante alguns meses ministramos os cursos básicos que já existiam sobre investimento e, por volta de um ano depois, vi que precisaria produzir meus próprios cursos, uma própria metodologia.

Desvinculei-me dessa empresa, onde tinha estrutura, carteira de cliente, custo zero e fui para carreira solo.

Como um jovem de 21 anos criaria uma metodologia para investir dinheiro? Mesmo tendo lido sobre isso e começado a investir desde meus 13 anos, sabia que essa imagem por si só não venderia.

Fui atrás então do maior especialista em finanças do país, vendi o projeto para ele em menos de cinco minutos antes de uma palestra e nascia ali uma rede de franquias Mais Educa, que iniciou com educação financeira e se transformou em uma plataforma com cursos baseados em livros de sucesso.

Neste período, trouxemos outros autores, saímos em diversas mídias, tivemos franquias, recebemos aporte de investidor etc.

Acredite em suas ideias

Histórias de empreendedores são sempre inspiradoras e motivantes. Como já comentei, adoro ler biografias de pessoas de sucesso e aprender com seus acertos e erros. Nosso convidado para contar um pouco de sua história é o empresário Marlon Tafner, que junto com sua família iniciou um negócio do zero, o qual se transformou em milhões, e que hoje, também, tenho grande orgulho de o ter como sócio.

Por Marlon Tafner
Fundador do Grupo Uniasselvi

"Seja o que for que sua mente possa conceber, possa acreditar, ela pode realizar." Napoleon Hill

A frase acima é de um dos homens mais influentes na área de realização pessoal de todos os tempos. Napoleon Hill foi assessor de Woodrow Wilson e Franklin Delano Roosevelt, presidentes dos Estados Unidos, o que demonstra sua competência e credibilidade. Aproprio-me desse pensamento para contar um pouco de minha trajetória no mundo empresarial e principalmente dos motivos que me fizeram dar continuidade aos negócios de minha família, acreditando que a educação é um ramo de atividade que nunca morre, pelo contrário, se reinventa e renova a cada segundo.

Empresas de sucesso que já existem há mais de cem anos e se mantêm no topo são aquelas que se reinventam cada vez que o ambiente em que estão inseridas se altera e exige adaptações. No caso das empresas familiares, reinventar o negócio é apenas uma das etapas.

Quando meu pai decidiu se afastar da empresa em 2008, eu e meu irmão Malcon assumimos o negócio da família. Na época, uma Instituição de Ensino Superior que era composta por um Centro Universitário em Indaial com um campus na cidade de Timbó, uma Faculdade na cidade de Blumenau, e uma outra Faculdade na cidade de Rio do Sul, e já possuía um bom projeto de Ensino a Distância e contava com aproximadamente 25 mil alunos.

Ele assumiu a reitoria do Centro Universitário e eu a presidência do Grupo Uniasselvi, criado por nós para dar suporte a nossa estratégia e a nosso planejamento para a companhia.

Começa aí uma fase de crescimento e novas ideias. A expansão e a consolidação da marca se deram com a aquisição integral da unidade de Guaramirim e também com a aquisição de uma nova Faculdade no município de Brusque, passando o Grupo Uniasselvi a contar com seis unidades. Neste momento surge a necessidade de não apenas ampliação, mas sim de inovação, afinal, quando se trata de educação, renovar é regra.

A frase de Hill passa a fazer ainda mais sentido nesse momento. "O que sua mente pode conceber, ela pode realizar." Idealizamos uma transformação e o Grupo passou a investir mais no ensino a distância e expandir suas ações neste mercado. No ano de 2012, já eram 50 polos de Ensino a Distância espalhados por praticamente todos os estados brasileiros, totalizando cerca de 80 mil alunos. Com isso, o Grupo torna-se um dos cinco maiores do país em EAD, e assume o status de um dos grandes players do mercado de educação a distância.

Mais uma vez retomo a sabedoria de Napoleon Hill para registrar essa transformação com a mudança de estratégia do Grupo. "Não devemos ter medo das novas ideias. Elas podem significar a diferença entre o triunfo e o fracasso" e, neste momento, falamos de sucesso absoluto. Grandes fundos de investimentos internacionais, grandes universidades nacionais e internacionais e bancos se interessaram na compra do Grupo Uniasselvi, na época um dos maiores do país.

A empresa de nossa família recebeu o reconhecimento de muito esforço, dedicação e comprometimento com aquilo que se faz com amor e profissionalismo. Construímos um grupo desejado por grandes empresários e cobiçado, inclusive, por corporações internacionais de renome. Um misto de orgulho e satisfação, porque o mais valioso é o que se constrói para o futuro. Trabalhar com educação é um privilégio ainda maior, porque você investe na formação de profissionais que se preparam para o mercado, para a vida e para o mundo.

Há quase dois anos o Grupo do qual fiz parte e vi crescer explosivamente foi vendido para Kroton Educacional que, com a incorporação do Grupo Uniasselvi, se tornou a maior do Brasil. Sempre trabalhamos para que um dia fôssemos referência no mercado de educação no país e apenas fazendo nosso trabalho com dedicação e oferecendo o que temos de melhor conquistamos nosso objetivo. Quando menos se espera, as oportunidades batem à porta e nos oferecem novos desafios. É preciso estar preparado para encarar o que o Universo espera de nós. É gratificante surpreender o mercado, é prazeroso ter a certeza de que não importa quem está te observando naquele momento, faça seu trabalho o melhor possível para que um dia, talvez nem tão distante, o mundo te perceba e reconheça.

Reflexões de Ozires Silva

Ozires Silva, além de um grande empreendedor e percussor da aviação brasileira, com a fundação da Embraer, é um grande exemplo de humildade para contribuir e inspirar novos jovens. Seus livros e histórias são sempre muito inspiradores, por isso fiz questão de convidá-lo para contribuir com sua história no texto abaixo escrito por ele.

Por Ozires Silva
Fundador Embraer

Acredito ter acumulado ao longo de minha vida experiência suficiente para entender o que pode se passar na cabeça de um jovem que, hoje na escola, busca encontrar um caminho a percorrer em sua vida futura. Tem pela frente várias escolhas, muitas sugeridas pela própria cidade onde vive. Pensa em mudar de local e muitas vezes pode ter sonhado em relação a algo que pretende fazer. Os mais afoitos podem chamar isso de "missão a cumprir". Ótimo! Mas os obstáculos que parecem se colocar entre você e seus objetivos são tantos que, em determinados momentos, a sensação é a de que eles jamais serão ultrapassados. Muitas pessoas a sua volta parecem não entender a importância que seus pensamentos têm para você ou parecem até mesmo duvidar de sua capacidade para levá-los adiante.

Nos dias de hoje, isso é chamado empreender e pode ser que você seja um empreendedor. É ter um motivo para seguir em frente. Esse objetivo não precisa ser, necessariamente, o de gerar riqueza material. Tem que gerar, também, um grau de satisfação com o resultado do trabalho. O trabalho em equipe e a formação do pessoal são partes fundamentais do trabalho de um empreendedor. É preciso, portanto, saber a importância da educação, da formação e da informação das pessoas para se ter sucesso como empreendedor. É preciso acreditar na inovação, na criatividade e estar sempre alerta para a necessidade de fazer as coisas da forma mais eficaz e barata possível.

Parece complexo, mas, mesmo assim, o desejo de transformar sua ideia em algo sólido, capaz de gerar riquezas e de oferecer empregos, pode persistir e se tornar cada vez mais forte.

Já vivi situações iguais a essas e já experimentei por diversas vezes a sensação de estar diante de obstáculos poderosos. Vivi tudo isso numa época em que as dificuldades no caminho de um empreendedor brasileiro eram ainda mais poderosas do que as atuais. Hoje, o ambiente, embora ainda difícil, é mais propício e acolhedor para as boas ideias.

84 Habilidade 2 | Aprendendo sobre empreendedorismo

Quando comecei, nos anos 1930 e 1940 do século passado, vivíamos em um país agrário e culturalmente atrasado. As boas escolas eram inacessíveis à imensa maioria das pessoas e as oportunidades tão escassas que pareciam nem existir. Hoje, o caminho aberto por dezenas de pioneiros tornou mais fácil a possibilidade de realizações. Veja o caso da Embraer, a Empresa Brasileira de Aeronáutica, que ajudei a fundar há pouco mais de quarenta anos, a qual presidi durante a boa parte de sua trajetória.

A própria existência dessa companhia abriu na cidade de São José dos Campos, onde ela está instalada, dezenas e dezenas de oportunidades de novos negócios. Hoje, a Embraer é a terceira maior produtora de jatos comerciais do mundo. Já fabricou mais de seis mil aviões, que operam em quase 90 países. Oferece mais de 20 mil empregos diretos, 85% deles no Brasil. É uma potência respeitada ao redor do planeta não apenas pela qualidade superior dos aviões que fabrica mas, também, pela inteligência que reúne em seus quadros.

Ninguém tem dúvidas de que a Embraer é um empreendimento bem-sucedido, que conquistou a confiança do Brasil. Afinal, confiança se conquista, não se impõe. O que muita gente não sabe é que essa gigante é o resultado de um sonho de garotos. Ela começou a ganhar forma décadas e décadas atrás, em um dos bancos de mármore da avenida central de Bauru, minha cidade natal. Costumo dizer que ali funcionou meu primeiro escritório. Ali, eu e meu amigo Benedicto César, o Zico, a despeito de todas as dificuldades que enfrentávamos e da falta de recursos de nossas famílias — meu pai era encanador e eletricista —, sempre nos encontrávamos para falar de nossa paixão: os aviões.

E para sonhar com algo que parecia impossível para qualquer um e às vezes até para nós mesmos: a ideia de fabricá-los no Brasil. Zico conseguiu realizar o sonho de se tornar piloto mas, infelizmente, não viveu o suficiente para ver nossa ideia de fazer aviões no Brasil se materializar numa empresa portentosa como a Embraer. Ele morreu em um acidente com um avião da FAB e tinha apenas 25 anos de idade. Muitas vezes, tive a sensação de que ele esteve comigo em muitos momentos, desde a primeira peça do nosso Bandeirante — avião que projetamos e construímos nas oficinas do Centro Tecnológico Aeroespacial, antes de a Embraer existir.

Hoje posso olhar para trás. Acompanho e admiro o trabalho das pessoas que sucederam minha geração à frente da companhia. Em cada passo dessa jornada, tenho certeza de que Zico esteve comigo e continua nos ajudando e incentivando. Alertando-nos para as dificuldades e mostrando as possibilidades de contorná-las.

A Embraer nasceu estatal, no dia 19 de agosto de 1969, porque essa foi a única maneira de lhe dar vida. Precisávamos de recursos financeiros para erguê-la e, depois de ouvir recusas de dezenas de empresários brasileiros, fomos buscá-los com o governo. Quando finalmente foi entregue à iniciativa privada — num processo conduzido por mim —, em dezembro de 1994, havia um acervo de projetos de grande magnitude, instalações de alto nível e uma extensa lista de vitórias alcançadas. Tinha, acima de tudo, um corpo técnico altamente qualificado, o que ajudou a reforçar uma opinião que sempre tive da relação entre o capital e o ser humano. O dinheiro, para mim, é uma ferramenta. Sabe-se que, sem a ferramenta não há como tirar o parafuso da parede. Mas atrás da ferramenta sempre tem de existir um ser humano para acioná-la corretamente.

A Embraer tinha, também, uma lista enorme de obstáculos superados — obstáculos que, em alguns momentos, chegaram a ameaçar sua existência. Sim, há momentos na trajetória de um empreendedor em que as dificuldades se avolumam e alcançam tal magnitude que a melhor alternativa parece ser a desistência. Sempre procurei ver os obstáculos pelo lado positivo e com esforços buscar alternativas.

Nesses momentos que um verdadeiro brasileiro, cidadão empreendedor e fazedor de riquezas se revela. O que para os outros se traduz como dificuldades, ele enxerga como um desafio. O que para os outros é uma catástrofe, para ele é a possibilidade de encontrar a solução. O que para muita gente pode ser visto como um revés, para ele é parte do aprendizado. Esse é o verdadeiro cidadão contribuidor para gerar riquezas a sua geração. Afinal, você pode ser persistente e esse é um traço típico da personalidade daqueles que pensam grande!

Se tivesse dado ouvidos para metade dos "nãos" que ouvi, jamais teria feito o que fiz. Ao longo de minha vida, tive dois sonhos que, como disse ainda há pouco, convergiam para um mesmo ponto: o avião. O primeiro sonho foi pilotar — ter nas mãos o controle de uma máquina que me permitiria vencer as distâncias mais longas com rapidez e segurança. O segundo foi o de fabricar. Minha visão de jovem não conseguia entender como um país das dimensões do Brasil, com enormes carências na infraestrutura, não produzia as máquinas que facilitariam a integração de todo o território. Era assim que eu enxergava a situação naquela época. Na minha cabeça, esses dois sonhos se confundiam de tal maneira que acabaram se tornando um só. Eu queria voar. Hoje percebo com clareza que o sonho de voar permite uma comparação perfeita para as necessidades de qualquer empreendedor.

Comparando com um voo, podemos dividir a trajetória de um empreendedor em cinco etapas. A primeira é o próprio **Sonho de Voar**. Nesse momento ele imagina a obra que pretende realizar e se indaga sobre sua capacidade de construir em sua cabeça o que pretende fazer. Todas essas respostas devem ser buscadas no momento do sonho. E não se acanhe: quanto mais alto sonhar, melhor.

O segundo momento é o do **Plano de Voo**. Aqui, o sonho começa a ganhar sua forma real. É nesse momento que você terá de analisar as possibilidades reais de alcançar o destino que traçou, ou seja, de transformar o sonho em algo concreto. É preciso avaliar com cuidado as dificuldades mais prováveis, as vantagens que se pretende obter. Tudo deve ser analisado com a maior atenção possível. Assim como um voo precisa de um bom plano para chegar com segurança aonde planejou.

Com o plano na mão, é hora da terceira etapa, a **Decolagem**. É essa a última oportunidade que se tem para abortar a operação. Com o avião na cabeceira da pista, ainda é possível desistir. Mas no momento em que ele começa a se mover e atinge uma determinada velocidade, a única providência que o piloto pode tomar é seguir em frente. Assim também pode ser seu sonho. A partir do instante em que ele sai do papel e ganha sua forma real — seja essa forma um galpão cheio de máquinas, um depósito de mercadorias ou mesmo uma sala pequena com mesas, cadeiras, computadores e telefones — qualquer tentativa de abortar a operação pode se revelar extremamente arriscada. Portanto, se não tem certeza de sua intenção de voar, não decole.

Mas, em muitos momentos funciona sua determinação. A de avançar e a de não desistir. Portanto, já posso imaginá-lo na quarta etapa: o **Voo de Cruzeiro**. É nessa hora que você verificará se o plano traçado estava correto ou se terá de passar pelas alterações naturais em qualquer momento de nossas vidas. Se analisou todas as alternativas ou se pode haver alguma surpresa. É nesse instante que as turbulências surgem quando menos se espera. Que os caminhos alternativos precisam ser buscados. Que sua atenção e dedicação são mais exigidas. Até o momento em que, finalmente, as condições perfeitas de um céu de brigadeiro permitam que você aviste a pista à sua frente.

A última etapa é o **Pouso**. Apenas nesse momento você terá a certeza de que seus objetivos foram alcançados e estará pronto para sonhar novos sonhos e traçar novos planos, que possibilitarão voos ainda mais altos. Mas se lembre: não queira pular etapas. Costuma-se dizer que a melhor maneira de se chegar ao cume de uma montanha é subindo um nível de cada vez. Em todas as etapas, esteja preparado para ouvir críticas. Elas virão de toda parte, pois o mundo está repleto de engenheiros de obras prontas, de advogados de causas ganhas. Não permita que elas lhe façam desistir. Mas procure tirar de cada uma delas uma lição.

É com esse roteiro na cabeça que pretendo compartilhar com você a minha experiência. Tenho convicção de que, liderando uma equipe de colegas e amigos realmente competente, conseguimos realizar uma obra relevante para a história de nosso país. De que os sonhos compartilhados com meu amigo Zico, na nossa infância em Bauru, resultaram em uma obra capaz de servir de inspiração às pessoas que também desejam realizar algo que acreditam. Contar essa história é parte da minha obra. Afinal, um trabalho só está realmente completo quando é reportado!

Empreendedorismo social

Para empreender não necessariamente é preciso construir uma empresa ou negócio. Cada vez mais temos histórias de jovens empreendedores investindo e trabalhando em causas sociais, e fazendo muito bonito.

O empreendedorismo deve ser encarado como um comportamento, postura, atitude, forma de pensar e agir, levando assim todo este conceito além do ambiente corporativo. A política precisa de empreendedores, assim como o esporte, as associações, as ONGs e qualquer projeto ou iniciativa pública ou privada.

Por isso, gostaria de compartilhar com você dois exemplos e referências de jovens que vêm fazendo bonito nesta área e tenho certeza que servirão de referência para muitas pessoas.

AIESEC Blumenau: empreendedorismo, responsabilidade social e liderança

Por Rodrigo Oneda Pacheco
Presidente AIESEC Blumenau

A nova geração de empreendedores que está começando a criar formato em nossa sociedade já avança a passos largos. Novos modelos de negócios, novos propósitos e diferentes perspectivas de vida compõem uma importante fórmula de desenvolvimento empreendedor: satisfação, comprometimento e impacto social. Elementos que pude sentir na pele e desenvolver com meu papel dentro da AIESEC Blumenau. A AIESEC, organização mundial presente em mais de 120 países que trabalha conceitos de liderança através de programas internos de membros e intercâmbios sociais e corporativos, busca a paz e o preenchimento das potencialidades humanas por meio de suas rotinas de impacto. Como membro fundador do escritório em Blumenau, importantes conhecimentos como estudo de mercado, análise estratégica, gestão de projetos e de pessoas, focada no desenvolvimento local de jovens talentos buscando impacto positivo na sociedade, foram essenciais para contribuir com meu aprendizado, os quais eu sequer via dentro da sala de aula.

Empreender buscando novas perspectivas de carreira e um novo formato de desenvolvimento foram os principais aspectos que me levaram a assumir um projeto no qual me consumiria horas da semana, sacrifícios financeiros, conflitos pessoais e até um novo amor em minha vida. E isso tudo só fez sentido em função de uma simples combinação de satisfação pessoal e profissional, comprometimento através de um propósito claro e objetivo, além da própria promoção do impacto social em diversos aspectos. ONGs, escolas, jovens universitários ou até mesmo por meio de um simples trabalho em equipe. Ser presidente voluntário de uma organização não governamental me provoca a novos aprendizados de liderança, gestão de pessoas, planejamento de estratégias e estudos de mercado baseados no diferencial que tudo isso me dará no futuro.

Se eu puder recomendar alguma coisa para você que está lendo esse texto agora, faça o seguinte: saia da zona de conforto, identifique valores nas pessoas e na organização na qual você trabalha, e sempre recuse a aceitar frases como "isso não dá pra fazer", "é muito complicado" ou "nunca ninguém fez." O impossível é o lugar onde tem menos concorrência. Faça acontecer e seja aquilo que você espera do mundo.

Missão de ajudar outros jovens

Por Pâm Bressan
Diretora do projeto nacional
Universitários Acima da Média

Eu sempre quis ajudar os jovens a alcançarem seus sonhos, a não desistirem diante dos obstáculos, a juntarem-se aos loucos, a fazer eles acreditarem que eles não estavam só, pois enquanto procurava pessoas para feedbacks e para perguntar se eu estava no caminho certo, não tinha ninguém, então pensava: "Ser diferente dá trabalho!"

Nasci e cresci na pequena cidade do interior de Santa Catarina, Tubarão, e em 2011 encontrei o GV, Canal Geração de Valor, por acaso e, em uma madrugada inteira, li todos os posts que existiam até aquele momento, assisti a todos os vídeos no canal do Youtube, e finalmente me encontrei. Achei-me. Achei outros loucos! E lá estava eu sorrindo, feliz.

Após estar aprendendo muito no canal, comecei a fazer amizades com os demais participantes GVs da página e, assim, mesmo com medo de ser ignorada, fui adicionando um a um, fazendo uma grande rede de amigos por todo o Brasil, e hoje tenho mais de 300 jovens GVs entre meus amigos no Facebook.

CAPÍTULO 7 | Histórias de Sucesso e Inspiração 89

A partir disso, conheci (virtualmente) jovens transformadores que eram divulgados pelo Flávio Augusto (dono do canal e Fundador da Rede de Escolas de Inglês Wise Up), como a Bel Pesce, Eduardo Lyra, entre outros.

E cada vez mais comecei a aprender conteúdos reflexivos, interativos, aprendendo muito com essa turma que estava despontando no GV. Meu sonho era, além de conhecer o Flávio, conhecer a Bel e o Edu, dois jovens loucos, empreendedores, que estavam mudando sua realidade e impactando muitas vidas!

Inclusive comecei a seguir a Bel Pesce e seus vídeos chamados *Caderninhos da Bel* no Youtube, e foi num destes vídeos, em que ela dizia que devemos estabelecer um contato especial com quem gostamos, que resolvi seguir seu conselho e colocar em prática.

Então em uma bela noite de sábado, solicitei a meus amigos do Facebook seus endereços para um presentinho de Natal (era mês de dezembro/2012). Claro que alguns ficaram receosos, me chamaram de louca, me ignoraram, mas outros se dispuseram, e consegui um total de 40 endereços de amigos virtuais.

Passei uma madrugada inteira fazendo a mão, num velho caderno, 40 cartinhas especiais para meus amigos, e dentro de cada envelope coloquei algumas sementinhas de girassóis. Porém, não sabia que, ao chegar aos Correios, o atendente tocaria nas cartinhas e me diria que, para enviar com aquele "objeto", eu tinha de enviar em um envelope especial dos Correios, que custaria R$10,00 cada um!

Nossa, imagina, eu estava numa fase dura (sem grana, literalmente), e com 40 cartas em mãos, como enviaria? Chorei, implorei, mas não deu! Então uma moça muito gentil me recomendou tentar em outra agência da cidade.

Bom, uma fagulha de esperança se acendeu e, como todo empreendedor, não desisti, segui para a agência do centro e lá, puxando papo com o atendente (para que ele não percebesse que dentro de cada envelope tinha sementes!), conversa vai conversa vem, ele não percebeu nadinha, ufa, tinha ganho o dia, a madrugada, aliás! E lá se foram 40 cartinhas para vários lugares do Brasil!

E o retorno foi ótimo. Recebi mensagens no Facebook, fotos das sementes plantadas, cartinhas, chocolate, ursinhos, enfim, foi muito gratificante, sem falar que consegui surpreender meus amigos de tão longe, usando um meio de comunicação não mais convencional, estabelecendo uma amizade mais "humana", fazendo muitos sorrirem ao abrir um envelope de carta em pleno século XXI.

Foi durante essa minha atividade que enviei também uma cartinha para o diretor de um projeto nacional voltado para universitários, o GV Augusto, de Cosmópolis, São Paulo e, logo depois, recebi uma proposta sua para participar do maior Projeto Universitário do país, chamado Universitários Acima da Média. E foi com grande satisfação que aceitei participar do projeto que tem a mesma missão de vida que a minha. Além de inspirar e motivar os jovens, o projeto veio com a missão de capacitar com conteúdo de alto nível os jovens brasileiros, e hoje ele é parte da minha vida, da minha dedicação, das minhas horas, pois me identifiquei e me comprometi a dar o meu melhor.

Porém, para realizar as ações do projeto nós não tínhamos receitas, ou seja, nenhum recurso, e eu sozinha com uma equipe nacional, mas virtual, sem amigos GV próximos, sem pessoas que acreditassem que conseguiria, com muitas metas audaciosas para cumprir. Comecei a colocar a mão na massa e saí com o notebook embaixo do braço apresentando o projeto para as universidades da região, mas em nenhum momento me senti acovardada e com medo, nem pensei em desistir, e sim arregaçar as mangas e fazer acontecer!

E fiz, durante um ano de implementação do projeto impactando um total de 850 jovens em dois Seminários de Empreendedorismo que realizei na região, e hoje tenho uma equipe de quatro jovens universitários brilhantes! Bom, em um destes seminários, trouxe o Muso Inspirador Falcão e Geração de Valor, Eduardo Lyra, foi um grande espetáculo, e sim, realizei meu sonho!

Consegui, batendo de porta em porta, quatro ônibus para levar a galera, fui a todas as escolas da região, dizendo: "Meu, você precisa conhecer o Eduardo Lyra, você precisa levar seus alunos, eu consigo um ônibus pra vocês! O projeto UAM é sensacional, você precisa fazer parte e ajudar a mudar o mundo!!" e assim, indo a todas as escolas da cidade, divulgando com uma imensa alegria, lotei o hall da faculdade de jovens falcões.

Em outro Seminário, trouxe a escritora do livro Manual Para Jovens Sonhadores, Nathalie Trutmann, que foi um fenômeno, fez muitos jovens compartilharem seus sonhos, contarem suas histórias, de uma forma simples e humilde, cativando e inspirando uma grande galera. Novamente lá estava eu indo de porta em porta fazendo acontecer, sem medo e com muito brilho nos olhos.

Logo em seguida tínhamos como meta a capacitação do jovem universitário e, com muita garra, realizei o terceiro evento aquele ano, um Workshop de Capacitação, para transformar sonhos em realidade, trazendo mais uma vez, Eduardo Lyra.

Posso finalizar esse breve relato dizendo que é preciso acreditar em você, é preciso seguir em frente e não desanimar, é preciso ter atitude, paixão e determinação, aí sim, tudo é possível! É isso que faço no UAM.

Muitos criticaram, muitos não colocaram fé, mas eu fiz acontecer, eu mostrei que, sim, é possível realizar seus sonhos, é possível mudar sua realidade, é possível inspirar e ajudar muitos outros jovens a fazerem o mesmo, e essa é minha missão de vida no maior projeto universitário do país, inspirando, motivando e ajudando quem quer fazer a diferença no mundo!

Afinal, somos o motor de nossa própria realidade!

HABILIDADE 3
Aprendendo a vender

CAPÍTULO 8
Por que Preciso Aprender a Vender?

> Todas as pessoas deveriam passar por uma atividade de vendas

Vendas

"Uma pessoa pode ter a melhor ideia do mundo — totalmente original e inovadora — mas, se ela não for capaz de convencer as outras pessoas, a ideia não terá nenhuma importância." Gregory Berns

Muitas pessoas têm pavor só de pensar em ter de vender algo, aliás, o termo "vendedor", por si só, criou-se de um conceito bastante equivocado. A primeira coisa que nos vem a mente quando pensamos em um vendedor é aquela pessoa chata tentando nos empurrar algum produto/serviço, que fala muito, com um grande discurso, batendo de porta em porta, tentando convencer as pessoas a comprarem seu produto. Geralmente aquela pessoa que não estudou e acabou parando no trabalho de vendas por imposição ou obrigação.

Bem, não preciso dizer que essa é uma visão totalmente ultrapassada e equivocada sobre vendas e vendedor. Muito provavelmente você já tenha tido a experiência negativa de ao entrar em uma loja apenas para olhar um produto exposto e já ser atacado por vendedores, ou ter recebido diversas ligações em horários desapropriados querendo lhe vender algo.

Mas saiba que vender pode parecer não tão ruim como você imagina, e ser um vendedor acabará sendo uma obrigação nos dias de hoje. Estamos vendendo algo a todo o momento, em qualquer situação, seja uma ideia nova, uma opinião diferente, um novo trabalho, ou qualquer outra coisa, você inconscientemente está vendendo o tempo todo.

Todas as pessoas deveriam passar por uma atividade de vendas, não só o empreendedor, qualquer pessoa em algum momento de sua

96 HABILIDADE 3 | Aprendendo a vender

vida, principalmente no início dela, deveria procurar um trabalho de vendas. Você estará vendendo em todo e qualquer lugar, independentemente da área ou profissão que escolher, e a única forma de aprender isso é na prática, e o quanto antes melhor.

Meus primeiros trabalhos com vendas foram terríveis, sempre fui uma pessoa tímida e vender ou falar com pessoas desconhecidas não era nada agradável. Minha grande sorte ou oportunidade foi que passei por estes desafios ainda muito cedo e mesmo com medo ou frio na barriga tinha que superá-los. Já vendi no balcão de forma receptiva, depois por telefone, na rua de porta em porta, abordando pessoas na calçada, em empresas, por conferência, na TV, pela internet, em palestras e de todas as formas possíveis. Sem dúvida, uma das principais experiências e atividades para aprimorar a habilidade empreendedora foi eliminar o medo de falar em público na prática, o quanto antes.

Junto com a prática e muitos contatos, acrescentaria como principal ingrediente dos grandes vendedores vencedores a paixão e motivação. Isso mesmo, quando você está bem consigo mesmo, vibrando energia positiva, com alegria e otimismo, fazendo o que gosta, com um produto de que gosta e uma empresa de que gosta, meu amigo, ninguém o segura. Não existe técnica ou teoria mais eficiente do que transmitir paixão em sua comunicação.

Esteja preparado para receber muitos "nãos", isso é natural e faz parte do processo de qualquer venda, você precisa receber dez "nãos", às vezes 20, 50 ou quantos forem precisos até fechar sua venda. Vender é uma pura matemática, vendas são reflexos da quantidade de vezes que você apresentou para alguém, que é proporcional à quantidade de pessoas que você agendou, contatou, prospectou etc.

A boa notícia é: você de fato não precisa ter nascido com as habilidades de um grande vendedor, vender não é uma arte e sim uma ciência que você pode aprender. Sim, existem pessoas que nasceram com algumas habilidades especiais, mas a grande maioria das histórias de grandes vendedores não foi com este início, e sim de muito aprendizado e prática. E você também pode aprender sobre isso, mesmo que não tenha nascido com tais habilidades. Eu sou a prova viva disso para você.

Remuneração variável em vendas

"Pessoas com mentalidade próspera preferem ser remuneradas por resultados, enquanto pessoas de mentalidade pobre preferem ser remuneradas pelo tempo que despendem." T. Harv Eker em *Os segredos da mente milionária*.

O trabalho de vendas é um dos que mais geram milionários em todo o mundo, justamente pelo fato de trabalhar diretamente ligado a resultados. Pessoas dessa profissão dificilmente têm um alto salário fixo e muito menos "estabilidade" ou "segurança", são elas que fazem seus horários, que fazem sua rotina e agenda e que fazem seu próprio salário. O potencial de receitas é ilimitado e muitas vezes maior do que qualquer outro cargo dentro de uma empresa, inclusive do próprio CEO. São eles que trazem receitas e clientes diretamente para a empresa, sem eles não existiria negócio algum, tamanha sua importância e impacto, por isso seu alto potencial de receita.

Muitas pessoas, em busca de segurança e estabilidade financeira, fogem de qualquer possibilidade de remuneração variável, na qual trocam seu tempo e sua quantidade de horas trabalhadas por um valor fixo mensalmente. Uma falsa ilusão de segurança e estabilidade, que nos dias de hoje não existem mais.

Cada vez mais empresas estão adotando formatos de trabalho flexíveis e com receitas variáveis. De nada adianta para uma empresa se você leva uma ou dez horas para desempenhar sua função e sim o quanto essa função gera de receita, ou de diminuição de despesa para empresa. Afinal, uma empresa sobrevive e tem como objetivo, além de suas contribuições de valor e social, gerar lucro. E lucro é igual a receita menos despesa. Ou você aumenta a receita da empresa ou você diminui a despesa da empresa. Se você não contribui com nenhuma das pontas da geração de lucro de uma empresa, sua estabilidade e segurança podem estar com os dias contatos, cuidado!

Como o profissional de vendas influencia diretamente no aumento da receita de uma empresa, acaba sendo altamente remunerado, assim como hoje em dia profissionais que estão atuando em áreas financeiras e contábeis ligadas à diminuição de despesa dentro das empresas.

Todos nós somos vendedores

Quer ver como todas as pessoas são de fato vendedoras? Para isso, ninguém melhor do que um dos maiores especialistas de vendas do país, Erik Penna, com sua contribuição no texto abaixo.

Por Erik Penna

Já reparou que a vida é uma grande negociação?

A negociação é um exercício diário em nossas vidas. Quem não se lembra de já ter negociado com o pai ou com a mãe para ir a uma festa, para ter permissão para dormir na casa de um amigo, conseguir ganhar o tão sonhado primeiro beijo, pedir um desconto em alguma loja, solicitar um pontinho a mais na nota da prova com o professor e clamar pela redução do nível de ruído com o vizinho, com a sogra e com o filho. Enfim, quase tudo foi, é ou será uma negociação.

Por sinal, analisando friamente a situação, chegamos à conclusão de que nós só estamos aqui, hoje, graças a uma negociação eficiente entre nossos pais, e que o fruto e resultado dessa belíssima negociação somos nós.

Vender é uma arte e por isso é preciso dedicação e aprimoramento constante, portanto lembre-se, seu dia é composto pelas mesmas 24 horas que o dia de Silvio Santos, Bill Gates, Antônio Ermírio de Moraes, Abílio Diniz e o João da mercearia da esquina. Portanto, escolha bem o que vai fazer com suas horas, afinal você é o autor de sua vida e pode escrevê-la da forma que pretender.

O ato de vender ou negociar é tão importante em nossas vidas e tão universal que rendeu o prêmio Nobel de Economia de 2005 para o israelense-americano Robert J. Aumann e para o norte-americano Thomas C. Schelling, dois cientistas que utilizaram a Teoria dos Jogos da negociação para analisar por que, às vezes, funciona a cooperação e por que, às vezes, ocorrem conflitos.

Quando estudamos e colocamos em prática algumas técnicas e ferramentas de vendas, nosso cotidiano passa a ser mais vencedor, motivador e torna-se mais fácil a conquista dos objetivos, bem como a superação de metas e a realização de nossos sonhos.

Aprender a vender

Clóvis Tavares, o autor, palestrante e mágico do mundo das vendas, o único a conquistar quatro tops de Marketing ADVB, reforça por que todos precisam aprender a vender.

Por Clóvis Tavares
Autor do livro *O Jogo das Vendas*

Vender sempre foi uma habilidade especial. Existem grandes produtos que não saem da prateleira porque não souberam mostrar os argumentos e encantar o potencial comprador. As crianças nos Estados Unidos são criadas para competir umas com as outras, eles não apresentam seu projetos aos professores, eles os vendem, mostrando o quanto foi difícil fazer a pesquisa, quais os meios diferentes que eles usaram para enriquecer o conteúdo do trabalho e no final sempre fazem uma maquete do que era para ser apenas um papel. O objetivo é claro: vender seu esforço e ter o melhor trabalho. Depois crescem e se tornam os melhores vendedores do mundo, porque sempre sabem que argumentos precisam ser mostrados e aprimorados. Não importa o serviço ou produto que você ou sua empresa oferecem aos clientes. Eles precisam ser vendidos, e isso quer dizer que você precisa ser mais agressivo na oferta. Mais que mostrar o bom preço ou o prazo de pagamento, é preciso mostrar que você é único. Crie diferenciais que realmente sejam diferenciais, encontre formas de expor que ninguém jamais ousou usar e complete sua entrega com algo mágico. O grande problema de uma venda é a sua entrega, um cliente encantado na entrega vira seu melhor vendedor.

Vender é uma arte como é arte mágica, se você não encantar o cliente quando apresenta seu produto ou serviço e não deixar um efeito especial no final, ele só vai lembrar do preço que pagou, se valeu ou não valeu. Faça a diferença, dê um show na hora de vender, capriche em sua apresentação, tudo conta, o ambiente, as cores, o cheiro e principalmente o sorriso. Um profissional que esbanja alegria, que brilha os olhos ao mostrar seu produto, prova sem dizer uma palavra que está oferecendo o melhor produto ou serviço.

Estamos a todo momento vendendo

Marcelo Cherto, presidente do Grupo Cherto e do Instituto Franchising, Fundador da Associação Brasileira de Franchising (ABF) e autor do livro *Somos todos vendedores*, com seu depoimento nos mostra que estamos sempre vendendo.

Por Marcelo Cherto

Anos atrás, escrevi um livro, publicado pela Editora Saraiva e ainda em catálogo, cujo título deixa bem claro como vejo vendas. Chama-se *Somos todos vendedores*. Para mim, é isso mesmo: todos nós, independentemente da profissão, cargo, idade ou sexo, estamos sempre vendendo alguma coisa a alguém.

Como eu disse na introdução daquele livro, se, em seu dia a dia, você se vê em situações em que tem que convencer alguém a fazer, ou deixar de fazer alguma coisa, ou a aceitar uma ideia ou crença, então você, assim como eu, também é um vendedor.

A gente não vende apenas produtos ou serviços, vende também ideias, projetos, conceitos, crenças, metas e mais um monte de coisas. Inclusive a gente mesmo. Quando um rapaz está sendo entrevistado para o emprego de seus sonhos, ou tentando convencer uma garota numa festa a lhe dar o número de seu telefone, está vendendo a si mesmo.

Conscientes disso ou não, estamos o tempo todo vendendo: o advogado que tenta convencer o juiz de que seu cliente tem razão, a mulher que tenta convencer o marido de que está na hora de trocar os móveis da sala, o CEO que quer convencer os acionistas a investirem na implantação de uma nova fábrica, o funcionário que tenta justificar o aumento que pediu ao chefe, aquele fanático por cuidar do corpo que tenta convencer você de que é ótimo para sua saúde tomar quatro copos de água gelada em jejum, todas as manhãs. Todos estão vendendo alguma coisa. Repito: sempre que você precisa convencer alguém a fazer, ou deixar de fazer algo, ou a acreditar, ou deixar de acreditar em alguma coisa, você é (ou está) um vendedor.

Eu mesmo, neste meu depoimento, tentando convencer você de que, sabendo ou não, querendo ou não, você é um vendedor; estou fazendo o quê? Estou tentando vender a você um conceito, uma ideia, uma crença.

Portanto, se quiser ter sucesso (em qualquer área, cargo ou atividade), desenvolva suas habilidades em vendas.

CAPÍTULO 9
Ingredientes Necessários para Vender

Confiança em vendas

Uma habilidade fundamental em vendas e comunicação está totalmente ligada com sua preparação mental, mais especificamente sua confiança.

Você já deve ter ouvido que, em comunicação, suas expressões são muito mais relevantes e impactantes do que o que você fala diretamente. Isso vale para qualquer comunicação, seja vender algum produto, uma apresentação, uma entrevista, uma paquera. Não existem palavras mágicas, não confie em scripts padrões ou frases prontas, você precisa de confiança.

Confiança para fazer a primeira abordagem, para se aproximar de alguém, para olhar nos olhos e apertar as mãos, para andar, confiança ao falar, ao se retirar.

E isso será a soma de três fatores essenciais:

- Sua preparação mental (sim, ela está presente novamente em sua vida);
- Sua preparação de conteúdo e estudo;
- E, por último, mas não menos importante, prática, muita prática.

Perceba que esses fatores estão totalmente interligados, não funcionam sozinhos e também não funcionam sem uma das partes.

A regra dos três segundos

Esta regra é muito comum no campo dos relacionamentos, ao se aproximar de pessoas desconhecidas. Você provavelmente já passou por esta situação, viu aquela moça no bar ou balada e teve uma enorme vontade de conhecê-la, ela chamou sua atenção em todos os sentidos, você precisava fazer alguma coisa. Você, encostado no bar, com sua bebida nas mãos, olha uma, duas, três vezes, mas parece que alguma coisa lhe prende no chão, seu coração começa a bater mais forte, você respira profundamente e agora vai, mas não foi. Fica em uma luta com você mesmo, espera mais um pouquinho e quando olha novamente um cara já se aproximou dela e a beijou. Você perdeu.

Quantas garotas ou garotos você já deixou de conhecer e se aproximar por esse bloqueio? Tenho certeza que muitos. E isso não só nos relacionamentos amorosos, pode ser em uma confraternização, uma reunião, uma palestra, uma feira, um evento, quantos contatos importantes que você poderia ter feito, não fosse o medo da aproximação.

Novamente voltamos ao que fomos preparados e moldados desde pequenos em nossa mente, no que tange a contato com outras pessoas. Desde pequeno você ouviu seus pais dizendo: "Não fale com estranhos", "Não converse com estranhos", "Não se aproxime de estranhos", "Mantenha distância de estranhos" etc.

Você criou inconscientemente um bloqueio em sua mente para se aproximar de estranhos e na hora que você precisa disso, tudo trava.

A regra dos três segundos tem justamente o objetivo de evitar que sejam ativadas em sua mente estas lembranças e recordações de seu subconsciente. Você tem três segundos a partir do momento que você viu a pessoa e quis se aproximar; esse tempo é insuficiente para sua mente processar de forma lógica sua atitude e recordar os pensamentos gravados. Se você passar desse tempo, seu bloqueio vem a tona e aí ficará muito mais difícil a luta com você mesmo.

Faça o teste, é difícil, dói um pouco no começo, mas será fundamental para você não perder oportunidades em sua vida, em todos os sentidos: pessoal e profissionalmente.

Aprenda a ouvir

Engana-se quem acha que para ser um grande vendedor é preciso falar muito. Frequentemente ouvimos comentários de pessoas que consideram pessoas muito falantes como possíveis grandes vendedores.

Esqueça esse velho ditado, você tem dois ouvidos e uma boca justamente para ouvir mais, não só em vendas, mas em qualquer área de sua vida. As pessoas querem ser ouvidas. Em um mundo cada vez mais individual e distante, o ser humano tem necessidade de compartilhar seus problemas com outras pessoas que tenham o verdadeiro objetivo de ajudá-las, e em troca disso, estarão, inclusive, dispostas a lhe dar dinheiro, pelo fato de você ter ouvido e ajudado. Isso é vender! E não falar, falar, falar e empurrar produtos e serviços para todas as pessoas.

> As pessoas querem ser ouvidas

Você pode até ter resultados de curto prazo, mas dificilmente terá sucesso em médio e longo prazo agindo de tal maneira. E se a pessoa com a qual você está falando não tenha necessidade de sua solução, ou se sua solução/produto/serviço não irá lhe beneficiar, não force a barra, você conseguiu uma vitória maior ainda ao construir um relacionamento, o que vale muito mais do que uma venda. Mesmo que você precise bater sua meta, ou que a solução para esta pessoa seja o produto de seu concorrente, você ganhará muito mais no longo prazo se realmente focar em ajudar seu contato.

Portanto, pare de falar, comece a ouvir as pessoas a seu redor e esteja disposto a ajudá-las.

Como vender uma ideia em 60 segundos

Esse é o tempo médio que você tem dentro de um elevador para explicar o que você faz e o que é seu negócio para uma pessoa qualquer. Esse é o tempo que você consegue manter a atenção das pessoas, as primeiras palavras são fundamentais para capturar a atenção e o interesse delas.

Três elementos básicos para sua rápida apresentação:
- Quem é você? (de forma rápida, resumida e prática, sua experiência na área em questão)
- Qual o problema que seu produto/serviço resolve? (principal parte, conte de forma prática e se possível com um rápido exemplo ou história que pode ser parte do dia a dia, de forma que as pessoas se sintam envolvidas em seu problema)
- Qual a solução? (em apenas uma frase)

Os 5 Ps dos Vendedores Vencedores

Veja abaixo o texto do grande vendedor, autor e palestrante José Ricardo Noronha, uma pessoa que realmente ama o que faz e contribui muito com a formação de novos vendedores. Cinco ingredientes, ou melhor, seis como você verá, essenciais para o vendedor de sucesso.

Por José Ricardo Noronha
Autor do livro *Vendedores Vencedores*

Para muitos, ser vendedor é uma arte! E muitos têm me perguntado se o dom das vendas é algo que nasce conosco ou é algo que pode ser desenvolvido ao longo da vida, permitindo que milhões de vendedores possam se tornar Vendedores Vencedores.

Tenho convicção de que, como em outras tantas profissões e carreiras, a combinação de muito estudo e muita experiência prática a qual resulta em uma trajetória de sucesso pode sim ser replicada com êxito em nosso apaixonante mundo das vendas. Resumidamente: é, sim, possível transformar-se em um campeão de vendas, ou como digo em meu livro, um vendedor(a) vencedor(a), desde que "5 Ps" absolutamente essenciais estejam presentes nesta receita. Vamos a eles:

1. Paixão: Como em qualquer outra carreira, a paixão é o ingrediente mais importante para se ter sucesso naquilo que faz.

Na ainda estigmatizada área de vendas, que infelizmente não usufrui do devido respeito e admiração de muitos, o que se percebe na prática é que muitos profissionais "estão" vendedores e não "são" vendedores, o que explica o baixo desejo de aprimoramento contínuo e de realmente fazer a diferença na vida de quem é mais importante: na vida dos clientes.

Recorro aqui ao gênio Steve Jobs que nos ensinou como transformar clientes em verdadeiros embaixadores da marca e também como criar dispositivos que até então não haviam sido imaginados por ninguém: *"People with passion can change the world for the better"* ("Pessoas com paixão podem mudar o mundo para melhor", em tradução livre). É isso mesmo! Vendedores transformam o mundo para melhor e ajudam seus clientes a serem melhores!

Vender é servir! E só serve bem quem é verdadeiramente apaixonado pelo que faz. Paixão por servir aos outros e à sociedade. Paixão por ajudar as pessoas e empresas na resolução de seus problemas e na realização dos seus sonhos. Paixão por vendas!

2. Preparação: Em muitas das palestras que realizo no Brasil inteiro e também em minhas aulas de MBA para jovens e profissionais bastante experientes, uso uma frase célebre de Benjamin Franklin que diz: "A falha na preparação é a preparação para a falha". E se a preparação já é importante em tudo o que fazemos em nossas vidas, no cada vez mais complexo e exigente mundo das vendas a preparação é ainda mais fundamental. E entenda-se por preparação muito, mas muito estudo mesmo! Vendas é uma área multidisciplinar que exige o conhecimento amplo de diversas áreas de mundo acadêmico e humano: economia, administração, contabilidade, matemática financeira e psicologia, entre outros. E é importante reforçar que, neste aspecto ligado à educação formal e informal, vendas não diferem em nada de outras carreiras como Medicina, Direito, Engenharia, Odontologia e Administração, em que geralmente os melhores cursos formam os melhores profissionais e outros tantos profissionais se tornam excelentes naquilo que fazem por investirem incansavelmente em seu próprio desenvolvimento pessoal e profissional.

Portanto, estudo é sim fundamental! Estude muito e acima de tudo pratique, pratique e pratique, pois de nada vale aprender muito se não colocar em prática os ensinamentos para aumentar sua produtividade e suas vendas. Aliás, uma dica para já incrementar sua produtividade a partir de amanhã: selecione ao menos um elemento deste artigo e o coloque em prática imediatamente! Isso fará com que o poder de absorção do que você aprendeu hoje atinja impressionantes 90% versus apenas 10% se você nada fizer pelos próximos 30 dias (Curva do Esquecimento de Ebbinghaus).

3. Proatividade: Se há algo importante para o tão sonhado sucesso em vendas, esse elemento se chama proatividade. Aliás, costumo dizer que nascemos proativos e que o mundo nos torna reativos. Sim, nascemos proativos, pois nos arriscamos bastante quando damos os primeiros passos, que deixam nossos pais tão orgulhosos por aquela conquista e igualmente preocupados pelos queixos machucados tão característicos desta fase tão maravilhosa.

No entanto, por uma série de fatores que incluem a acomodação e a preguiça de buscarmos sempre mais e a aversão ao risco (que afeta diretamente nossa capacidade de inovar), muitos de nós nos tornamos reativos e isso é um problema bastante recorrente em vendas. Ser proativo significa antes de qualquer coisa ser um agente de mudança. E a mudança que queremos ver em nossos negócios e em nossas vendas começa conosco mesmo! São características dos vendedores proativos:

- **Perguntam bastante:** Sua inquietude e desejo de aprimoramento contínuo os fazem e os tornam mais questionadores, sempre buscando perguntas e soluções que os permitam vender mais e melhor e os ensinem o que é mais importante: para entender os reais anseios, expectativas e necessidades de seus clientes. Vendedores reativos querem somente as respostas.

- **Têm foco em resultado:** Seu foco é sempre incrementar a produtividade de seu negócio e de sua empresa (e consequentemente, de seus rendimentos). Esse foco em resultado está também diretamente relacionado a um senso de insatisfação constante com os resultados já produzidos, pois o vendedor vencedor está sempre em busca de algo mais. O profissional reativo é mais focado em ser um simples executor de atividades, fazendo com que ele seja muito mais orientado em apenas fazer aquilo o que lhe é pedido.

- **São agentes de mudança:** Profissionais proativos estão sempre em busca de mudanças que permitam incrementar os resultados de sua empresa e não se importam em testar métodos e ações novos. Os proativos geralmente são os agentes que promovem as grandes inovações nos processos de vendas de suas empresas. Já os profissionais reativos são meros agentes de execução.

- **São "caçadores" e construtores de imagens positivas:** Vendedores proativos "vendem" o tempo todo. Pelo amor, paixão e senso pleno de realização por aquilo que fazem; eles prospectam e vendem seus produtos, serviços e ideias literalmente o tempo todo e muitas vezes sem perceber que o estão fazendo. Além disso, os vendedores proativos, apaixonados pelo que fazem e bem preparados acabam construindo uma marca e uma imagem positiva das empresas que representam, pois os clientes tendem a compram marcas e produtos das empresas e pessoas que eles confiam. Do outro lado, os reativos estão sempre esperando que novas oportunidades, novos clientes e novas vendas caiam em seu colo e tendem a colocar a responsabilidade pela geração de novos negócios 100% sobre a empresa onde trabalham ou que representam.

4. **Positividade:** Sei que parece um tanto quanto simplório apontar a positividade dentre os cinco elementos essenciais de sucesso em vendas. No entanto, pare um pouquinho e pense bastante: dos inúmeros vendedores e vendedoras com que você já se relacionou e com os quais ainda se relaciona, quantos deles têm um espírito positivo e aquele desejo genuíno de lhe ajudar que são tão característicos dos vendedores vencedores? Baseado em minha interação de vida inteira com milhares e milhares de profissionais de vendas (lembrando sempre que ao final do dia somos todos vendedores), posso dizer que são poucos, ou melhor, muito poucos, os profissionais que têm uma atitude positiva diante de seus clientes. Da falta de positividade derivam sérios problemas que afetam organizações dos mais diversos setores e dos mais variados portes — merece destaque o atendimento sofrível e absolutamente amador de tantas empresas e profissionais. Como é comum sermos atendidos por pseudoprofissionais que não entendem o que fazem (aliás, acredito que "entendimento" é mais importante que "atendimento") e consequentemente oferecem um atendimento sofrível, que estão mal-humorados e que têm uma atitude horrível no momento mais crucial de existência de uma empresa que é o da venda de seus produtos e serviços. Adote sempre uma atitude positiva!!

5. **Profundo conhecimento daquilo que fazem:** Já falei aqui da importância de ter paixão pelo que faz, o que acaba resultando num processo de preparação constante para obter o tão sonhado sucesso em vendas e que, não por acaso, forja uma atitude sempre proativa e positiva diante do apaixonante, exigente e profissional mundo das vendas. No entanto, de nada adianta ter tudo isso se você não o conhecer profundamente:

108 HABILIDADE 3 | Aprendendo a vender

- **Seu mercado:** Seja um exímio conhecedor de todos os desafios, oportunidades, ameaças, concorrentes e tendências que cercam seu mercado, pois isso o tornará um profissional que gozará de credibilidade e confiança ainda maiores no mercado e o que impactará diretamente na melhoria de suas vendas e na produtividade de seu negócio ou empresa.

- **Seus produtos e serviços (e os de seus concorrentes também):** Fico ainda assustado quando percebo o baixo nível de conhecimento de milhares de vendedores sobre os produtos, serviços e benefícios reais daquilo que vendem. E fico ainda mais preocupado quando vejo vendedores que simplesmente ignoram os verdadeiros diferenciais competitivos que tornam os produtos e serviços que comercializam únicos e muito mais protegidos das ofertas dos concorrentes. Portanto, se você não souber disso tudo, saiba que a responsabilidade de saber não é de seu cliente!

- **As necessidades, expectativas, desejos e sonhos de seu cliente:** Se vender é ajudar, quanto mais você ajudar seus clientes, mais dinheiro ganhará. Desta forma, é absolutamente fundamental que você conheça profundamente as necessidades, expectativas, desejos e sonhos de seu cliente e de seu público-alvo. Para fazer isso, você precisará incrementar suas "habilidades investigativas" por meio de perguntas bem formuladas e sempre pautadas por uma comunicação correta (o certo é ouvir muito e falar pouco) e por um estudo minucioso sobre as características e anseios de seu mercado consumidor.

- **O "porquê":** Este poderia até ser mais um P por aqui, mas entendo que ele se encaixa perfeitamente no P de profundo conhecimento, pois conhecer o "porquê" daquilo que faz facilita o processo de conexão com seu cliente, o qual não compra o "que" e o "como" você faz e sim o "porquê" você faz! O "porquê" está muito ligado à missão e ao propósito de existência de seu produto e de sua empresa. Por isso mesmo comece sempre com o "porquê". E por falar em propósito, olha outro P importante aí!

- **6. Pessoas:** Sempre digo e defendo como filosofia de vida que um dos elementos mais importantes em vendas é gostar de pessoas, entender as pessoas, servi-las e encantá-las. Portanto, de nada adianta ser um craque em tudo aquilo que cerca o mundo das vendas se você realmente não amar ao próximo! Amar as pessoas é um ingrediente mais que imprescindível na receita que irá lhe transformar em um Vendedor Vencedor!

> Mas, espera aí! O título do artigo de hoje é "**Os 5 Ps dos Vendedores Vencedores**" e você já deve ter notado que compartilhei aqui "6 Ps" em vez de "5 Ps". Fiz isso propositalmente, pois outra característica chave que diferencia os Vendedores Vencedores dos vendedores comuns é que eles sempre entregam mais do que prometem!
>
> Ame aquilo que faz (**Paixão**)! Prepare-se para o sucesso (**Preparação**)! Seja sempre proativo (**Proatividade**)! Tenha sempre uma atitude positiva (**Positividade**)! Conheça seu mercado e seu cliente (**Profundo conhecimento**). E o mais importante: ame ao próximo (**Pessoas**).
>
> Pense sempre nisso e tenha muito sucesso em sua vida e em suas vendas!

Sete perguntas que você precisa responder na cabeça do cliente antes de ele comprar

O bom vendedor, preparado, deve antes mesmo de o cliente perguntar, conhecer as principais dúvidas e objeções que passam por sua cabeça. Por isso, vamos acompanhar o texto de uma das maiores referências em vendas no Brasil, fundador da *Revista Venda Mais*, a maior revista de vendas do Brasil.

> **Por Raul Candeloro**
>
> Tem-se falado muito sobre neuromarketing e como o cérebro humano funciona na hora de tomar decisões e comprar.
>
> Hoje, temos cientistas acoplando eletrodos em pessoas para acompanhar atividade cerebral em diversas situações: como a pessoa reage quando ganha algo, quando perde, quando negocia, quando se sente pressionada e quando realmente quer alguma coisa.
>
> Embora possa ser altamente complexo e leve bastante tempo e estudo para você se aprofundar de verdade no assunto (afinal de contas, quer coisa mais complexa do que sentimentos e emoções?), o que eu mais gosto dessa questão do neuromarketing é que estamos finalmente começando a falar muito mais de processo de compra e não de venda.
>
> A diferença é simples, mas é brutal:

- Pensando como compra, analisamos o processo do ponto de vista do cliente.

- Pensando como venda, analisamos o processo do ponto de vista do vendedor ou da empresa.

Obviamente, quanto melhor entendermos o processo do cliente, seu ponto de vista, mais chances de sucesso teremos para entender e satisfazer suas necessidades, anseios e expectativas.

De maneira simplificada, acredito que todo cliente tem sete grandes perguntas que precisam ser respondidas antes da compra.

- Eu realmente preciso desse produto/serviço?

- Esse produto/serviço é realmente bom? (ou melhor?)

- Confio no vendedor que está me atendendo?

- Confio na empresa/marca que estou comprando?

- Estou pagando um preço justo?

- Sinto que estou levando algum tipo de vantagem?

- Compro agora?

A questão toda é que nem sempre o cliente verbaliza essas sete perguntas ou as comunica de maneira mais direta. Mas mesmo assim elas estão lá e, enquanto não forem respondidas, o cliente não terá 100% de segurança ao comprar.

Entender a importância dessas sete perguntas vai ajudar você a ser muito mais eficiente e eficaz na hora de respondê-las, melhorando muito seus resultados de vendas.

Se você parar para analisar vendas perdidas, por exemplo, certamente encontrará uma ou mais dessas perguntas que ficaram sem resposta para o cliente (ou não foram convincentes).

Por isso a importância de entender o processo de compra e as sete perguntas do cliente na hora de comprar.

- Eu realmente preciso desse produto/serviço?

- Esse produto/serviço é realmente bom? (ou melhor?)

- Confio no vendedor que está me atendendo?

- Confio na empresa/marca que estou comprando?

- Estou pagando um preço justo?

- Sinto que estou levando algum tipo de vantagem?

- Compro agora?

> Dica rápida: sempre que um cliente "empacar", não evoluir ou apresentar muitas objeções, provavelmente é por que uma ou mais dessas perguntas não foi respondida corretamente.

Vendas para não vendedores

Quatro passos essenciais para venda que servem também para sua vida: afinidade, interesse, desejo e comprometimento. Vejamos o texto do autor e palestrante Marcelo Ortega.

Por Marcelo Ortega

Todo mundo vende algo, ainda que seja sua imagem ou suas ideias. Vender é uma habilidade essencial no mundo corporativo e não é preciso ser da profissão para se interessar pelo assunto.

Neste novo milênio, as pessoas estão em foco. Nunca se falou tanto em capital humano e por esta razão é que os vendedores entram em cena como protagonistas de todo e qualquer negócio.

Saber vender é preciso! Mas o que é vender? Por que é difícil vender? Por que precisamos vender? O que ganhamos em aprender técnicas de vendas? Será que essas técnicas servem para a vida?

Vamos pensar juntos sobre todas essas questões, mas antes, reflita: quando foi que aprendeu a convencer seus pais pela primeira vez? Como foi que conquistou seu primeiro amor? E como você fez para conquistar seu primeiro emprego ou trabalho? Se lembrar de cada um destes momentos, lembrará que foi preciso ter sintonia nas relações interpessoais, boa comunicação e poder de persuasão para convencer as outras pessoas de que você era a melhor opção ou sua ideia proporcionaria algo bom para a vida delas.

Convencer é base para a venda. Do latim, significa "vencer junto" e isso é o verdadeiro ganha-ganha, desejado por todos os negociadores e compradores.

112 HABILIDADE 3 | Aprendendo a vender

Nos negócios, nem sempre somos preparados para vender os serviços ou produtos que representamos ou fazemos. Um advogado estuda leis, um engenheiro estuda algoritmos e um médico estuda as causas de doenças e possíveis soluções. Um empresário estuda seu mercado e concorrência e forma sua empresa com áreas diferentes; em especial, nas vendas, seleciona gente que saiba lidar com gente. Mas todos precisam desta habilidade. Gente é o que sustenta o lucro de toda e qualquer atividade, do profissional liberal ao empresariado.

Por isso, já é hora de estudarmos profundamente as vendas, seus fundamentos ligados à comunicação eficaz, à negociação de alto impacto, ao relacionamento positivo e duradouro e à capacidade de conquistar mercados com estratégias e táticas eficientes.

Vender é gerar convergência de interesses! Faz 15 anos que eu repito esta frase.

Todos podem aprender a vender e vencer a timidez, que é o maior bloqueio entre as pessoas que se julgam não serem vendedoras. Acreditar que é vendedor ou vendedora é o primeiro passo, afinal, por tudo que descrevi anteriormente, você já deve ter se convencido da importância de aprender a vender, não? Aprender a vender é útil para a vida. "As pessoas gostam de pessoas que são iguais a elas", disse Dale Carnegie no livro *Como fazer amigos e influenciar pessoas*, um best-seller mundial que trata sobre relações humanas, liderança e comunicação. Neste importante livro, Dale detalha princípios da vida e que se adequam perfeitamente ao profissional de vendas. Não critique, não condene e não se queixe; torne-se verdadeiramente interessado pelo outro (posso acrescentar, por seu cliente); deixe a outra pessoa falar a maior parte do tempo; evite uma discussão (ninguém ganha uma discussão) etc. São princípios de relações interpessoais e que podem servir para construir fundamentos do relacionamento com clientes.

Os principais passos da venda servem totalmente para a vida: afinidade, interesse, desejo e comprometimento são quatro dos sete fundamentos de meu principal livro: *Sucesso em Vendas*, ed. Saraiva, 2008. A seguir, dicas relativas a esses importantes fundamentos do processo de vendas:

1. ***Afinidade:*** É preciso criar sintonia e empatia com os outros antes de vender ou convencer. Sem afinidade, as barreiras e objeções sempre serão maiores e, às vezes, intransponíveis. Modelar seu jeito a ponto de se parecer mais com a pessoa com quem está falando é uma poderosa arma para criar empatia (do francês, "apport").

2. **Interesse:** Onde não há interesse não há venda! É preciso captar a atenção das pessoas e, para tanto, procure lembrar-se que ninguém quer saber de você sem que antes se sintam importantes em seu discurso inicial. Numa entrevista de emprego, fale sobre o que você agregará à empresa em que se candidatou para o trabalho. Para um cliente potencial, destaque benefícios para ele com o que vende, em vez de vantagens e características do produto ou serviço que tem para oferecer. A oferta vem depois.

3. **Desejo:** Utilize palavras que motivam as pessoas com sua ideia, proposta de venda ou até mesmo perante seu jeito de ser. Faça os outros sentirem uma sensação bacana com o que tem para oferecer. Uma forma de conseguir isso é usando o verbo imaginar: "imagine você" (a outra pessoa ou seu potencial cliente), descreva o que você proporcionará, terminem com "o que lhe parece?" A palavra imagine nos leva para o momento ou sentimento.

4. **Comprometimento:** Obter compromisso é a base do sucesso de qualquer vendedor. Muita gente faz bem as relações humanas, mas se esquece ou não se sente confortável em fechar negócios, pedir compromisso, assinar contratos etc. Não tema o fechamento, ele é parte do processo de relacionamento com os outros e necessário para garantir a continuidade da relação.

A venda é algo maravilhoso e talvez por isso tanta gente quer aprender a vender. Como treinador e palestrante de vendas há 15 anos, tenho como missão desenvolver essa habilidade em qualquer profissional, independentemente de porte, tamanho ou ramo de atividade de sua empresa ou negócio.

Pratique, a melhor forma de aprender a vender e se comunicar

Busque trabalhos, sejam remunerados ou voluntariados, que exijam com que você tenha contato com outras pessoas. Inicialmente, trabalho com telefone ou telemarketing é um ótima opção, pois permite que você faça uma grande quantidade de contatos e ainda não precise estar em contato pessoal com os outros.

Você terá que aprender na prática a ouvir muitos "nãos", faz parte do jogo, e quanto mais rápido acontecerem, mais perto do "sim" estará. Se a média clássica de vendas são dez contatos para cada venda, é si-

114 HABILIDADE 3 | Aprendendo a vender

nal de que seus nove primeiros contatos serão com retorno negativo e quanto mais rápido você avançar neles, mais perto estará do sim. Cada "não" recebido é um degrau a mais para sua escalada a venda final.

Sempre fui, e continuo sendo, uma pessoa bastante tímida, mas não por isso deixei que essa característica bloqueasse alguma atividade minha. Tive a sorte de ler logo cedo em um dos livros da coleção de *Pai Rico Pai Pobre* que se quisesse ter sucesso profissional teria de aprender a vender, na alegria ou na tristeza.

Divido minha experiência inicial em vendas em três etapas principais, que recomendo a você. A primeira delas, ainda com 15 anos, foi a atividade de venda receptiva, em tese a mais cômoda para quem está iniciando e tem bastante timidez. Trabalhei no atendimento da recepção da academia de minha mãe, e o trabalho principal consistia em atender os clientes que vinham até o local e vender para aqueles que buscavam informações. Não havia prospecção ativa ou venda externa, logo, era obrigado a atender quem estava no balcão. Apesar de cômoda, esta atividade proporcionou uma quantidade bastante grande de atendimentos em função do alto fluxo de pessoas, assim como o aprendizado de lidar com diferentes tipos de pessoas e, principalmente, a me comunicar e falar com estranhos.

A segunda experiência retrata o exemplo inicial, que considero o mais importante e também o mais difícil no processo de aprendizado em vendas. Venda ativa por telefone, ou mais especificamente, telemarketing em uma escola de idiomas. Ali não existia mais comodidade, já havia aprendido a me comunicar com pessoas, porém de forma receptiva, agora teria de exercer a principal função, montar um banco de dados e contatar individualmente por telefone. Como existiam metas diárias de contatos, telefonemas, agendamentos e fechamentos, eu não tinha escolha, ou fazia ou ia para a rua. Os dois primeiros dias foram terríveis, tive vontade inúmeras vezes de abandonar o trabalho e pedir para sair, aquilo não era para mim, havia um bloqueio mental que não me permitia fazer aquela atividade, simplesmente congelava e cheguei a chorar, literalmente. No entanto, lembrando das lições sobre vendas soube que precisava passar por aquela etapa, não era o que queria de meu futuro, mas seria uma etapa muito importante. E sobrevivi! Estou aqui vivo podendo contar a história para vocês.

Fui à rua parar pessoas na calçada com pesquisas a fim de coletar nomes e telefones de potenciais alunos, fiz dezenas de contatos diários, centenas por semana e milhares durante este período. Ouvi diversos "nãos", afinal em uma atividade como esta o nível de receptividade é bastante baixo, o que exige por si só uma grande quantidade de contatos, e era o que fazia. Sem dúvida alguma, afirmo com total convicção que essa etapa é fundamental em seu processo de aprendizagem em vendas!

A terceira etapa do aprendizado principal foi na rua diretamente. Agora deveria visitar e abordar pessoas pessoalmente. Já tive a experiência de aprender a me comunicar receptivamente, ouvir diversos "nãos" por telefone, agora era hora de colocar a cara a tapa, pessoalmente. Vendi sites, sistemas, serviços diversos, vendi ideias, projetos e empresas. Um processo gradual nessa terceira etapa do aprendizado em vendas.

Como etapa bônus para você, que podemos exemplificar como quarta etapa, em um nível avançado de seu aprendizado em comunicação, destacaria o grande temor do ser humano de falar em público. Sim, você já aprendeu a falar com pessoas individualmente ou pequenos grupos de diferentes maneiras, agora é hora de encarar uma verdadeira multidão. Apresentações para grupos de pessoas, palestras, cursos etc. Como já comentei, minha experiência inicial nesta etapa foi nada mais, nada menos, do que uma palestra para mais de 700 pessoas no principal teatro da cidade. Depois desta etapa, você está pronto para falar e se comunicar com qualquer pessoa em qualquer lugar. Não quer dizer que o medo e frio na barriga não voltarão, isso é natural, mas você já passou pelas quatro etapas principais de seu aprendizado prático em vendas e comunicação.

- ETAPA 1 — Atendimento ao cliente e venda receptiva no balcão
- ETAPA 2 — Telemarketing, venda ativa por telefone
- ETAPA 3 — Venda direta, pessoalmente, na rua
- ETAPA 4 — Apresentações a grandes grupos

Capítulo 10
Como Fazer Grandes Apresentações

Apresentações impactantes

Falar em público é considerado um dos maiores medos da humanidade, está acima do medo da morte, para você ter uma ideia. E o que fazer quando precisar apresentar para várias pessoas?

Deixe eu lhe contar minhas experiências com apresentação. Minha primeira palestra profissional foi para um público de mais de 700 pessoas. Isso mesmo, um rapaz de 21 anos de idade olhar para frente quando as cortinas do principal teatro da cidade se abrem e se deparar com centenas de pessoas de todos os tipos para o ouvir falar sobre empreendedorismo seria motivo suficiente para ficar com muito medo, não é mesmo?

Logicamente que qualquer pessoa, mesmo que já tenha realizado milhares de palestras diferentes, ficaria com um mínimo de frio na barriga antes de subir ao palco. Afinal, você nunca sabe quem será seu público, o que eles vão achar, se vão gostar etc. Ou seja, sentir medo é o natural de qualquer ser humano, a única diferença é que algumas pessoas o superam e outras ficam paralisadas ou impedidas de realizar alguma ação em função dele.

Voltemos ao estudo de nossa mente. Minha preparação para uma palestra, ou uma venda importante, ou qualquer outro evento e acontecimento importante consiste em uma grande preparação mental antes. A meditação é uma grande ferramenta para isso, o simples fato de trabalhar sua respiração lenta e profundamente faz com o que o oxigênio chegue para o fundo de seu corpo e cérebro, munido de pensamentos e afirmações positivas (subconsciente) e visualização do momento bem--sucedido.

118 Habilidade 3 | Aprendendo a vender

Estudamos que nossa mente é composta de 95% do subconsciente, logo ela exerce uma função muito maior do que o próprio consciente. Nesse tipo de situação, assim como em uma prova esportiva, você usa seu subconsciente e não o consciente. Por isso, muitas vezes não sabemos como fizemos determinada ação ou de onde tiramos determinado discurso, que veio de nosso subconsciente, já preparado para isso.

Vejamos:

- Estudo e preparação: Quando você está estudando, se preparando ou treinando, você exerce a mesma ação diversas vezes, até se tornar um hábito para você; este hábito fica gravado em seu subconsciente.

- Mentalização e visualização: Ao mentalizar e visualizar que você teve sucesso na ação e que tudo acontecera da forma que você gostaria também se torna um hábito e fica gravado em seu subconsciente.

- Respiração: A única coisa que você precisa fazer no dia do acontecimento é relaxar sua mente, por isso a respiração e técnicas de meditação, para que seu subconsciente possa exercer a função e os hábitos que já estão gravados e foram preparados por ele.

Por último, não esqueça das ferramentas. Observe uma apresentação feita por Steve Jobs e você verá o impacto que apresentações visuais bem-feitas podem ter.

Conte histórias

"A simplicidade é a sofisticação máxima." Steve Jobs

Não só em vendas, mas em diversas áreas da vida, o ser humano e sua trajetória estão ligados a "histórias", literalmente. Desde pequenos, somos acostumados a ouvir histórias de diferente tipos, isso é capaz de fazer uma criança parar e concentrar a atenção de qualquer pessoa. Histórias envolvem imaginação, emoção, suspense, personagens, heróis e vilões, fazem nossa mente viajar e entrar na própria história, com enorme apreensão para descobrir o que tem por vir. Ouvimos histórias infantis, lemos histórias em quadrinhos, histórias sobre nosso país e sobre o mundo, ouvimos histórias sobre nossos antepassados e familiares, histórias na juventude, histórias na novela, histórias nos filmes, histórias de terror. Por que você acha que no mundo dos negócios seria diferente?

Por que você acha que novelas, seriados e filmes fazem tanto sucesso? Já assuntos técnicos e escolares uma quantidade muito menor?

Antes de começar a montar qualquer tipo de apresentação em PowerPoint, comece a montar uma história para contar. Esqueça o PowerPoint, os marcadores, os textos, o design, os enfeites e efeitos especiais.

Pegue um papel e uma caneta, ou abra seu bloco de notas, e comece a escrever um roteiro. Sim, todos os exemplos que vimos acima, de novelas a filmes, todos iniciam com um roteiro e não com as cores e o design.

A forma mais fácil de utilizar uma história em sua apresentação de negócios, trabalhos ou ideias, é apresentando uma história, relato ou depoimento que envolva um problema que tenha de ser resolvido, seguido de uma solução para o mesmo.

Abuse de exemplos, imagens, vídeos e personagens e elimine ou evite sempre que possível textos e termos técnicos.

Problema + Solução ou Vilões + Heróis

Tenha a seguinte pergunta em mente: "Qual problema você resolve?". Ninguém se interessa por seu produto, as pessoas se interessam em resolver seus próprios problemas, portanto dê isso a elas. Imagens valem mais que mil palavras.

Aprenda com Steve Jobs

Certamente Steve Jobs foi um dos maiores comunicadores dos últimos tempos. Suas tradicionais apresentações de novos produtos foram um show a parte, gerando expectativa em milhares de pessoas. O mundo e a imprensa literalmente paravam para ouvi-lo falar.

Mas ele não é pródigo em apresentações e você pode aprender as habilidades de Jobs e adotar suas técnicas para impressionar seus ouvintes.

Jobs tinha a grande habilidade de transformar coisas aparentemente desinteressantes em histórias emocionantes. Se você não teve

120 HABILIDADE 3 | Aprendendo a vender

a oportunidade de ver uma de suas apresentações, busque vídeos no Youtube a respeito — existem mais de 35 mil vídeos de Steve Jobs no Youtube, aprenda na prática e de graça.

E-mails de apresentação

Confesso que fiquei receoso em falar sobre esse assunto. Muitas pessoas além de usarem esta grande ferramenta de forma errada, muitas vezes acabam achando que ela venderá por si só, resolverá seus problemas e eliminará seu trabalho de romper o medo e esforço de prospectar clientes diretamente.

Mas, se tratando de uma tecnologia da qual não temos como negar seus grandes benefícios, e do grande sucesso que tive com esta ferramenta, resolvi compartilhar algumas dicas a respeito. Porém, já adianto, tire de sua cabeça de uma vez por todas que você poderá comprar uma grande lista de contatos, apertar o botão enviar e esperar calmamente suas vendas e comissões chegarem, isso não existe! Não existe fórmula mágica e não existe atalho, se fosse assim, não precisaríamos nem mais estar estudando sobre vendas, afinal, não existiriam mais vendedores.

O e-mail é sim uma importante ferramenta para você iniciar contatos de longa distância, que não seriam possíveis de outras formas. Ou seja, você somente o utilizará quando não tiver outras opções disponíveis.

Sabemos que, nos dias de hoje, as pessoas estão cada vez mais sem tempo e atoladas de trabalho, principalmente quando você começa a vender e se comunicar com pessoas dos mais altos escalões dentro de empresas e da sociedade. Poucos têm tempo e interesse de receber desconhecidos em seu escritório para tomar um café e jogar conversa fora, a não ser que saibam de antemão que isso será útil e importante para seus negócios. Poucos também terão a incrível paciência de receber ligações de desconhecidos e conversar por horas. Logo, o e-mail acabou sendo inevitavelmente uma importante ferramenta para iniciar esse primeiro contato.

Seu objetivo com ele será justamente despertar o interesse, passar pelo funil e por diversos detectores existentes, e ganhar a devida atenção de seu contato, para aí sim conseguir uma ligação ou conversa pessoalmente. Como recebemos centenas ou milhares de e-mails, de desconhecidos, propagandas e spams, você terá que realmente se destacar bastante em meio a essa multidão.

Já descartamos qualquer possibilidade de listas de contatos desconhecidos, portanto seu primeiro trabalho será descobrir o endereço de e-mail direto da pessoa a que você quer contatar. E por mais importante que ela seja, você descobrirá que hoje não é difícil encontrar. Seja pela internet, redes sociais, sites e notícias ou por contatos diretos e indicações, você conseguirá chegar ao contato de seu interesse um pouco de pesquisa e alguns poucos contatos já serão o suficiente para essa primeira etapa.

Ao redigir sua mensagem, esqueça imagens ou qualquer tipo de anexo. Além de correr um grande risco de sua mensagem cair na caixa de spam e não ser lida, ninguém que não lhe conhece terá interesse em perder tempo com seu e-mail. Você terá de ser rápido e extremamente direto e objetivo em seu primeiro contato.

Três frases, ou pequenos parágrafos, serão o máximo para isso. Quem é você, o que você faz e o que quer ou como pode ajudar seu contato. Somente isso, de forma clara, objetiva, sem palavras difíceis, enfeites, cores ou confetes. Sua última ação deve ser solicitar um contato para uma rápida conversa por telefone ou conferência/Skype. Aproveite as ferramentas tecnológicas para otimizar seu tempo e de seu contato. Somente depois de um e-mail de apresentação, ou algumas trocas de e-mails, conversas por Skype ou telefone, que você pensará (se ainda for necessário) em um encontro pessoalmente. Logicamente que se você conseguir tal encontro antes deste processo e for de sua disponibilidade, ótimo, mas dificilmente ou poucas as vezes isso deverá acontecer, a não ser que você já esteja com uma boa reputação para isso.

Por último, defina o assunto de sua mensagem, de forma pessoal, individual, objetiva e direta. O assunto do e-mail deverá despertar o interesse de seu contato em abrir a mensagem, e até mesmo dizer o que você quer. Sim, vivemos em uma era do Twitter, poucos caracteres devem ser o essencial para você resumir seu objetivo com o contato, e quanto mais específico e menos genérico for, melhor. Afinal, é aqui que você estará concorrendo com milhares de mensagens na mesma caixa de entrada e, sem isso, tudo o que você escreveu será desnecessário, afinal, não será visto e acabará no lixo, literalmente.

HABILIDADE 4

Aprendendo sobre marketing e sua marca pessoal

CAPÍTULO 11
O que Preciso Saber sobre Marketing

Marketing

Um tema muito pouco discutido e desconhecido até pouco tempo atrás. Muitas empresas implantaram há pouquíssimo tempo um departamento específico para isso, sem contar nas diversas que ainda nem pensaram a respeito. Não pense que estamos falando de pequenas empresas apenas, grandes empresas tradicionais durante muito tempo viram o marketing como custo — e sendo um custo, pode ser cortado —, ou uma simples função que poderia ser incorporada ao trabalho pessoal da área comercial.

Para você lançar um novo produto ou serviço nas décadas passadas, bastava de fato ter um bom produto, a concorrência era menor e, principalmente, era mais fácil encontrar as pessoas, seus potenciais clientes. Afinal, os meios de comunicação eram poucos, a segmentação era pequena, não restavam muitas alternativas para se comunicar com seu público. Não existiam tantas emissoras, canais e programas diferentes, um anúncio de TV ou rádio em horário nobre era garantia de muitas vendas adicionais.

Com avanço da tecnologia muita coisa mudou e com o marketing não foi diferente. As tradicionais mídias de divulgação já não são tão eficientes e garantias de sucesso como antigamente. Os meios de comunicação são diversos, os canais de televisão passam de centenas, sem contar, claro, com as diversas opções na internet. Seu tradicional público-alvo já não se encontra em um único lugar, sua marca já não é mais a única que busca a atenção e os clientes não querem mais saber de divulgação de produtos ou serviços que não lhe interessam.

Mas, afinal, por que estamos falando sobre marketing?

126 HABILIDADE 4 | Aprendendo sobre marketing e sua marca pessoal

Você não acha ainda que apenas sendo um bom profissional ou tendo um bom produto/serviço que terá garantia de sucesso, não é? Sinto lhe dizer, mas nem sempre o melhor profissional, o mais inteligente, o mais capacitado, ou o melhor produto é que faz o maior sucesso. Ser bom já não é mais o suficiente, as pessoas precisam saber disso. Mesmo que uma indicação possa ser uma grande divulgação, ela não pode ser a única.

Marketing não é publicidade. Marketing é um conjunto de análises, estratégias e ações envolvendo, entre muitas outras coisas, a publicidade. Você precisa saber quem é seu cliente, onde ele está, o que ele gosta, lugares que ele frequenta, o que consome, onde vive, se mora sozinho, se tem filhos etc. para aí, sim, conseguir pensar em como chegar até esse público.

Marketing não é o mesmo que vendas, são duas coisas distintas. O objetivo do marketing é ser notado, enquanto o objetivo de vendas é fechar o negócio.

Ou seja, marketing começa muito antes de o produto de fato existir, antecipando e satisfazendo as necessidades do mercado.

O primeiro passo é começar a considerar o marketing de forma indispensável para seu negócio, seja ele qual for. Para isso, você deverá investir e buscar pessoas ou empresas especializadas. Lembre-se, você não precisa saber tudo, mas acima de tudo precisa compreender a importância, seus conceitos básicos e conhecer quem saiba fazer.

Marketing não é uma ciência exata, não existe certo ou errado, existem diversos meios, ações e estratégias para diferentes negócios e perfis de pessoas. O fato é que você precisa de marketing, seu negócio precisa de marketing, marketing não é custo e não pode ser cortado. Reduza todos os custos de sua empresa, mas não elimine o marketing, é ele quem vai fomentar e alavancar seu negócio. Você precisa sim acompanhar e mensurar seus resultados, se necessário, mudar, mas nunca cortar. É muito comum empresas que estão passando por uma baixa nas vendas, receita ou certa crise no mercado, eliminarem seus custos de marketing — com isso suas vendas diminuem ainda mais.

De todas as ações de marketing, sua empresa obrigatoriamente deve contar com:

- Planejamento de marketing anual e definição dos valores a serem investidos

- Um bom designer, seja interno ou externo, designer de produto, de site, de material de comunicação e apresentação de venda. As pessoas são muito visuais — a Apple é visual, seus produtos são atraentes visualmente

- Com uma boa empresa ou profissional de assessoria de imprensa. Você ficará surpreso ao descobrir o quanto de mídia espontânea sua empresa ou produto pode conseguir e quanto isso custaria caso fosse convertido em mídia paga diretamente

- Presença digital: sua empresa precisa estar presente no meio digital, nos buscadores do Google, nas redes sociais, com um bom banco de contatos de pessoas realmente interessadas no que você faz

- Eventos, uma ótima oportunidade de fazer contato, expor sua marca, seus trabalhos, conhecer novas pessoas, fornecedores, parceiros e clientes. Mesmo que você não traga efetivamente resultados financeiros, sempre faz novos contatos e cria novas oportunidades, afinal, não se faz negócio dentro do escritório

Você não precisa vender para todos!

Em um momento em que é cada vez mais comum a criação de produtos, serviços e modelos de negócios para nichos de mercado, suas estratégias e ações de marketing também obedecerão a essa tendência.

Criar produtos de massa está cada vez mais difícil, devido aos diversos fatores que já vimos. Dificilmente produtos de massa são oferecidos por pequenas empresas, pois despendem de grande investimento em marketing e publicidade, onde gigantes lutam pela atenção das pessoas — sabemos que não são poucas e que isso não é barato.

Logo, se seu produto ou serviço não é para a grande massa de pessoas, não lute pela atenção e receptividade delas, será totalmente desnecessário e ineficiente. As pessoas ignoram o que não lhes interessa e a maneira mais fácil de ser ignorado por alguém é começar a falar sobre algo que não interessa à pessoa.

Você não precisa recorrer ao mundo inteiro para vender seu produto, afinal, em um lugar com bilhões de pessoas, você só precisará que uma pequena fração desse número compre seu produto, serviço ou trabalho, o que será altamente suficiente para gerar lucro e sucesso para seu negócio.

O maior erro das pessoas e empresas é querer vender seu negócio para todas as pessoas, por achar que o produto é a maior invenção do mundo e necessário para todos, ou justamente por achar que basta divulgar onde se encontra o maior número de pessoas para conseguir vender.

Assim como novos investimentos, marketing deve ser analisado com o ROI (retorno sobre o investimento). Não importa apenas quantas pessoas sua divulgação atingirá e sim quantos potenciais clientes seus serão atingidos, bem como quantos desses de fato se tornarão clientes efetivos para seu negócio.

> O maior erro é querer vender o seu negócio para todas as pessoas

Lançamento

O momento mais importante de sua ideia, produto ou negócio é o nascimento ou lançamento deste ao mundo real. Como qualquer nascimento, este deve ser comemorado, brindado e comunicado. Filmes de cinemas que consomem um grande tempo de produção e investimento financeiro utilizam muito bem esta estratégia, utilizando muito suspense e expectativa muito antes de o momento chegar.

Chamadas, trailers, reportagens, eventos de pré-estreia até o grande dia do lançamento e vagas limitadas. O sucesso de um filme, em grande parte das vezes, é medido pelo sucesso de sua estreia, a venda de bilheteria no primeiro final de semana de seu lançamento é decisiva para seu sucesso.

O ser humano é instigado pelo que é novo, o que é novidade, o que é lançamento. Veja o exemplo da Apple, que leva multidões às ruas, enfileiradas a espera da abertura das portas para a compra do mais novo lançamento de seu produto. Mesmo sabendo que o mesmo produto poderá ser adquirido em qualquer outro dia e que muito provavelmente por um valor ainda mais baixo, as pessoas fazem questão de serem as primeiras.

Dê algo de graça

Se você quiser atrair rapidamente a atenção de alguém, dê algo gratuitamente. As pessoas adoram receber alguma coisa de graça.

Você já foi a um supermercado e lhe ofereceram uma amostra de produto para degustação? Está técnica existe há muito tempo, principalmente para produtos ou serviços novos, desconhecidos pelo público em geral.

E nos dias de hoje, com os recursos da internet, está cada vez mais fácil e barato oferecer serviços ou amostras gratuitamente, para pessoas de qualquer lugar do mundo. Uma verdadeira isca para vender seu peixe. Você precisa gerar confiança e credibilidade, e isto se conquista com informação e qualidade.

Muitas pessoas e empresas utilizam hoje em dia o conceito *freemiun* de negócios, não apenas para lançar algo novo no mercado, mas permanentemente. O Google, Facebook, Youtube são serviços gratuitos e você não paga para utilizá-lo, nem na versão básica ou avançada, afinal é uma só. A receita desse modelo de negócios vem de outras frentes, neste caso, de empresas que investem em publicidade.

Outras empresas, como Skype, trabalham com uma versão básica de seu produto gratuitamente, para distribui-lo em grande escala e uma pequena fração destas pessoas adquirirem versões avançadas e pagas.

Profissionais liberais, consultores, advogados, contadores e quaisquer pessoas que precisem vender sua imagem e conhecimento tendem a oferecer conteúdo gratuitamente por meio de palestras, cursos, vídeos, artigos ou newsletter, com o objetivo de divulgar sua marca e serviços.

Marketing de permissão

Quantas vezes você já recebeu e ainda recebe diariamente e-mails e correspondências indesejáveis? Que nada possuem de utilidade para você, as quais você nunca solicitou e nem ao menos conhece tal empresa ou pessoa.

Seu sentimento com tal ação é positivo ou negativo? Ninguém gosta de receber tais mensagens e ter sua caixa de entrada invadida, logo você também não fará isso com sua marca ou seu negócio.

Dê algo de valor para as pessoas, solicite uma permissão e aí sim mantenha contato e envie suas divulgações. Ou melhor, informações. Ninguém gosta de receber propaganda, a não ser que realmente tenham solicitado ou no exato momento estava mesmo pensando em comprar o que você mandou, uma probabilidade muito pequena. E mesmo que alguns aleguem que, com uma alta quantidade de envio e um pequeno percentual de conversão, esta pequena probabilidade já seja o suficiente para pagar o custo e gerar lucro, esqueceram de calcular o valor da imagem negativa gerada para os outros 99% de pessoas. Seu efeito negativo é infinitamente maior do que o possível retorno, de curto prazo.

Já sabemos que as pessoas compram de quem sentem confiança e de quem lhes proporcione credibilidade. Portanto, antes de querer vender alguma coisa a alguém, você precisará despertar confiança. E a melhor forma de fazer isso em uma comunicação é fornecendo informação útil e importante, que esteja relacionada com seu negócio ou produto, mas que não necessariamente tenha o objetivo de vender alguma coisa.

Invista em parcerias

Uma forma barata de alavancar seu negócio é trabalhar em colaboração com parceiros de confiança, com objetivo de unir forças para um propósito em comum. Uma parceria deve ser vantajosa para ambos os lados, e seu objetivo é crescer mais do que cada um cresceria individualmente. Busque e se associe a pessoas ou empresas que possam complementar seu trabalho, ou que possam ajudar a estar em contato com seu potencial cliente, em troca de algum tipo de benefício.

Busque lugares onde seu potencial cliente esteja ou frequente, marcas que ele utilize e acompanhe, e ofereça alguma proposta de valor para se aproximar deste público.

Vendas 3.0

Em tempos de globalização, marketing e vendas deixaram de ser restritos a um bairro ou cidade onde a empresa está localizada. A internet de fato caminha a passos largos para ser o principal canal de interação e promoção de empresas e serviços de qualquer lugar do mundo.

Para isso, muitas estratégias específicas para este meio foram criadas e precisamos entendê-las para utilizá-las da melhor forma possível e não perder vendas e negócios.

Para falar sobre negócios digitais, ninguém melhor do que um dos principais investidores anjos (membro da Anjos do Brasil) e grande especialista em empreendedorismo digital, João Kepler.

Por João Kepler

O processo de vendas, que por anos foi feito da mesma maneira, precisou se reinventar com urgência para atender às novas demandas, e com isso muitos empresários, lojistas, vendedores e empreendedores ainda têm dúvidas sobre como usar e em que momento usar as novas tecnologias a favor de seu negócio.

A primeira coisa que se precisa ter em mente é que vender pela internet não é somente fazer uma loja virtual e sair vendendo, é muito mais que isso. É preciso se atualizar com as mais variadas ferramentas disponíveis e se preparar para competir, desenvolver o marketing digital e, principalmente, ter presença virtual.

Em uma época em que tudo é muito dinâmico e muda de um dia para outro, é um grande desafio nos manter conectados às novas tendências de mercado e oferecer o que o novo consumidor realmente deseja.

Se hoje em dia estamos na era do compartilhamento, uma era social onde temos um consumidor colaborativo e ávido por novidades, por que não oferecer o melhor produto ou serviço de forma adequada a esta nova realidade e do jeito que ele quer? Dicas de construção de networking, apresentação dos produtos, conceito de conteúdo em redes sociais, links patrocinados, buscas orgânicas, troca de informações, padronização de e-mails e páginas e relacionamentos virtuais: é isso que tornará a internet um grande aliado prático para transformar seu negócio em uma máquina de vendas.

A maioria dos profissionais de venda ainda não sabe como usar as redes sociais a seu favor. A você que é empresário, vendedor de loja, gerente de vendas, empreendedor ou profissional liberal de qualquer segmento pode ampliar seus conhecimentos e relacionamento, usando tudo a seu favor para maximizar sua imagem e ampliar as vendas de seus serviços ou produtos, nesse incrível adorável mundo novo conectado. O fato é que a internet vem quebrando paradigmas de negócios a cada dia, pois uma pessoa tem o poder de atingir qualquer outra ao redor do planeta, sem barreiras ou hierarquias.

Claro que o que aprendemos até agora sobre vendas continua valendo, mas tudo ganha uma nova roupagem, uma linguagem mais focada nas pessoas. Vender pela internet exige novas habilidades, assim como exige dedicação 24 horas e administração em tempo integral.

O importante é ter presença virtual, faça seu perfil em uma rede social e comece. Você, sua marca ou empresa precisa estar na internet senão vai perder mercado para a concorrência da rua, do bairro, da cidade, do estado, do Brasil e até do mundo. Sim, do mundo, porque não existe mais nenhuma barreira ou fronteira que possa impedir que uma loja na China venda diretamente a seu vizinho, por exemplo. A internet é hoje o principal canal de comunicação e relacionamento com consumidores e a sociedade em geral. Dificilmente alguma estratégia estruturada de marketing e vendas em alguma empresa pode deixar de considerar este canal como potencial mecanismo de vendas.

Quem está na internet já está aproveitando e aumentando e muito seu faturamento usando o e-commerce e as redes sociais como aliado. Se seu produto é bom e você é bom em vendas, aproveite para ganhar mais dinheiro.

As mídias sociais são importantes para divulgação e para gerar relacionamento com seu público-alvo, e para gerar novos negócios. As mídias sociais devem ser compreendidas como ferramentas de marketing e de comunicação. Por que seu negócio deve buscar isso? Porque depende de pessoas para vender e se manter.

As redes sociais são uma das mais importantes formas de comunicação na atualidade. Suas aplicações se estendem para formas de relacionamento entre empresas e seus consumidores.

Mas, ao contrário do que muitos pensam, falar de redes sociais não necessariamente significa falar de internet. O conceito das redes sociais é algo bem mais antigo que nossa famosa web. Redes sociais representam gente, interação social e troca social.

Elas surgem exatamente dessa necessidade do ser humano em compartilhar com o outro, trocar conhecimentos, interesses e esforços em busca de objetivos comuns, criar laços sociais que são norteados por afinidades entre eles.

O que mudou com o ambiente online, com as chamadas redes sociais digitais, é a tecnologia, a comunicação e a ampliação nas redes de contatos. O que antes era difícil e cheio de barreiras de comunicação hoje é muito simples e fácil, ao alcance de um clique.

Mas, o que vem por aí? As futuras gerações serão diretamente impactadas pelas ações e uso intensificados das redes sociais da geração atual.

As tecnologias já existem, o que vamos presenciar é o reflexo do uso delas. Quando falamos de novas tecnologias, a primeira coisa que vem a mente de todos é: realidade aumentada, inteligência artificial, Wearable technology, robótica, impressão 3D e por aí vai. É fato que essas inovações já estarão implementadas e essa nova geração estará convivendo com uso frequente e inteligente e seus benefícios no dia a dia.

Exatamente por isso essas futuras gerações estarão presenciando a educação sendo totalmente remodelada. Novas profissões e o emprego da forma que conhecemos não farão sentido, a medicina disponibilizará na prática os estudos de décadas e utilizaremos devices e chips no corpo. As grandes empresas e suas pesadas estruturas não existirão mais e serão ultrapassadas por negócios pequenos, rápidos e inovadores, e a comunicação sendo feita cada vez mais de forma personalizada e em tempo real.

O legado positivo que as gerações anterior e atual deixarão para as futuras será o fruto colhido de um geração destemida, de incríveis descobertas, totalmente conectada, que presenciou uma revolução social (feita de pessoas para pessoas), em que prevaleceu a colaboração, o compartilhamento e o engajamento entre pessoas nas redes sociais.

A maior parte das empresas já perceberam as vantagens de estarem na rede e mostrarem suas marcas, serviços e produtos. O objetivo é construir um relacionamento e ter presença virtual. Para isso é preciso seguir algumas regras que podem ajudar a melhorar a imagem de seu negócio e atrair novos clientes. O seu conteúdo tem de ser relevante para o consumidor.

Sua atuação na rede, no entanto, precisa ser planejada e ter procedimentos para trazer resultados. A rede social deve fazer parte do portfólio de comunicação da empresa, mas precisa ter uma linguagem específica para o meio, respeitando os anseios de relacionamento das pessoas que estão neste ambiente.

Para lucrar com as redes sociais, você também precisa vender, mas para isso você precisa antes transformar pessoas, *seguidores* ou *curtidores, em influenciadores, defensores, engajadores, propagadores e consumidores*.

Qual das redes sociais vale mais a pena? Depende basicamente de seu tipo de negócio, mas, se possível, use todas aproveitando as características de cada uma.

Não se trata de ser vantagem divulgar no digital ou que a mídia A vai acabar com a mídia B ou C. Trata-se de buscar uma audiência específica, segmentada e de orçamento. Todas as mídias são veículos complementares e isso faz uma grande diferença.

Falando, porém, especificamente de mídias sociais, temos presenciado na prática do dia a dia, por conta do uso intensificado das redes sociais, a chamada evolução social, que é a mudança de comportamento principalmente nos quesitos relacionamento, consumo, audiência e no posicionamento das marcas neste contexto.

Primeiro é importante afirmar que não somos mais somente telespectadores passivos, 71% das pessoas assistem televisão enquanto navegam conectadas na internet. Já se procura mais smart TV do que outros aparelhos normais. E isso muda tudo!

As marcas passam a entender que as campanhas publicitárias e o marketing precisam trabalhar as emoções e relações humanas, conteúdo passa ser essencial e o storytelling uma estratégia importante, ao invés apenas de publicidade de marcas, preços, comparações e tendências.

É claro que na hora de comprar os consumidores levam em conta as funções, características, os benefícios e as vantagens dos produtos e serviços, mas é preciso também criar de alguma forma uma ligação emocional nesta oferta para gerar impacto, mesmo que imaginário na vida e na mente do consumidor. Pode ser humor, alegria, tristeza, carinho, enfim, qualquer coisa que toque o coração e o consumidor registre aquilo na memória.

Exatamente neste sentido, veja a campanha da operadora de Celular True Move da Tailândia, quando criou o slogan "Generosidade é a melhor forma de comunicação" e fez mais de 12 milhões de pessoas chorarem. Assista em:

http://www.youtube.com/watch?v=HDi66yKKxDM

Nesta nova postura de branding, o importante é colocar a cultura e o interesse do consumidor no centro da estratégia de marketing, afinal não estamos mais vendendo produtos e, sim, oferecendo experiências de marca e consumo. E esse consumidor está em todo lugar conectado e em todos os canais e não somente ouvindo rádio, lendo jornal e assistindo televisão, como antes. Este novo marketing que muitos entendem como multicanal é na verdade a convergência de campanhas para mídias específicas com um único objetivo. Na verdade, tudo passa pelo digital, mesmo as mídias tradicionais precisam interligar suas campanhas com os canais digitais, pois 50% ou mais dos consumidores procurarão a marca online depois de serem impactados pelas mídias tradicionais. Na TV, por exemplo, 55%, no jornal, 48%, nas revistas, 61%. Além disso, 47% dos consumidores pesquisam online antes de comprarem offline. Enfim, o que quero afirmar é que o marketing como um todo passa a ser digital.

Capítulo 12
Marketing Pessoal

> O que as pessoas encontrarão ao buscar o seu nome no Google?

Sua marca

"Sua marca é o que as pessoas pensam quando escutam seu nome."
Michael Ellsberg

Seu nome é sua maior marca; esqueça o currículo, você precisa construir sua marca e se tornar referência no que você faz. Hoje em dia, todos utilizam o Google para buscar qualquer informação, de qualquer assunto. O que as pessoas encontrarão se buscarem seu nome, ou de sua empresa, no Google? Caso não encontrem nada, sinto dizer, mas você não é nada para o Google e não ser nada para o Google nos dias de hoje é praticamente sumir para o mundo, o que de fato é um grande problema em todos os sentidos. Ok, muito provavelmente encontraremos seu nome em alguma rede social, mas o que você coloca e expõe por lá? Hoje os mecanismos de buscas estão varrendo todo o conteúdo que você coloca em uma rede social, então fique ligado com o que anda falando e postando pela internet.

Por outro lado, se ao buscar seu nome as pessoas encontrarem algum blog, artigo, e-book, vídeo de você falando sobre algum assunto que você domina e que esteja em sua atividade profissional, qual você acha que seria o impacto? Com dois currículos na mão, mesmo perfil e escolaridade, ambos muito bons e, ao pesquisar no Google sobre ambos os candidatos (algo extremamente normal nos dias de hoje), deparo-me com um candidato que escreve para um blog sobre sua área de atuação e o outro, em grupos de discussão agressiva sobre algum assunto qualquer e banal, qual você acha que seria selecionado?

Não é nada difícil, nos dias de hoje, escrever sobre algum assunto, qualquer pessoa pode criar um blog, um site, vídeos, áudio, e-book e disponibilizar sem nenhum custo pela internet. Com um pouco de dedicação, estudo e pesquisa você pode sim se tornar um especialista em sua área de atuação. E melhor do que apenas ter a preferência na hora de uma seleção de emprego é que as pessoas vão começar a lhe procurar, agora você é o especialista, avalia as oportunidades, faz as escolhas, o jogo mudou definitivamente.

O que sua marca está remetendo para as outras pessoas ao redor? Seu nome é sua maior marca.

"Personal Branding": Invista em sua marca pessoal

Como está sua marca pessoal nesse exato momento? Que imagem você está passando hoje para o mundo?

Vamos nos aprofundar neste assunto com texto escrito pelo amigo José Ricardo Noronha.

Por José Ricardo Noronha

Você já parou para pensar que tem uma marca pessoal? Todos nós temos! E quais são os atributos que o/a tornam realmente único/única no mercado diante de tantos concorrentes? Pois é, em tempos de uso cada vez mais intenso das mídias sociais, é fundamental que você trabalhe bem sua marca pessoal "online" e "offline" também.

Se você ainda não ouviu falar em "Personal Branding", eu recomendo que você busque mais informações e novos conhecimentos que permitam construir uma estratégia de marketing pessoal para viabilizar a venda, com sucesso, de seu melhor produto: você mesmo!

Especialmente para vendedores como você e eu, aqui incluídos todos aqueles que ainda não perceberam que são ao final do dia "vendedores de si mesmos". A estratégia de criação de uma marca pessoal passa pelo pleno entendimento de suas grandes competências, talentos e dons (pontos fortes) e das características singulares que o/a diferenciam da multidão, que serão os grandes responsáveis pela criação de sua marca pessoal, diferenciada, poderosa e única no mercado.

Um primeiro passo que indico a você é identificar seus pontos fortes e trabalhar com inteligência para os maximizar. Aliás, no processo de construção de sua marca pessoal penso ser um grande desperdício de tempo focar em seus pontos fracos, pois eles nunca se transformarão nos diferenciais competitivos que o/a tornarão único/a no mercado.

O mestre Peter Drucker nos ensinou que "a verdadeira excelência é alcançada somente quando é possível colocar os pontos fortes em ação". E o aclamado guru Jim Collins nos explica que o processo de identificação de nossas principais competências e talentos (pontos fortes) passa pelo pleno entendimento das áreas em que, por mais que nos esforcemos, nunca teremos a chance de sermos os melhores.

Resumidamente: quando identificamos nossos pontos fortes que permitem nos tornarmos os melhores naquilo que fazemos, o tempo e a energia gastos na identificação e na melhoria das fraquezas são absoluto desperdício.

Uma vez identificados seus pontos fortes (se você ainda não os conhece e/ou não os identificou corretamente, peça o feedback mais cândido possível a seus colegas, líderes e familiares sobre as competências únicas que eles enxergam em você), o segundo passo é conectá-los à sua "marca pessoal". Se você é, por exemplo, um exímio entendedor de técnicas de vendas consultivas em mercados complexos (B2B), as informações a seu respeito nas principais mídias sociais (Linkedin, Facebook, Twitter etc.) e nos mais importantes serviços de busca (Google, Bing etc.) precisam refletir com consistência esse atributo. Portanto, faça uma pesquisa aprofundada na Internet para ver se as mensagens e atributos conectados à sua imagem estão de acordo com seus objetivos de construção de sua "marca pessoal", a qual deve ser absolutamente única e memorável.

Outros componentes absolutamente essenciais à construção da sua marca pessoal são: consistência (as mensagens por você transmitidas precisam ser consistentes e aderentes às suas crenças, princípios e valores), autenticidade (seja sempre você mesmo), poder de influência (saiba influenciar de forma positiva a vida das pessoas que conhece e use seu networking com inteligência — saiba ser sempre interessante, sem ser interesseiro) e visibilidade (torne sua marca conhecida ao participar de forma ativa de eventos, congressos e blogs dentro de sua respectiva área de atuação).

Aliás, o processo de criação e fomento de sua marca pessoal tem um objetivo ainda maior: cuidar de seu principal ativo que se chama credibilidade. Portanto, não perca mais tempo. Comece hoje mesmo a investir na principal e mais importante marca do mundo: você mesmo!

Quem você é?

O autor Clóvis Tavares é um grande case em construção de marca, conseguiu do zero se tornar um dos palestrantes mais admirados nacional e internacionalmente dentro de sua área, principalmente por sua marca registrada.

Por Clóvis Tavares

Todos nascemos com uma personalidade, o primeiro passo para criar sua marca pessoal é descobrir quem você é. Assim como não podemos vender uma bicicleta para voar, não podemos vender um dentista que constrói pontes de concreto nas horas vagas. Você precisa definir quem você é para que as pessoas possam comprar um produto chamado você. Eu antigamente era um mágico que fazia um show diferente. Depois de alguns anos, formei-me em Publicidade e tornei-me um palestrante de Marketing. Ao sentir que minha marca confundia a cabeça das pessoas, mudei a identidade de meu produto, comecei a divulgar o Clóvis Tavares palestrante, que tinha como um dos diferenciais a mágica. Desta forma deixei bem claro qual era meu produto e não perdi a experiência dos shows que já tinha feito.

A vida é um eterno upgrade, você pode e deve mudar seu produto pessoal no caminho da carreira, porém algo tem de ficar fortalecido, deixar bem claro que seu nome impõe respeito. Se você não tem certeza do que vai fazer, não coloque seu nome no negócio, ele vai perder a reputação na primeira mancada que você fizer.

Não misture experiências com sua história sem ter certeza que isso vai dar certo. Imagine um médico que vai fazer uma operação inédita. Quantos anos ele se preparou para este momento? Faça o mesmo. Só arrisque seu nome se tiver algo seguro em suas mãos.

Sua marca e seu marketing pessoal não desaparecem com o tempo, pelo contrário, eles crescem e lhe tornam um símbolo de referência. Sempre valorize seus diferenciais naturais, sejam físicos ou intelectuais, mostre que você possui prêmios, diplomas, especialidades e habilidades especiais. Ultrapasse o limite de quem concorre com você sendo mais versátil, mais focado e mais atencioso com as pessoas. O melhor marketing pessoal é ter um fã-clube. Pessoas que lhe admiram porque você é especial, humilde e principalmente, confiável.

Transparência

> "O pecado capital do marketing é ser desinteressante."
>
> Dan Kennedy — especialista em marketing

Engana-se quem ainda acha que pode passar uma imagem do que não é, empresas que querem passar imagens sociais do que não são. Os clientes e todas as pessoas querem que você diga a verdade, querem saber se você é de fato honesto e se o que você faz contribui para a sociedade.

Nossa nova geração criou-se cercada por diversas discussões sobre desmatamento, poluição, corrupção, ao contrário de gerações anteriores que tinham uma grande preocupação em produzir, produzir e produzir cada vez mais. A nova geração nasceu após o período da ditadura militar e da mídia censurada sem direito à expressão, e com diversos recursos tecnológicos que deram oportunidade de se expressar, compartilhar, falar e curtir o que de fato quiserem.

Não há mais espaço para empresas enganarem clientes e funcionários ou governos enganarem seu povo, as mídias sociais e internet vêm cada vez mais forte, quebrando todas as barreiras geográficas e hierárquicas e literalmente "colocando a boca no trombone".

Utilizar uma campanha de marketing como empresa responsável socialmente, pelo simples motivo de passar uma imagem bonitinha e diferente da realidade não funciona mais. A realidade é que passa a imagem naturalmente e viralmente pelos poderes da comunicação moderna.

Então se você quer realmente se destacar, construir fãs e clientes apaixonados, realize trabalhos condizentes com seus objetivos, seja transparente e honesto sempre. Novamente, sua marca para o mercado, ou para o Google, como falamos há pouco, será totalmente diferente de acordo com os princípios e valores que você seguir.

Seja você mesmo!

Extraia e descubra suas habilidades, seus pontos fortes, a sua paixão e novamente com transparência e honestidade acima de tudo. Não queira viver a vida de outra pessoa ou mostrar a vida e a pessoa que você não é, você estará enganando a si mesmo apenas.

Todos, pessoas ou empresas, possuímos características próprias e únicas, este é o grande encanto da vida, a grande obra-prima do universo, por que ir contra sua própria essência?

Vejo muitas pessoas, principalmente jovens, fazendo coisas contra sua própria vontade e sua própria paixão pelo simples fato de querer seguir um grupo e um rebanho, eliminando ou matando seus princípios, suas paixões e seus sonhos para se mostrar à sociedade uma pessoa ou empresa diferente do que você é.

Não desperdice sua vida vivendo a vida de outras pessoas, e também não queira ser o que você não é para impressionar pessoas de que você não gosta.

Relacionamentos falsos são iguais a resultados imaginários

Excelente reflexão no texto abaixo sobre autenticidade, pelo amigo Luiz Gustavo Gama.

Por Luiz Gustavo Gama

Sempre que me recordo do período de faculdade, que estudei nos primeiros semestres de Administração, uma matéria a qual na época era chamada de TGA (Teoria Geral de Administração) reporta minha tremenda falta de tolerância à maneira limitada que ela trata sobre as relações entre executivos no âmbito empresarial. Lembro-me de ouvir de meu coordenador de curso que o importante para ser um bom gestor é desenvolver a capacidade de sermos políticos com os nossos superiores e amigos de trabalho, ou seja, falsos!

Recordo-me claramente das dicas e abaixo coloco ao lado o que eu imagino sobre cada uma delas:

Seja agradável em todos os lugares: Discordo, seja educado e verdadeiro, em todos os lugares.

Em uma festa de empresa não seja o primeiro a chegar nem o último a sair: Sério? Se a festa for boa não posso ficar? Além disso, terei que ligar antes para saber quantos estão na festa?

> *Se a história for contada por seu chefe seja agradável e dê risa-**das:** Essa é mais patética de todas, então além de ser falso você quer que eu interprete? Gosto muito de meu chefe para rir do que não teve graça, e é assim que ensino meus colaboradores a pensar, quem se importa não engana.
>
> Fico realmente sem palavras para descrever o quanto acho horrível essa política, pessoas fracas nos dizendo que devemos ter limites para verdade; se tem uma coisa que nunca devemos ter é limite para essa coisa que se chama verdade, transparência. A ausência disso, além de atrasar o nível de intimidade da relação, evita que as pessoas experimentem um nível maior de evolução naquilo que elas se propõem a fazer. Que tal se conseguirmos replicar às pessoas que estão ao nosso lado um amor incondicional, fruto de uma empatia decidida? Estaremos cada vez mais munidos de um batalhão de parceiros e fiéis escudeiros, afinal de contas, quantos de vocês podem dizer que realmente têm pessoas ao seu lado? Não se engane, é nas relações fortes e honestas entre as pessoas que se entrosam sem tantos limites e barreiras que surge a verdadeira parceria, aliança. Triunfos ocorrem com a integridade física, moral e espiritual das pessoas quando unidas na mesma missão. ***Relacionamentos falsos geram resultados imaginários, dedique-se a dar seu coração e receberá com toda certeza a compaixão e admiração de seu seguidor, ele fará isso ao próximo.***

Redes sociais

Não vamos nos aprofundar no uso pessoal ou profissional de redes sociais, presentes direta ou indiretamente na vida de quase todas as pessoas da atualidade. Assim como a internet, suas ferramentas e redes sociais deram a liberdade de expressão para qualquer pessoa, o que vem gerando uma quantidade de informações e conteúdo totalmente desnecessários e, o pior, negativos e contaminados dentro deste grande universo online.

Já vimos que o verbo, concretizado em palavras ou expressões, gera energia para o universo, indiferentemente da ferramenta ou meio que você utilize para o expressar, a energia é a mesma. O que você acha que vai atrair e ganhar de presente do universo ao comentar, curtir, compartilhar, postar e escrever somente coisas negativas, destrutivas, críticas e reclamações?

Você está jogando dezenas ou centenas de pontinhos negativos dentro do universo e, além de destruir sua marca pessoal, está inflando seu subconsciente com este tipo de informação, e automaticamente atraindo coisas, pessoas e fatos da mesma natureza. Esta é a lei do universo, seja offline ou online, a lei é a mesma!

Lembre-se também que tudo o que você expressa e coloca na internet fica lá armazenado e indexado pelos buscadores, como o Google. Tudo o que você coloca na internet está sendo monitorado, seja por seus familiares, empresas, governo etc. Que imagem você está passando? Que pessoas você está atraindo? De que grupos você está participando?

Assim como devemos pensar muito bem antes de falar alguma coisa, devemos pensar o dobro em registrar alguma coisa; quando você fala uma besteira, apesar de gerar suas vibrações ao universo e penetrar na mente das pessoas, ela se apaga de sua forma concreta, já o que você posta na internet, além de gerar os mesmos efeitos, ficará disponível para várias e várias gerações.

> Que imagem você está passando?

Vamos aproveitar e utilizar a tecnologia a nosso favor e não contra!

Falando em criar sua marca pessoal utilizando as redes sociais é bastante importante escolher a plataforma que você vai utilizar e o formato de conteúdo que você quer transmitir. Existem diversas plataformas e redes sociais, e a cada mês surgem diversas outras, não queira estar presente em todas, concentre sua energia em uma ou poucas delas, e estude, conheça e explore-a ao máximo.

O poder do networking para os negócios

Mais importante que o que você conhece é quem você conhece. Sua rede de contatos será inevitavelmente sua melhor e mais importante ferramenta em sua trajetória profissional e pessoal.

O grande problema é que pouquíssimas pessoas e empresas dão a devida atenção a um assunto de tanta importância. No texto abaixo, o autor e palestrante Prof. Menegatti nos fornecerá importantes dicas para melhorar o relacionamento.

Por Prof. Menegatti

Sua empresa está com pouco trabalho, portanto vem a ordem lá de cima: "Todo mundo tem que fazer contatos para tentar obter novos clientes". Ou seja, seu gerente está lhe dizendo: "Você precisa se expor mais e criar uma rede de contatos para aumentar sua visibilidade".

Por que investir na construção imediata de sua rede de contatos?

Muitas pessoas começam a trabalhar de modo proativo em suas redes de contatos apenas quando querem algo como, por exemplo, um novo emprego ou novos clientes. Aí já é tarde demais. O segredo do sucesso contínuo, para qualquer pessoa interessada em criar sua rede de contatos, são relações sólidas construídas com base na confiança.

Essas relações e a confiança não aparecem como num passe de mágica em um primeiro ou segundo encontro. Elas levam tempo para se estabelecerem. Isso significa que é melhor construir e investir tempo em sua rede pelo menos seis meses antes de precisar dela.

Pessoas inteligentes estão usando suas redes para aumentar sua visibilidade, gerar oportunidades como novo emprego ou novo cliente, e encontrar soluções. Você já parou para pensar o quanto está perdendo por deixar de estabelecer contatos de forma proativa?

Listamos algumas dicas infalíveis para você melhorar seu networking:

- Ao encontrar alguém pela primeira vez em um evento, certifique-se de não perguntar logo de cara "com o que você trabalha?", pois isso dará a impressão de que está interessado exclusivamente em vender para essa pessoa. Em vez disso, faça-lhe uma pergunta que demonstre interesse nela como pessoa. Essas ocasiões não são o local nem o momento oportuno para perguntas que demonstrem que você está ávido por negociar com elas. **Isso são vendas e não networking.**

- Os grandes estabelecedores apresentam uma tendência a serem pessoas de alto-astral, positivas e geralmente entusiasmadas em relação ao futuro.

- Quando você é novo em um grupo, você precisa se concentrar em construir sua credibilidade, para isso prepare relatos curtos de como sua empresa tem ajudado seus clientes. Suas histórias de vendas poderiam enfatizar porque as pessoas o escolheram, porque continuam a optar por sua empresa.

- Antes de participar do evento, solicite a lista de participantes e identifique de três a seis pessoas com quem vai conversar. Um dia antes do evento dê uma olhada rápida em sites de notícias, e forme sua opinião a respeito de algumas manchetes.

- Caso você esteja fazendo um curso ou participando de um evento de negócios, resista à tentação de sempre se sentar na mesma cadeira ou próximo à mesma pessoa. Tente evitar sentar-se com um colega durante um almoço, seria a perda de uma ótima oportunidade para iniciar a aproximação com uma pessoa que você acabou de conhecer.

- A criação de um networking online possibilita estabelecer contatos dia e noite, independentemente de onde você esteja no mundo. Sugiro a utilização desses três sites: LinkedIn, Twitter e Facebook.

- Use a voz para adicionar valor. Uma das ferramentas mais eficiente no seu kit "promoção pessoal" é a voz. Ela é seu megafone, usado para irradiar sua autenticidade para o mundo. Quando menciono a voz, não me refiro ao som que sai da boca, e sim à essência do que é dito.

- O seu círculo de amigos reflete o tipo de pessoa que deseja ser? Se não é este o caso, você precisa cortá-los de seus contatos.

- Existem quatro coisas no mundo que geram profundos vínculos e estreitam relacionamentos emocionais entre as pessoas. São elas: saúde, fé, carreira e os filhos.

- Coloque em uma tabela as 12 pessoas mais próximas de você. Avalie os valores, o estilo de vida, os objetivos e o progresso delas, bem como a maneira como elas melhoram suas vidas e vice-versa. A situação está pelo menos equilibrada?

- Se você for a pessoa mais inteligente de sua rede de contatos, está na rede de contatos errada.

HABILIDADE 5

Aprendendo a ser um líder

Capítulo 13
Por que Aprender sobre Liderança?

O mundo precisa de grandes líderes!

Liderança

Hoje mais do que nunca as empresas buscam grandes líderes para suas organizações, afinal na era da informação o maior patrimônio de uma empresa são as pessoas e um grupo de pessoas precisa ter um líder. Empresas buscam grandes líderes, times de esporte buscam grandes líderes, igrejas buscam grandes líderes, ONGs buscam grandes líderes. O mundo precisa de grandes líderes! E por que temos tão poucos? Novamente, não somos ensinados a ser líderes, somos ensinados a ser liderados, a buscar um emprego estável, não aprendemos a nos comunicar, estamos cada vez mais conectados e ao mesmo tempo cada vez mais distantes.

E um líder, assim como um empreendedor ou vendedor, não nasce pronto. Apesar de termos exceções, você pode aprender a ser um líder de sucesso.

Um líder deve primeiramente gostar do que faz, precisa ter uma missão, um objetivo claro, algo que vá muito além de ganhar dinheiro ou aumentar a receita da empresa. São essas cultura e filosofia que vão atrair e envolver as pessoas de sua equipe, é isso que vai fazer com que elas também trabalhem com amor e dedicação a um objetivo maior.

Escolher as pessoas certas para o lugar certo. Essa é uma atividade que um líder jamais deve delegar: formar sua equipe e encontrar as pessoas certas. Uma atividade nada fácil, mas indispensável para o sucesso. Um líder de sucesso encontra pessoas melhores do que ele, encontra pessoas de perfis diferentes, de visões e ideias diferentes, e essa mistura de pessoas nos lugares certos que definirá o sucesso ou não de um negócio. Ninguém faz nada sozinho, indiferentemente do negócio, pois ele é

148 Habilidade 5 | Aprendendo a ser um líder

feito de pessoas, se você não gosta de pessoas, não o inicie. Deparo-me diversas vezes rabiscando uma folha de papel escalando meu time, com pessoas que já tenho, muitas vezes trocando de áreas, ou imaginando o tipo de pessoa necessária para cada área da empresa.

Com um time certo, com um objetivo e missão claros, é indispensável confiança. Você como líder precisa confiar em sua equipe e delegar atividades. Não é fácil, mas é indispensável. Há um livro muito bacana que se chama *Não faça nada* (Ed. Saraiva) e retrata o que de fato um líder precisa fazer, e literalmente está relacionado ao título, sair do caminho.

E, por último, reconhecimento ou meritocracia. Um líder deve reconhecer sua equipe pelo resultado alcançado, estipular metas e reconhecer o esforço alcançado, principalmente com participação nos resultados.

Das 20 lições de Jorge Paulo Leman para os negócios, as seis primeiras tratam da importância da liderança.

1. Boas pessoas, trabalhando como um time e com objetivos comuns, são o mais importante e diferenciador ativo de um negócio

2. Encontrar, treinar e manter boas pessoas são um constante desafio para todos os shareholders

3. Os ganhos das pessoas devem ser estimulados, reconhecidos e balanceados de acordo com os interesses gerais da companhia

4. A avaliação das pessoas é um item essencial e construtivo para o negócio

5. A principal função dos líderes de um negócio é escolher pessoas melhores que eles, para manter a companhia no caminho mesmo sem os líderes

6. A liderança é exercida por meio de ideias claras e pelos exemplos diários nos menores detalhes

Liderar é para os fortes

O jovem Alencar Burti, de 83 anos, é um grande exemplo de liderança. Paulistano, empresário do setor automobilístico, presidente do Conselho Deliberativo do SEBRAE SP e membro de diversas outras associações empresariais, temos muito a aprender com este humilde homem, por isso, deixo um excelente texto escrito por ele.

Por Alencar Burti
Presidente Deliberativo do SEBRAE SP

"Há grandes homens que fazem com que todos se sintam pequenos. Mas o verdadeiro grande homem é aquele que faz com que todos se sintam grandes." Gilbert Chesterton, pensador inglês.

No Brasil, milhões de pessoas decidiram trilhar o caminho do empreendedorismo, mas a cada ano quase 30% ficam no meio do caminho, transformando o sonho em verdadeiro pesadelo. Os motivos são inúmeros, mas certamente um deles diz respeito à condução do negócio.

Não tenho dúvidas que empreender é a arte de realizar um sonho, uma ideia, uma vontade, por meio da liderança de processos, pessoas e recursos.

Nos dicionários, as expressões liderar e comandar são usadas como sinônimas; entretanto, minhas cinco décadas de trabalho voluntário frente a diversas instituições mostraram que há uma distinção concreta e poderosa entre ambas. Em especial nos dias de hoje, em que o mundo está interconectado como nunca se viu, com dados que trafegam a uma velocidade espantosa e pessoas que interagem de forma espetacular. Ou seja, não há espaço para o comando de mão única. O desafio é mudar esta rota.

Para começar, quero deixar bem claro que não acredito muito em fórmulas mágicas e mirabolantes. Portanto, vocês não encontrarão aqui dicas que irão ajudá-los a se tornarem líderes da noite para o dia, mas sim reflexões sobre como os processos do dia a dia, o espírito de estar a serviço, o prestar atenção (verdadeiramente) no outro vão dar forma a seu jeito de liderar.

O verdadeiro líder é aquele que tem paixão pela interlocução, é ouvinte de primeira e tem uma vontade inabalável de aprender sobre o negócio e o meio em que está inserido — com clientes, sócios, colaboradores, concorrentes.

Uma de suas características principais é promover, sem soberba, o diálogo (entre os iguais e entre os diferentes), compartilhando informações, conhecimentos e sentimentos, construindo, desta forma, uma rede consistente, atuante e vigorosa.

> É o mestre lapidador que, junto com sua equipe, utiliza as ferramentas do amor, responsabilidade e conhecimento para transformar uma ideia (pedra bruta) num inovador produto, serviço ou processo (joia rara), e compartilha, dando os devidos créditos a seus colaboradores.
>
> Essas não são atitudes fáceis de se manter; exigem compromisso e uma disposição inabalável de aprender sempre, de se manter aberto às novidades, de ser propositivo e exemplar e, acima de tudo, de ouvir a voz do silêncio, aquela em que você é o único ouvinte — não adianta enganá-la com truques simples ou complexos, mentindo para si mesmo. Exigem a criação de densas e firmes conexões entre propósitos, os princípios éticos e responsabilidade, sem abrir mão da simplicidade, humildade e operosidade.
>
> Tudo isso pode parecer óbvio demais, mas às vezes custamos a entender que a obviedade encerra em si um poder imenso: o poder de construir, de forma inusitada, o edifício da vida.

Minha primeira falência foi também minha primeira vitória

Se você ainda tem dúvidas sobre o impacto da liderança no sucesso dos negócios, veja o texto abaixo de Luiz Gustavo Gama.

> **Por Luiz Gustavo Gama**
>
> Após 18 meses da abertura de meu primeiro negócio eu já desfrutava de uma rentabilidade 99,9% maior do que 99,9% da raça humana, afinal um garoto que abriu sua empresa em menos de dois anos faturando em média mais do que os executivos de multinacionais com 20 anos de carreira não é algo que acontece a todo momento, e foi justamente aí que comecei a sofrer minha maior derrota.
>
> Apesar de sempre investir meu dinheiro em fontes sólidas, como mercado imobiliário e fundos bancários protegidos, de fato gastava mais do que podia no mês, algo muito comum para quem, assim como eu, veio de uma classe média baixa. Mas se engana quem acha que minha falência foi apenas financeira, minha primeira e maior falência foi moral. Acredite, não existe maneira pior de falir.

Devido a meu tipo de vida e à velocidade na qual consegui os primeiros êxitos em minha trajetória profissional, também comecei a despertar nos que me rodeavam um certo desconforto, principalmente porque nunca fui discreto — erro grave — tampouco uma pessoa calma.

Vi que alguns de meus funcionários me tratavam com desdém sem razão. Afinal, pela minha alegria e confiança comecei a perceber que isso estava incomodando a alguns, vi que minha soberba em forma de status estava me arruinando e foi quando, após alguns meses, veio o primeiro boicote empresarial. Lembro-me como se fosse ontem, uma determinada pessoa de minha empresa me questionava e me coagia a aumentar seu salário com base na inveja ou despeito que tinha, mas o pior foi a maneira que ela elegeu para fazer. Aconteceu da seguinte forma: uma pequena rebelião proletária cheia de razão iniciou-se com a seguinte afirmação:

— Luiz Gustavo, queremos aumento, afinal olha sua vida, olha como tem clientes aqui, você está tendo muito lucro e por isso quero ganhar mais.

Parece piada, mas isso aconteceu mesmo, lembro-me que no momento em que ouvi isso só pensei em duas coisas:

1. Será que estou ouvindo isso mesmo?

2. Ela me pediu que dividisse meu lucro com ela, ela quer ser minha sócia sem o trabalho que tenho, é isso mesmo?

Sou obrigado a lhe dizer que até hoje fico pensando nisso e achando cada dia mais engraçado. Eu fundei uma empresa e meu funcionário reclama do salário não porque é baixo e sim porque eu ganho mais. Amigos, isso foi verídico, acredite, apesar de ser difícil.

Mas qual a melhor conclusão e lição a tirar disso?

A melhor conclusão que tiro é que minha falência moral causou isso, minha falência de valores, atenção, cuidado e carinho com a formação da visão dos funcionários, afinal se eles tivessem sido encorajados a serem bem-sucedidas e engajados em projetos mais relevantes comigo, jamais se colocariam em um papel tão pobre. Eu pregava trabalho, mas não dividia com minha equipe exemplos de perseverança, e sim de vitórias e conquistas individuais apenas, era uma gestão de capricho, não de valores, e foi nesse dia que eu consegui meu maior triunfo até então:

A visão clara de que o mais importante não é o que fazemos, e sim com que intenção e com quem fazemos.

Se uma organização é composta de pessoas você não poderá ser tão leviano a ponto de crer que a competência acadêmica será responsável pelo sucesso dessas pessoas. Olhe a sua volta, o mundo está cheio de pós-graduados fracassados, assim como grandes doutores na arte do empreendedorismo que não foram para a faculdade. Classifico aqui como a arte de saber viver e pensar como vencedor, algo que não se aprende em faculdades ou instituições de ensino com tanta eficácia como na vida, e o melhor disso é que essa arte pode ser um dom ou uma decisão. *Investir em relacionamento é importantíssimo para construção de um empreendimento.*

Capítulo 14
Dicas para Ser um Líder Melhor

Meritocracia

Esqueça o formato de remuneração e reconhecimento tradicional. Pessoas devem ser reconhecidas e remuneradas por seu próprio esforço, trabalho e resultados gerados dentro de sua equipe. Querendo ou não, vivemos em uma sociedade capitalista, e devemos sim dar oportunidades iguais a todos dentro de uma equipe, bem como apoio e treinamento, mas não garantias.

Reconhecer todos de forma igualitária será injustiça com seus melhores membros da equipe. Bom desempenho é recompensado com boas recompensas, desempenhos insatisfatórios devem ser compensados com pequenas recompensas e, claro, o risco de sair mais cedo ou mais tarde da equipe.

Foco em resultados e não em tempo de trabalho, currículo, idade ou tempo de experiência. Algumas pessoas ainda têm a antiga mentalidade de achar que seu salário ou remuneração devem estar atrelados com a quantidade de horas que fazem ou se dedicam a um trabalho. Fomos ensinados desde pequenos a trocar oito horas diárias por um salário mensal, e quanto menos trabalho ele gerar, melhor. Isso justifica a grande procura nos últimos anos por concursos públicos, em busca de vagas com ótimas remunerações, com menores carga e esforço de trabalho possível. Tal pensamento está totalmente ultrapassado! Trocar horas de trabalho simplesmente por um valor monetário pode ser comparado a um tipo de prostituição.

Um trabalho verdadeiro deve ser remunerado por seu valor e contribuição para uma empresa, sociedade, organização, cidade, governo etc., não importando quantas horas você dispendeu para realizar tal tarefa. Grandes jogadores não são aqueles que correm a maior quantidade

154 Habilidade 5 | Aprendendo a ser um líder

de tempo possível dentro de um campo e sim aqueles que definem uma partida na hora e no momento certo. Talvez por isso, no futebol, o atacante seja ainda uma das peças mais bem remuneradas e valorizadas, e mesmo que ele entre no último minuto do jogo e faça um gol decisivo por seu time, seu esforço será recompensado de forma muito maior do que aquele que correu 90 minutos sem nenhuma precisão.

Injustiça para alguns, realidade para outros. Seu trabalho será valorizado e recompensado pela contribuição que ele gera e não pelo tempo que você leva para fazer.

Cultura

O que você transmite para sua equipe? Quais valores, atitudes, exemplos e pensamentos você compartilha com as pessoas que trabalham com você?

Desenvolver uma cultura de trabalho, prática e não teórica, será consequência de todas suas ações.

O que você está plantando?

Delegar tarefas

É muito comum em empresas e pessoas conversadoras o receio de delegar tarefas para terceiros. Alguns pensam: é meu negócio, é minha ideia, é meu dinheiro, são meus clientes, como posso deixar na mão de outra pessoa? Se você ainda tem este pensamento você dificilmente conseguirá crescer, ou escapar de uma doença ligada ao estresse.

Não podemos fazer tudo sozinhos, você precisará de pessoas, e a partir do momento que tiver pessoas deverá ter confiança em delegar atividades para que elas desempenhem. Somente a partir deste momento você estará construindo um negócio, e não um emprego ou dependência de você.

Um verdadeiro líder é aquele que tem o prazer de reconhecer e dar os méritos a equipe que desenvolveu o trabalho, e não a si mesmo.

Logicamente que você deve ter ciência do que pode ou não pode ser delegado, o que é importante e depende de você efetivamente e o que não é. Muitas pessoas consideram tudo importante e indispensável, não sobrando nenhuma função para delegar.

De forma bastante objetiva, tudo que realmente afeta o resultado financeiro da empresa deve ser decidido por você. E todo o resto, todo o trabalho, todas as etapas para esta decisão devem ser delegados.

Não é a quantidade de coisas que você faz ou executa, e sim o valor e retorno que isso proporciona para sua empresa e para toda a equipe envolvida.

Não delegue demais e nem de menos.

Terceirização

Não existe uma resposta definitiva para tal pergunta: o que é melhor, terceirizar ou manter equipe própria? Já vivi as duas experiências – ambas com sucessos e fracassos –, as quais estavam diretamente interligadas com a área, função, momento da empresa e do mercado, valores e situação financeira da empresa.

Uma regra básica e clássica: você não deve terceirizar o centro de seu negócio, afinal isso nem é permitido legalmente. Em um cenário cada vez mais comum com negócios enxutos e pequenos, minha recomendação para você que está iniciando é: tenha o centro de ideias, o motor de sua empresa, as cabeças pensantes, os alicerces e as peças chaves junto com você, próximas. Essas pessoas devem ser membros de sua equipe em tempo integral, sejam sócios ou funcionários. Todas e quaisquer outras atividades complementares devem ser terceirizadas. Pelos seguintes motivos principais:

- Você não deve se concentrar e focar em atividades que não gerem receita diretamente para seu negócio
- Você terá um custo e risco muito menor na fase inicial de seu negócio, que serão investidos em atividades estratégicas
- Você adquirirá o conhecimento de empresas ou profissionais da área, o que permitirá em um segundo momento do negócio, se achar necessário, treinar e desenvolver pessoas dentro de sua equipe com base no conhecimento adquirido de seus terceiros. Você ganhará muito tempo e economizará muito dinheiro com isso

Não tenha sala própria

Elimine toda e qualquer barreira física ou não que existe entre você e sua equipe; você não é melhor, nem maior do que ninguém. Se quer construir uma cultura e valores positivos dentro de sua equipe, envolva-se com eles.

É prática cada vez mais comum, líderes de grandes empresas abdicarem de salas próprias, paredes e portas divisórias, secretárias particulares, estacionamento exclusivo, refeitórios especiais, banheiros próprios, viagens de primeira classe, ou qualquer outra coisa que demonstre superioridade em sua equipe.

Se seu objetivo em se tornar um líder ou gerente de uma grande empresa era justamente esse, poder colocar a plaquinha em cima da mesa e vangloriar-se do status e do cargo, é melhor mudar de ideia e escolher outro trabalho, isso não é para você.

Ambiente de trabalho

Coworking vem ganhando espaço no cenário mundial, seja dentro de próprias empresas ou espaços externos e compartilhados. Mas sua essência é a mesma para ambos os casos: espaços de trabalho compartilhados, sem divisões e sem hierarquias são a grande tendência do mercado corporativo.

Já tive a experiência de estar em um local totalmente oposto a essas características, em uma grande casa comercial, com muitas salas e divisórias. Cada departamento da empresa tinha seu próprio espaço, fechado e dividido. Aparentemente parece um cenário perfeito e organizado, mas na prática não é a mesma coisa. Dificuldade de comunicação, sinergias entre os departamentos, troca de ideias, uso excessivo de e-mails e comunicação eletrônica para pessoas dentro da própria empresa, descontrole de atividades, criação de grupos, fofocas, entre muitos outros problemas.

Um ambiente único e aberto, principalmente no início de uma empresa, permite uma maior cooperação de todos, maior envolvimento da equipe, maior interação, conhecimento, união, troca de ideias e opiniões e um ambiente muito mais descontraído e produtivo.

Ninguém é insubstituível, não tenha medo de demitir ninguém

De fato nenhuma pessoa, por melhor e por mais importante que seja dentro da organização ou de uma equipe, é indispensável. Tive diversas experiências dentro da empresa, em que cada perda era encarada com muita preocupação e o sentimento de que sem aquela pessoa o negócio ou projeto iria por água abaixo, fosse a perda de sócios, gerentes, a importantes pessoas dentro de uma equipe, e em nenhuma das vezes o que se temeu aconteceu. Pelo contrário, em cada situação, confirmou--se que um projeto, uma missão, é maior do que qualquer indivíduo, ou deveria ser, pelo menos.

Seu objetivo como líder deve ser construir um negócio ou projeto que não esteja vinculado a uma única pessoa, nem sua ou de qualquer outro terceiro. Um projeto deve ter vida independente, pode e deve ter o apoio de grandes nomes por trás, mas de nenhuma maneira dependente destes. O risco para o projeto é muito grande, e se feito da maneira correta, deve poder ser escalável sem a necessidade de uma única pessoa por trás.

Confiança

Já vimos que um líder precisa de pessoas, não existem líderes sem pessoas próximas e não existem pessoas próximas sem confiança. O papel de um líder é criar um ambiente de trabalho e um grupo de pessoas na qual a confiança seja reflexo de sua postura, você deve confiar nas pessoas. Somos ensinados e induzidos a desconfiar de todos, em uma sociedade e mídia que a cada dia nos retratam cenas que justifiquem tais sentimentos.

Você terá que novamente moldar sua mente e quebrar velhos paradigmas — não estou dizendo que você deve ser ingênuo, confiança não tem nenhuma relação com isso. Mas você precisará confiar nas pessoas que escolheu, até que provem o contrário. Sua missão como líder é dar confiança inicial a todos de sua equipe e o tempo tem de mostrar naturalmente aqueles que são merecedores de sua atitude.

Não confiar nas pessoas fará você viver em um mundo isolado, sozinho. E nestas condições não nascem líderes, nem grandes projetos. É o risco que você terá que correr, se quiser estar deste lado do jogo.

Diversidade

Quando criança, na escola, você provavelmente se juntava com seus amigos para qualquer trabalho em grupo. E nitidamente se formavam grupos com pessoas semelhantes, era o grupo da bagunça, o grupo das meninas, o grupo dos atletas, o grupo dos mais tímidos, o grupo dos mais "inteligentes" etc.

Afinal, essa é a posição mais cômoda de estar, ninguém quer se juntar a pessoas diferentes, a pessoas de que não gosta ou que não conheça, a pessoas que são contra suas ideias. Mas, infelizmente, fora da sala de aula você terá de fazer exatamente o oposto.

Sua equipe não será formada necessariamente por seus melhores amigos ou pessoas com pensamentos semelhantes aos seus. Você, como líder de sucesso, explorará a grande mágica da diversidade. Pessoas diferentes, de cores diferentes, de lugares diferentes, idades diferentes, sexos diferentes, trabalhos diferentes e pensamentos diferentes. Todas essas complementam um grupo e não simplesmente somam números para ele.

Não é cômodo, mas será fundamental para você desenvolver grandes projetos e conhecer a grande magia que a diversidade pode formar e construir, faça o teste.

Fazer o bem

Você atrai aquilo que pensa e visualiza. Se seu grupo ou empresa tem como objetivo, mesmo que não aparente, prejudicar alguém ou alguma coisa, você naturalmente atrairá pessoas para sua equipe com a mesma vibração.

Grupos de bandidos são formados por bandidos, grupos de marginais são formados por marginais, empresas que fazem o bem são formadas por pessoas do bem.

Iniciativa

Qualquer história e biografia de um grande líder nasce com a iniciativa, é ela que abrirá portas para você desenvolver seus sonhos e projetos.

Iniciativa está ligada à proatividade, à capacidade de iniciar uma ação. E o contrário disso é a reatividade. Um faz acontecer e outro espera que as coisas aconteçam.

Nenhum grande líder da humanidade surgiu sem essa característica básica, nenhum grande líder surgiu da reatividade, esperou algo acontecer e foi atrás de outras pessoas. Um líder é justamente aquele que está a frente da multidão, que está a frente dos problemas e acontecimentos, aquele que não deixa a inércia ou o medo tomar conta de seus sonhos. O contrário disso seria um liderado, aquele que vai atrás da boiada, seguindo um líder com iniciativa. Ou você será um líder ou será um liderado, em que lugar você quer estar?

Um líder sabe que a resolução de qualquer tipo de problema depende unicamente dele mesmo, é ele quem cria seu próprio destino, ele é o responsável por seu futuro, e mais ninguém.

Somos livres para escolher nosso caminho e certamente a posição mais cômoda que existe é não correr risco, manter as coisas como estão, em seu devido lugar e seguir o mesmo caminho de todos. Iniciativa envolve quebrar paradigmas, criar barreiras, sair da inércia e o ser humano por seu instinto natural não se sente confortável para isso.

É muito mais fácil você ir para seu emprego todos os dias do que ser responsável pelo emprego de milhares de pessoas, é muito mais fácil você seguir seus amigos do que fazer coisas diferentes, é muito mais fácil você seguir o caminho de ir a uma faculdade, conseguir seu diploma e entrar em um bom emprego do que ir contra a cultura tradicional.

Justamente por isso temos poucos líderes, porque dói, porque não é cômodo, porque envolve pressão de terceiros e da sociedade, envolve responsabilidades, incertezas, desafios, obstáculos e uma série de dificuldades. É por isso que poucas pessoas se aventuram nesse caminho, e também por isso que os poucos que se aventuram são idolatrados e recompensados, tamanho seus desafios.

Missão

Grandes líderes possuem grandes missões, grandes objetivos e sonhos. Sua missão impulsionará e dará forças e energia para que você consiga trilhar seu caminho e, o mais importante, será fundamental para que você consiga formar sua equipe.

Um líder forma, motiva e lidera uma equipe com base em sua missão, é isso que grandes líderes da humanidade fizeram para arrastar multidões a seus pés. Você atrairá pessoas que estão em sintonia com sua missão e seu objetivo, pessoas que estão em sintonia com a grandeza de sua missão, seus benefícios e sua contribuição à sociedade.

Este é o alicerce fundamental para um líder de sucesso, isto que estará inteiramente ligado com o resultado de sua missão.

Qual é sua missão?

Manual prático do líder revolucionário

Por Alexandre Teixeira

Jornalista e autor do livro *Felicidade S.A.*

Já ouviu falar em empresas horizontais? Poucos níveis hierárquicos (ou nenhum, nos casos mais extremos), núcleos de produção cada vez menores, graus de autonomia impensáveis poucos anos atrás. Acredite, o modo de organizar o trabalho em equipe está sendo reinventado enquanto você lê este artigo — e, se você se apressar, dá tempo de participar dessa pequena revolução, eventualmente na condição de protagonista.

Para ficar num exemplo bem conhecido, quase metade dos funcionários do Google estão organizados em equipes pequenas e autogerenciadas. Todo empregado envolvido em desenvolvimento de produtos trabalha assim, numa média de três engenheiros por time. É o que permite a uma empresa gigante funcionar mais como startup do que como burocracia.

Gary Hamel, um dos poucos gurus de gestão relevantes desse início de século, costuma dizer que o Google está organizado como a internet em si: "É altamente democrático, fortemente conectado e plano (...) Os googlers esperam ter o direito de opinar, inteligentemente, sobre qualquer coisa para qualquer um — e serem levados a sério". Não só os googlers, né?

É claro que, se o modo de organizar o trabalho está mudando, é preciso reinventar a liderança — ou, melhor ainda, aprender a ser líder já neste novo cenário, sem precisar se livrar do entulho autoritário e centralizador do qual os gestores mais velhos estão sendo forçados a se desapegar. Para isso, considero três princípios (heterodoxos) fundamentais:

1. "Considere-se culpado até provar ser inocente." Esta frase, infelizmente, não é minha. É de Robert Sutton, um professor de Stanford conhecido por seu livro *Chega de Babaquice! — Como transformar um inferno em um ambiente de trabalho sensacional*. Anos atrás, durante uma entrevista, tive oportunidade de pedir a ele um conselho para líderes compromissados com a mudança das organizações para melhor. A frase que destaquei surgiu quando Sutton falou das evidências de que as pessoas não estão atentas às suas fraquezas e quando chegam a posições de poder iludem-se ainda mais. Daí o conselho: "Comece com a suposição de que você precisa ouvir melhor". Não é bem o que a escola ensina, é?

2. "O líder nasce com uma causa." Esta é do Ricardo Guimarães, presidente da Thymus Branding, uma das melhores consultorias de gestão de marcas do Brasil. Para ele, a causa surge quando alguém usa seus valores para avaliar a realidade à sua volta, conclui que ela pode ser melhor e se compromete a mudar essa realidade, estudando e trabalhando por isso. "Para esse indivíduo se tornar um líder, basta que sua causa faça sentido também para outras pessoas", diz Ricardo.

3. "O líder deve facilitar a busca de cada membro de sua equipe pelo sentido da vida." Quem diz isso é Dave Ulrich, coautor de um livro chamado Por que trabalhamos. "Antes de perguntar o que os funcionários dedicam ao trabalho, pergunte-se o que extraem dele", escreveu ele. Viu o tamanho da encrenca?

Quando a regra eram equipes enormes, geridas na base do "manda quem pode, obedece quem tem juízo", a metáfora do líder era a do maestro regendo uma orquestra. Liderar era definir o que fazer e controlar de perto a execução. Com equipes pequenas e dotadas de muita autonomia, a metáfora mais contemporânea do líder é a do band leader de um grupo de jazz. Liderar é compartilhar os objetivos das pessoas com os da organização.

Jazz não é a sua praia? Troque por qualquer som de execução coletiva — DJs, infelizmente, não se prestam a essa metáfora — e guarde somente a ideia de que não é preciso subir num pedestal e vestir fraque para liderar. Na verdade, é bem provável que você nunca tenha pensado numa bobagem dessas. Mas seu pai pensou, aposto.

162 Habilidade 5 | Aprendendo a ser um líder

Agora sério, é responsabilidade de um líder entender o que engaja cada pessoa da equipe. A própria dose de atenção requerida por cada um é diferente. Entender os diferentes e integrá-los é parte de uma visão contemporânea de liderança — e, francamente, de civilidade.

Aproveito a deixa para falar do movimento do capitalismo consciente, cujo guru mais conhecido por aqui chama Rajendra Sisodia. Ele tem três princípios fundamentais:

1. A empresa precisa ter um propósito que não seja apenas ganhar dinheiro.

2. Deve ser dirigida para gerar valor para todos os *stakeholders* (dá um Google, vai).

3. Seus líderes devem servir a esse propósito.

"Líderes de qualquer empresa são motivados por três coisas: poder, riqueza e propósito", ensina Sisodia. "Quem só se preocupa com poder cria um ambiente tóxico. Quem só quer saber de dinheiro atrai quem só pensa em dinheiro." Trate de servir a um propósito.

Por fim, convém repensar o conceito de disciplina no trabalho. Você é de uma geração que despreza a disciplina de inspiração militar das empresas tradicionais? Ótimo, mas isso não significa que disciplina seja coisa do passado. Se existe um modelo brasileiro de administração de empresas em formação — e acredito que existe —, ele precisa reforçar a questão dos valores, da seriedade, da transparência, da disciplina, do respeito em tudo o que se faz.

Com o aumento do nível médio de qualificação, a desvalorização da hierarquia e a criação de redes de trabalho, o mais efetivo parece ser apostar na liderança pelo exemplo e no desenvolvimento de autodisciplina em todos os níveis da empresa. Nesse sentido, nossas escolas de samba estão à frente da maioria das companhias supostamente preocupadas com o que chamam de engajamento. Elas fazem as pessoas aderirem à disciplina (desfiles são cheios de regras, a começar por um limite de tempo) e se divertirem ao mesmo tempo.

O desafio talvez seja canalizar a intensidade emocional e uma certa rebeldia do profissional brasileiro para o lado positivo. Se é verdade que somos menos disciplinados no sentido de receber uma ordem e aceitá-la, também é verdade que queremos entender o assunto em discussão, participar, decidir junto — e é vantajoso ter gente cheia de ideias em grandes organizações. Aprender a ser líder hoje é unir todas essas pontas aparentemente soltas e criar um estilo de gestão que entregue resultados e ajude as pessoas a encontrar felicidade no trabalho. Se alguém na escola lhe disse que seria fácil... estava de brincadeira.

HABILIDADE 6
Aprendendo sobre educação financeira

CAPÍTULO 15
Por que Aprender sobre Educação Financeira?

Educação financeira

Indiferentemente de sua profissão ou trabalho, vivemos em um mundo capitalista e somos remunerados pelo dinheiro. E se somos remunerados pelo dinheiro precisamos aprender a utilizá-lo de forma correta, o que infelizmente não aprendemos em nenhuma matéria da escola ou faculdade.

Meu objetivo não é dar o peixe a você, e sim ensiná-lo a pescar. Quero conscientizá-lo da importância de estudar sobre estas habilidades que não aprendemos na escola e fazer com que você se interesse e busque cada vez mais conhecimento e informação.

Sua educação para a vida real — e nela se encaixa a habilidade de educação financeira — não terá fim. Este será apenas o início de uma nova etapa em sua vida, em que começará a estudar o que realmente precisa, de forma contínua e permanente.

Existem diversos livros e sites sobre educação financeira e investimentos, saiba filtrá-los, busque referências e indicações.

Você certamente conhece alguém que já ganhou muito dinheiro e perdeu tudo, que tem um alto salário e vive endividado ou até mesmo ouviu histórias de pessoas que ganharam na Mega-Sena e perderam tudo e mais um pouco. Como isso é possível?

Simplesmente não somos ensinados a lidar com o dinheiro na escola, na faculdade ou em casa. Infelizmente um assunto de tanta importância para qualquer pessoa que receba algum valor monetário foi esquecido durante vários anos. Muitas pessoas aprenderam a ganhar muito dinheiro, a serem ótimas profissionais, grandes empresários, celebridades, ou atletas de sucesso, mas nunca tiveram um aprendizado de como fazer este dinheiro durar e multiplicar-se com o tempo.

Somos induzidos cada vez mais pela facilidade de crédito, empréstimo, financiamento, parcelamento, mídia, novos produtos, status etc. E a tendência natural do ser humano atual é buscar no consumo a satisfação de seus desejos. Alguns podem argumentar que o dinheiro foi feito para ser gasto, que a vida é muito curta, que devemos viver o presente, que o que importa é ser feliz etc.

É importante entendermos que educação financeira não se trata unicamente de matemática ou finanças, está muito mais ligada a comportamento, e é isso que vamos focar em nosso estudo. É possível sim termos uma vida com equilíbrio, unindo a satisfação de curto prazo com a preservação e preocupação com o futuro, isso se chama educação financeira. Não aconselho você a ser um gastador e também não aconselho a ser um poupador. Assim como conhecemos pessoas que gostam de consumir e gastar seu dinheiro, como comentado anteriormente, existem muitas pessoas (talvez em quantidade bem menor do que o primeiro grupo) que são extremamente poupadoras, ou mais conhecidas popularmente como "mão-de-vaca", "mão-fechada", "pão--duro" etc. Este tipo de pessoa não gosta de gastar seu dinheiro para nada, vive pensando no futuro, vive fazendo contas e contabilizando quanto poderia economizar se ficasse dentro de sua casa 365 dias por ano. Brincadeiras a parte, se não devo ser um poupador e tampouco um gastador, o que eu faço?

Vamos começar com alguns conceitos básicos, ensinados por nosso amigo Robert Kiyosaki, sobre a diferença entre ativos e passivos, não na linguagem técnica contábil e sim para nosso estudo de educação financeira. Ativo é tudo aquilo que gera algum tipo de receita e passivo é tudo aquilo que gera algum tipo de despesa. Alguns exemplos de ativos: empresa própria, ações, imóveis, investimentos em renda fixa e outras aplicações financeiras, royalties etc. Como passivo podemos citar: casa própria, casa de praia, carro, móveis, eletrônicos etc.

Vejamos a diferença de comportamento entre uma pessoa com alto nível de educação financeira e outra pessoa com pouca educação financeira — ou a grande maioria de nós mortais que não aprendemos sobre isso —; vamos ilustrar como Pedro e José, respectivamente.

Pedro tem uma boa carreira profissional com uma boa receita mensal, tem uma vida com qualidade e consegue gastar menos do que ganha. A diferença desse valor (receita/gastos) ele investe mensalmente pensando em seus objetivos e planos futuros, principalmente em sua aposentadoria financeira.

Vamos abrir um parêntese para explicar o conceito de aposentadoria financeira. Não significa parar de trabalhar e se aposentar literalmente, e sim o momento em que a receita mensal de seus ativos não necessite de sua presença e esforço físico, seja suficiente para manter seu padrão de vida. Neste momento, você não precisa mais trabalhar para pagar as contas, o que não quer dizer que você vai deixar de trabalhar, nem deve, se de fato faz alguma coisa de que gosta e contribui para outras pessoas, mas que você está independente financeiramente.

Já nosso amigo José também tem uma boa carreira profissional, com uma boa receita, nos mesmos moldes de Pedro, a grande diferença é que José nunca consegue terminar o mês sem estar no negativo, ou seja, gasta sempre mais do que ganha. Com isso, logicamente não consegue fazer nenhum tipo de investimento, pensar em outros projetos futuros, sonhos ou aposentadoria.

Agora pare um minuto para pensar como será a vida de José quando ele se aposentar. Literalmente, passará a receber menos do que ele recebe hoje, se é que vai receber. Precisamos entender que todo trabalhador com carteira assinada, em tese, contribui com sua aposentadoria futura, com um valor mensalmente. E no período em que de fato for se aposentar pelo tempo de trabalho, vai parar de trabalhar, parar de receber o salário da empresa, mas passará a receber a aposentadoria do governo com a qual ele contribuiu durante sua vida profissional inteira. O grande problema é que esse valor da aposentadoria na maior parte das vezes é menor, ou melhor, muito menor do que o valor que esse cidadão recebia em seu período produtivo. Sem levarmos em conta que, com a evolução do Brasil, teremos menos pessoas em seu período produtivo de trabalho e mais pessoas em idade de "pendurar as chuteiras" e entrar em aposentadoria. Logo, menos pessoas contribuindo para o governo e mais pessoas usufruindo do benefício, a conta não fecha, então, sinal de alerta ligado. Não acredito que você vai querer ser a cobaia desta história em sua aposentadoria.

168 Habilidade 6 | Aprendendo sobre educação financeira

Para a situação não ficar tão dramática, vamos desconsiderar esta possibilidade, mesmo que exista, e se ater ao fato que José receberá sua aposentadoria, mas em um valor menor do que ele ganha atualmente. O que acontecerá com ele no final do mês, já que mesmo quando ganhava mais não conseguia pagar todas as contas? José será obrigado a diminuir seu padrão de vida, diminuir suas despesas, cortar alguma coisa, ainda considerando que nessa fase da vida a tendência é termos mais gastos com saúde e prevenção. José agora está em casa, com muito tempo disponível, mas sem dinheiro para fazer nada.

Essa história é mais comum do que você imagina, milhares de famílias, casais e pessoas sem educação financeira chegam a essa fase da vida — que seria um momento de aproveitar, viajar e curtir tudo aquilo que não teve tempo para fazer — e passam por grandes dificuldades financeiras.

Uma pessoa com boa educação financeira consegue viver o presente, aproveitando a vida de forma consciente e responsável e ainda assim planejar seus sonhos e seu futuro. Isso é educação financeira, talvez para isso você tenha de mudar alguns hábitos e costumes, afinal vivenciamos com grande frequência o exemplo do José. Educação financeira é gastar menos do que você ganha e investir a diferença. Esta diferença investida lhe renderá juros compostos, ou seja, lhe trarão mais dinheiro sem seu esforço físico, e isso lhe permitirá realizar seus sonhos, construir seus projetos, planejar sua aposentadoria.

Os valores para isso vão depender de cada pessoa e objetivo, pare um minuto e escreva no papel quais são seus objetivos, o que você gostaria de fazer que não pode fazer hoje, quanto isso custará, quanto você precisará economizar e por quanto tempo para conseguir realizar? Qual seu custo médio para manter seu padrão de vida atual, quanto precisaria acumular para continuar gerando esta mesma receita quando você se aposentar? Quando você poderá se aposentar? Com essas informações você poderia mencionar o valor que deverá poupar e investir mensalmente para alcançar este objetivo.

Antes que você pergunte "como vou investir uma parte do que ganho se não sobra nada?", aqui entra a matemática: existem dois segredos simples, ou você ganha mais ou você gasta menos, simples assim. O que você prefere? Você pode buscar outro trabalho, montar um negócio próprio, vender algum produto, fazer hora extra no trabalho, fazer parte de uma empresa de marketing de rede nas horas vagas, ou

Capítulo 15 | Por que Aprender sobre Educação Financeira? 169

qualquer outra coisa que possibilite gerar mais renda para que com isso você consiga desenvolver seus projetos e sonhos. Ou — você pode sim, mesmo que ache que não pode — diminuir e controlar os seus gastos. Passe 30 dias marcando seus gastos e você verá coisas que nunca viu. Com essas informações conseguirá diminuir seu custo de vida.

O processo é o mesmo dentro de uma empresa, se um empresário quer ou precisa diminuir o custo de sua empresa, a primeira coisa que fará, ou deveria, é olhar sua planilha financeira, todos os custos da empresa para analisar onde é possível diminuir ou cortar.

Os maiores custos estão nos grandes custos. Compra de casa própria e carro próprio estão no topo da lista. Reavalie a necessidade de trocar de carro ou comprar uma casa própria em seu momento atual de vida, será mesmo a melhor opção financeira no momento?

Mudado seu comportamento em relação ao dinheiro, o que não é fácil e assim como todos os outros pontos exige prática, persistência e muita vontade, é hora de aprender sobre as opções existentes de investimentos ou ativos para você investir seu suado dinheiro que fora poupado.

Lembrando que poupar é o ato inicial, básico e indispensável para se falar em qualquer tipo de investimento, ninguém investe sem dinheiro. Então, antes de prosseguir na leitura esteja ciente desta necessidade e passo básico, caso contrário volte ao início desse assunto.

Corrida do rato

Trabalho, trabalho, trabalho e nunca sobra nada no final do mês? Você conhece alguém assim? Essa é a realidade de grande parte da população mundial, principalmente da classe média. Quanto mais trabalham e mais ganham, mais gastam e a cada mês é aquela velha luta contra o cartão de crédito e contas bancárias.

Um ciclo sem fim, entra mês e sai mês, muda governo, muda o ano, muda o emprego, e nada consegue mudar a tal da corrida do rato. Se você ainda acha que um aumento de salário, ou promoção dentro da empresa, mudará esta situação, você está bastante enganado. Só existe uma fórmula de sair da corrida do rato: por meio da educação financeira. Você precisará compreender e dominar as noções básicas sobre dinheiro, investimentos, ativos e passivos para aí sim conseguir sair da temida corrida dos ratos e entrar na corrida da alta velocidade, fazer o dinheiro trabalhar para você e parar de trabalhar pelo dinheiro.

Você escolhe em que lado quer estar.

Uma vida financeira forte e saudável

Inevitavelmente vivemos em um mundo capitalista, gerido pelo dinheiro para muitas coisas. Com isso, uma vida equilibrada financeiramente será indispensável para conseguir manter com qualidade as outras áreas de grande importância em sua vida. Veja o que meu amigo André Massaro, especialista em finanças e economia, colunista do portal Exame e autor de livros sobre educação financeira, tem a nos dizer a respeito.

Por André Massaro

Nós, humanos, somos seres multidimensionais. A forma como classificamos nossas várias dimensões pode mudar de pessoa para pessoa, mas, de uma forma geral, todos nós temos a dimensão espiritual, a intelectual, a emocional, a social, a familiar, a profissional, a física e a financeira.

Uma pessoa saudável, em um sentido amplo, é uma pessoa que tem todas essas dimensões em um certo equilíbrio. Essas dimensões são interdependentes e aquilo que afeta uma delas acaba, de uma forma ou de outra, tendo impacto nas demais.

O grande problema é que uma dessas dimensões, justamente a dimensão financeira, tem uma capacidade de impacto desproporcionalmente maior que as outras. Os problemas financeiros causam sérios abalos em todas as outras dimensões. O vínculo entre problemas financeiros e estresse (que leva a problemas de saúde, emocionais, familiares e profissionais, entre outros) é claramente observável e mais do que comprovado.

Da mesma forma, uma vida financeira forte e saudável tem enorme impacto positivo nas outras dimensões. É difícil ser "espiritualizado" quando falta comida em casa. É difícil manter a saúde quando não podemos usufruir de recursos médicos adequados por falta de dinheiro. É difícil investir na dimensão intelectual quando não temos tempo e dinheiro para bons livros e bons cursos. O dinheiro, quando bem empregado, faz verdadeiros milagres pelas outras dimensões.

A educação financeira é a área do conhecimento que nos ajuda a gerir nossos recursos e a tomar decisões com nosso dinheiro. É uma área negligenciada por muitas pessoas, pois não conseguem (ou não querem) enxergar o impacto da dimensão financeira sobre as demais dimensões. Educação financeira é mais que números, planilhas e nomes difíceis. Educação financeira não serve apenas para deixar nossas finanças em ordem; ela serve para nos transformar em pessoas melhores, mais conscientes e, enfim, mais felizes.

Primeiros passos

Bom, você sabe que educação financeira é importante, mas como não aprendemos sobre isso na escola, muitas pessoas possuem diversas dúvidas em como dar os primeiros passos para organizar sua vida financeira. Vejamos o que a diretora da corretora de investimentos Rico.com.vc tem a nos dizer a respeito.

Por Monica Saccarelli

Educação financeira não é uma matéria que aprendemos na escola, mas acabamos aprendendo fora dela e na prática de alguma forma desde criança. Seja quando pedimos um brinquedo na infância, sonhamos com uma viagem na adolescência ou desejamos aquele carro aos 18 anos.

Muitos de nós ouvimos de nossos pais que aquele não era o momento de ganhar tal presente, pois não tinham dinheiro no momento ou era preciso esperar uma data especial. Já outros recebiam a tal da "mesada" e tiveram que aprender a pensar duas vezes em gastar com doces e álbuns de figurinhas ou guardar para comprar aquele brinquedo que viu na TV. Quem aprendeu assim nem sabia que estava adquirindo a chamada consciência financeira.

A consciência financeira é importante para qualquer pessoa conquistar sua independência ou seus sonhos — de consumo ou qualidade de vida. E é por meio da educação que conseguimos entender melhor nossa vida financeira atual e planejar o amanhã.

Apenas 0,33% da população brasileira investe no mercado de ações enquanto mais de 50% dos brasileiros investem na poupança. Essa diferença nos mostra a falta de informação ou educação financeira no Brasil. Então não se envergonhe em perguntar ou se não souber o que é bolsa de valores, pois você está entre a maioria dos brasileiros.

172 HABILIDADE 6 | Aprendendo sobre educação financeira

Mas você quer estar entre a maioria? Lembre-se que comodismo não traz rentabilidade!

Para se diferenciar de tantos é preciso dar os primeiros passos para começar. Sugiro algumas dicas de educação financeira que são simples, mas fundamentais para ter um futuro melhor e até mesmo planejar sua aposentadoria:

- Não ignore o caderno de finanças dos jornais e revistas que costuma ler. Sim, pode parecer difícil o tal do "financês", mas hoje em dia há várias seções nesses cadernos voltadas para leigos que só querem saber como cuidar melhor do dinheiro;

- Pesquise na internet as palavras e termos que não entendeu do caderno de finanças;

- Procure blogs e sites independentes;

- Faça suas contas: anote o que ganhe e o que gasta. Não precisa de planilhas complicadas, comece anotando em um caderninho e veja no fim do dia quanto gastou;

- Reconheça os gastos variáveis e abusivos. Gastar a mais com aquele sapato ou acessório para o carro que você não precisava não é crime, mas comece a perceber quanto você gasta sem necessidade real;

- Organize-se para investir todo mês mesmo que seja o valor de uma balada ou um happy hour de 6ª feira;

- Escolha o investimento que tem seu perfil e objetivo;

- Lembre-se: não existe ganho rápido em nenhum investimento;

- Não acredite em seu amigo que disse que ganhou 50% em um mês. Se conselho fosse bom, seria cobrado;

- Invista mensalmente como se tivesse pagando uma conta;

- Não caia em tentação e não comprometa o dinheiro que você investiu;

- Planeje seu investimento como você planeja uma viagem no final de semana;

- Participe de palestras online com especialistas para "ficar por dentro". Tem muito conteúdo fácil e gratuito na internet;

- Revise sempre suas finanças e seus investimentos;

- Poupe, poupe e poupe;

- E deixe seu dinheiro trabalhar por você!

Esses passos não te deixarão milionário, mas tenho certeza que farão uma grande diferença em seu futuro!

Educação para todos que quiserem!

"Educação financeira é o investimento que rende os melhores juros."
Benjamin Franklin.

Veja abaixo as sugestões de aprendizado financeiro pelo amigo Alison Paese, responsável pela Infomoney Educação, um dos maiores portais financeiros do Brasil.

Por Alison Paese

InfoMoney Educação

Não há ninguém no mundo que duvide do benefício da educação, seja em seu conceito mais básico ou até mesmo científico.

A questão que agora persiste é como aplicá-la!

Podemos estar nesse exato momento vivenciando a maior mudança já executada na forma de educar as pessoas, uma consequência natural do dinamismo social que está cada vez mais acelerado.

A vida desregrada e exigente que vivemos faz com que desejemos cada vez mais serviços personalizados, ou seja, na data e hora que preferirmos. Isso já é realidade em boa parte de nossas rotinas, e agora chegou ao conceito mais básico da vida de um ser humano, o aprendizado.

Escolas online, cursos profissionalizantes, Ensino a Distância (EAD), Google etc.; tudo isso já está presente em nosso dia a dia. Cursos extensos e repletos de teoria deram lugar a conteúdos mais simples e focados na prática profissional do aluno, salas de aula e carteiras deram lugar a salas virtuais na internet, horários fixos deram lugar a horários flexíveis selecionados pelo aluno. Enfim, novos tempos!

Aqui na InfoMoney Educação acreditamos muito nesse movimento e já nascemos com essas novas raízes. Falamos de dinheiro para todos e como todos. Queremos ser reconhecidos pelo resultado de nossas ações e por isso ensinamos apenas o necessário, aquilo que realmente fará a diferença na vida das pessoas.

Temos uma razão muita clara que baseia o que fazemos, ela é, independente de qualquer discussão política, social ou econômica, unanimidade: o Brasil mudou! Não tem volta!

Agora o que precisa mudar é como as pessoas encaram essa nova realidade, pois é com ela que iremos nos deparar, pelo menos nos próximos dez anos. E o quanto antes aceitarmos isso, maior serão as chances de sucesso.

174 HABILIDADE 6 | Aprendendo sobre educação financeira

Palavras como juros, SELIC, inflação, taxa de administração, taxa de performance e CDI agora devem obrigatoriamente constar em nosso vocabulário, pois é a partir delas que tomaremos as decisões de nosso dia a dia e de nossa vida, desde o consumo até os investimentos. A educação pode construir a base teórica de que precisamos, há incontáveis formas de aprender sobre esses termos na internet, mas é a informação atualizada que vai guiar nossas decisões, portanto, ler jornais, sites de notícias, palestras sobre o assunto, tudo isso conta.

Paradigmas precisam ser definitivamente quebrados, entre eles: que poupança é o investimento mais seguro, que título de capitalização é investimento, que 0,1% não vai fazer diferença no resultado de investimentos, que o gerente pode tomar sozinho as decisões sobre investimentos e por aí segue. Enquanto eles estiverem de pé, mais pessoas estarão sendo tapeadas pela falta de consciência de um mundo moderno e real, tão real que mexe em nosso bolso diariamente.

Já passou da hora de destinarmos tempo para falar de dinheiro em nossas vidas, afinal é em busca dele que trabalhamos loucamente por toda nossa vida, ou quase toda. As pessoas fogem disso pelo medo de reconhecerem estar enrascadas em dívidas, mas a verdade é que a melhor forma de fugir é encará-las e resolvê-las. Quem consegue esse feito com certeza tem uma vida mais saudável e muito possivelmente um sucesso financeiro mais precoce que a grande maioria. Mais importante que investir dinheiro é saber gastar, esse é o verdadeiro aprendizado, em todo restante do caminho você pode ser orientado por profissionais, mas esse ponto você só pode resolver consigo mesmo. Por que não começar agora?

Fechar os ouvidos para paradigmas, abrir os olhos para a nova realidade e destinar tempo para as verdinhas tão suadas que você recebe todo mês. Esse tripé junto com a nova forma de educar nos abre uma oportunidade sem precedentes: falar de dinheiro de forma agradável e na hora que você quiser!

Esse não é o final de uma vida financeira de sucesso, mas está muito próximo de ser um começo!

CAPÍTULO 16
Atitudes de Pessoas Ricas

> Pessoas prósperas se preocupam com acumulação de patrimônio e não renda mensal

Renda x Patrimônio

Muitas pessoas focam todo o objetivo e a atenção na renda que ganham. A primeira pergunta a ser feita é sempre "quanto você está ganhando?". Como se isso fosse medida suficiente para avaliar a riqueza ou independência financeira de uma pessoa.

Pessoas sem educação financeira se preocupam com sua renda mensal, enquanto pessoas prósperas se preocupam com a acumulação de seu patrimônio. Já vimos que receita não significa lucro, se uma empresa A tem uma receita de R\$1 milhão por mês e despesa de R\$1 milhão por mês, enquanto a empresa B tem receita de R\$50 mil e despesa de R\$10 mil, logo a empresa B está em uma situação financeira muito melhor do que a A. Receita não é lucro!

O mesmo equivale a uma pessoa física. Se meu salário mensal é de R\$10 mil e meu custo de vida é de R\$12 mil, significa que a cada mês estou devendo R\$2 mil, enquanto uma pessoa que ganha R\$2 mil e gasta R\$1 mil está mensalmente com um valor positivo em sua conta bancária de R\$1 mil.

Quando perguntar a alguém, pergunte qual seu patrimônio e não qual sua renda. Patrimônio é o que você conseguiu construir com sua renda, é a capacidade que você teve de poupar, de investir e de multiplicar seu dinheiro. Isto sim é riqueza e independência financeira.

Diferença entre pobre, classe média e rico

Robert Kiyosaki retrata de forma muito clara a diferença de atitude entre pessoas de mentalidade pobre, classe média e ricos.

176 HABILIDADE 6 | Aprendendo sobre educação financeira

Ricos compram ativos.

Pessoas de classe média compram passivos, pensando que são ativos.

Pessoas de mentalidade pobre passam a vida toda comprando passivos.

Em qual dos grupos você quer estar?

Faça o dinheiro trabalhar para você

Uma das principais lições de educação financeira é fazer o dinheiro trabalhar para você e não passar a vida inteira trabalhando pelo dinheiro. Não estou dizendo que você não precisa trabalhar, não é isso. A grande diferença entre ricos e pobres é que os primeiros fazem o dinheiro trabalhar para eles, ou seja, são donos de seu próprio negócio ou possuem seus próprios investimentos.

Quando você tem um ativo, este deverá gerar receita para você, indiferentemente de sua presença física. É claro que, ao iniciar um novo negócio, como já vimos anteriormente, você terá de trabalhar muito, mas seu objetivo é construir um negócio de médio e longo prazo, e não passar a vida toda sendo escravo dele. Você está planejando fazer o dinheiro trabalhar para você.

Quando você depende unicamente de seu trabalho ou emprego, sem nenhuma outra fonte de renda, você estará sempre trabalhando pelo dinheiro, no que já vimos ser uma corrida dos ratos. Você precisará trabalhar, trabalhar, trabalhar para conseguir pagar as contas no final do mês. Quando você começa a investir e construir ativos, você começa a mudar o jogo, inverte as posições e faz o dinheiro trabalhar para você.

Como agem as pessoas ricas e bem-sucedidas?

Assim como estudamos sobre as atitudes de empreendedores de sucesso na habilidade de empreendedorismo, precisamos conhecer as atitudes das pessoas que possuem sucesso financeiro. E engana-se quem acha que pessoas que possuem os melhores carros, casas ou roupas são as que apresentam sucesso financeiro. Infelizmente nossa sociedade atual é movida pelo status, mas veremos que muitos casos como este, de aparente sucesso financeiro, não representam a verdadeira realidade. Vejamos o que meu amigo, Conrado Navarro, um dos maiores especialistas em educação financeira do Brasil, tem a nos dizer a respeito.

Por Conrado Navarro
Autor do livro *Dinheiro é um santo remédio*

Entender a forma como as pessoas lidam com seu dinheiro tem mostrado uma tendência natural a seguir a moda, baseando no consumo nossa referência de inclusão social — o resultado é que valorizamos muito as expectativas dos outros. Ao mesmo tempo, também tendemos a culpar os outros por nossos fracassos.

Fazemos mais e melhor porque é o que esperam de nós e quando algo dá errado, a culpa também é dos outros. Preferimos nos isentar das responsabilidades e apontar o dedo na direção do sistema. Frases como "o preço estava ótimo", "a promoção realmente valeu a pena" e "para ele é fácil falar, já nasceu rico" são bastante comuns.

A zona de conforto torna os dias mais agradáveis e faz o tempo passar mais depressa, sem grandes sustos — sendo, pois, desejável. Enquanto as famílias financeiramente destruídas insistem em manter o assunto "dinheiro" lacrado em sua caixa-preta, gente bem-sucedida prefere ver nele um instrumento de liberdade.

Três características das pessoas ricas e bem-sucedidas que você precisa conhecer:

1. Vivem abaixo de suas possibilidades

Elas realmente levam a sério a regra de ouro das finanças pessoais: gastar menos do que se ganha e aprender a investir para sustentar o padrão de vida por muito tempo. A principal questão diz respeito à consciência plena de que as condições de vida precisam ser preservadas para que ela seja aproveitada em todas as suas fases.

Assim, o padrão de vida não é visto como medida de riqueza, mas como meio de criar uma vida sustentável durante todas suas etapas (nascimento dos filhos, estudos, formação profissional, construção de patrimônio, viagens, velhice, hobbies etc.). Viver com menos do que o possível é o que permite que as prioridades sejam respeitadas e os objetivos alcançados.

2. Acreditam que a liberdade é mais importante que o status

Ao viverem dentro de um padrão de vida razoável e inteligente, o que fazem é construir os meios para que esse padrão dure por muito tempo. Mais que isso, que as fases da vida sejam aproveitadas de forma plena, desde a criação de um filho até os cuidados com a saúde na terceira idade.

Os bem-sucedidos entendem que viver para parecer custa muito dinheiro e gera problemas emocionais bem profundos (depressão, angústia, tristeza crônica, sentimento de inferioridade etc.). O foco é na geração de renda passiva e nas condições de desfrutar a vida de forma sempre abundante e confortável.

3. Permitem que seus filhos lidem com a frustração e entendam seu valor

Somos frequentemente bombardeados com a ideia de que educar é também mitigar os riscos e permitir acesso simplificado a tudo o que conquistamos com alguma dificuldade. Uma espécie de redenção. Corremos o risco, no entanto, de criar jovens sem a conduta de valor apropriada para a vida adulta. Prejudicamos mais que ajudamos. Aprender implica encarar as responsabilidades presentes em nossas decisões. Consequências são acionadas a cada caminho escolhido e é importante que possamos encará-las de forma aberta e corajosa. Ao acostumar nossos filhos com o sucesso fácil e sempre presente, transformamos o fracasso em vilão.

Essa cultura criará adultos manipuladores, exigentes demais, pouco flexíveis e incapazes de reconhecer o valor das coisas. Gente materialista, completamente o oposto do conceito de riqueza aqui exposto.

A arte da educação financeira com o empreendedorismo

Já vimos que empreendedorismo é uma ótima forma de fazer você se tornar dono de seu negócio e construir renda residual, assim como educação financeira é indispensável para manter seu padrão financeiro.

Muitas pessoas são ótimas empreendedoras, constroem grandes negócios e ganham muito dinheiro, ao mesmo tempo que perdem tudo rapidamente. Outras são extremamente organizadas financeiramente, mas não conseguem alavancar seus ganhos. Por que não conciliar empreendedorismo com educação financeira? Esta é a proposta de meu amigo Diego Leão, da Escola do Dinheiro, no texto abaixo.

Por Diego Leão

A educação financeira tradicional é muito importante para o dia a dia. A maioria dos especialistas fala que você deve gastar menos do que ganhar, e poupar pelo menos 10% de sua renda. A educação financeira tradicional é essencial e nos ensina economizar, poupar, investir, se controlar e se organizar financeiramente. O que eu quero deixar claro aqui é que não bastar só ser educado financeiramente, você precisar ter um lado empreendedor.

Durante minha trajetória, aprendi que no empreendedorismo você cria recursos financeiros e na educação financeira você controla e multiplica esses recursos. Educação financeira é importante, mas empreendedorismo também é essencial para que você possa fazer uma carreira de sucesso e conquistar um lado independente de sua vida. Ao contrário do que muitos pensam, riqueza é um processo e não um resultado. A grande maioria dos picaretas faz o que? Eles lhe vendem o resultado, sabe por quê? Porque você quer algo fácil! Quando você diz que enriquecer é um processo, que leva certo tempo e você tem que ter certa disciplina, as pessoas já não querem mais! Só que o resultado só vem através do processo.

Por que eu gosto de combinar empreendedorismo com educação financeira? Porque o empreendedorismo acelera meu processo de enriquecimento para eu conquistar minha independência financeira. E posso provar a todos vocês que se investirem apenas 10% de sua renda, vocês nunca chegarão lá! A não ser que tenha uma expectativa de vida de 200 anos. Então o empreendedorismo lhe ajuda, porque acelera esse processo. E para você conquistar sua independência financeira, é obrigado a criar sistemas de negócios. Eu tenho duas modalidades de investimentos. A primeira é investir por ganho de capital, que é comprar alguma coisa barata e vender por valor mais caro. E a outra é fluxo de caixa, que é comprar lojas, salas, ou algo que me renda dinheiro todo mês.

Então, o que eu quero mostrar aqui para vocês é que se não combinarem fluxo de caixa com ganho de capital, vocês não têm a mínima chance de chegar a serem independentes financeiramente, ou, como citei antes, a não ser que você tenha uma expectativa de vida de 200 anos, ou herde uma herança de algum familiar, ou ganhe na Mega-sena. Fora isso, você não consegue chegar lá. Volto a repetir, você precisa dos princípios básicos da educação financeira para aprender a poupar, controlar, se organizar e investir seu dinheiro. Mas precisa muito também do empreendedorismo para acelerar esse processo de enriquecimento.

Capítulo 17
Dívidas

> Reconheça e
> busque ajuda

Como sair das dívidas

O passo número um é admitir que você está endividado e precisa de ajuda, o passo número dois é parar de fazer dívidas. Parece simples, mas é extremamente complexo. Depende unicamente da iniciativa e ação daquele que está nesta situação, ninguém será capaz de mudar o cenário sem o interesse e vontade verdadeira de mudança.

Um grande vilão nos dias de hoje, por ser utilizado de forma incorreta, são os cartões de crédito, parcelamentos e financiamentos. Pelo grande incentivo do governo, da mídia e da própria sociedade, somos influenciados a comprar e comprar cada vez mais. O parcelamento permitiu que qualquer pessoa conseguisse comprar um carro próprio, casa, um eletrodoméstico, fazer uma viagem ou qualquer outro lazer.

O grande problema é que muitas pessoas esquecem que o cartão de crédito ou o parcelamento devem ser pagos! As divulgações tentadoras de pequenas e suaves parcelas, sem entrada e "sem juros", induzem o subconsciente a comprar, afinal aquela pequena parcela cabe em seu bolso. Como o brasileiro, em grande parte, não tem o costume de planejar e lidar com suas finanças, acaba não tendo nenhum controle das parcelas que já contraiu anteriormente, e simplesmente as esquece.

Parcela em cima de parcela, até que *tcharam*! A fatura do final do mês é maior do que o valor que tenho disponível para pagar. E o que acontece? Pago somente aquela parcela mínima ou não pago, deixo para o próximo mês. E mais uma vez, por falta de conhecimento e informação financeira, este cidadão entra em uma das mais perigosas armadilhas financeiras, os juros do cartão de crédito.

Você recebeu um limite para gastar com seu cartão de crédito, mas a única pessoa que pode saber se você consegue pagar aquele limi-

182 Habilidade 6 | Aprendendo sobre educação financeira

te no final do mês é você mesmo! E pode ter certeza que a operadora do cartão não ficará triste se por algum imprevisto você não conseguir pagar no dia do vencimento daquele mês. Os juros do cartão de crédito são enormes! O que o banco lhe paga em um ano, lhe cobra em um mês com uma dívida no cartão de crédito. Mundo injusto? Talvez, mas aprenda as regras e adapte-se a elas.

Quer dizer que não devo mais utilizar meu cartão de crédito? Não, o problema não é o cartão de crédito, e sim quem o utiliza de forma errada. Ele pode ser um grande facilitador nos dias atuais, assim como um grande vilão. Se utilizado de forma correta, consciente e pago sempre no vencimento, ele pode ser uma forma muito útil de ajudar você em seu planejamento financeiro. Afinal, com ele você consegue ter um extrato detalhado de tudo o que você gastou no mês, o que dificilmente você teria ao utilizar o dinheiro para pequenas coisas do dia a dia, sem um organizado controle.

Mas cuidado com a quantidade de cartão, outro grande motivo de desorganização financeira. Hoje em dia, tem cartão de todos os tipos, para todas as lojas, e quanto mais cartão mais difícil será para organizar suas finanças e controlar os gastos de cada um comparado a sua disponibilidade de gasto. O ideal seria manter um cartão apenas, se realmente não for possível não ultrapasse dois ou três cartões, jamais. E se você possui muito mais do que este número, bem, é hora de pegar o telefone e começar a cancelar alguns, antes que seja tarde demais.

Certo, você já se conscientizou que precisa de ajuda para cuidar de suas finanças, afinal ninguém lhe ensinou sobre isso, e precisar de ajuda ou buscar aprender não é nenhum problema, muito pelo contrário. Você já parou de fazer dívidas, controlou seu cartão de crédito e gastos mensais, parou de fazer novas dívidas, e o que fazer com as dívidas antigas?

Você precisará pagar, sem dúvidas, e para isso precisa montar um planejamento de como poderá quitá-las. O primeiro passo será negociar suas dívidas: se você possui dívidas com cartões de crédito e empréstimo pessoal, o que cobra os maiores juros do mercado, é hora de você buscar alternativas melhores. Converse com o gerente de seu banco, com seus familiares, avalie a possibilidade de vender algum bem ou eliminar alguns custos mensais provisoriamente para quitar suas dívidas e começar uma nova vida. Jamais mantenha as dívidas com altos juros mensais, o que fará com sua dívida multiplique de forma exponencial em pouco tempo e, talvez, impossibilite até mesmo você de imaginar pagá-las.

Aperte os cintos, sim, você falhou em seu planejamento financeiro, passou de seus limites e terá de pagar por isso. Isto servirá de lição para não cometer mais o mesmo erro. Se tiver em família, ou casal, reúna e conscientize todos da situação. Será um momento passageiro, mas indispensável pela saúde financeira. Comece novamente pelos maiores gastos até os gastos menores, dependendo do tamanho de sua dívida. Talvez menos saídas nos finais de semana durante alguns poucos meses seja o suficiente para você, ou talvez seja necessário mudar para um apartamento menor, trocar ou vender o carro etc.

Consumismo e status

Muitas das razões para o endividamento e consumismo exagerado nos dias atuais está ligeiramente ligado ao status. Grande parte do que compramos ou gastamos não seria necessário para nosso dia a dia, mas é influenciado pela sociedade em que vivemos, conscientemente ou não.

Status é querer mostrar aos outros algo que você não é. E como a sociedade nos julga pelo que temos, e não pelo que somos, muitos acabam entrando nesta jogada. Roupas de marca, carro do ano, casa na praia ou no sítio, celular de última geração, restaurantes sofisticados etc.

Não estou de nenhuma forma dizendo que você não deva ou não possa usufruir desse tipo de coisa, todos gostam de se sentir bem. A grande diferença é que a grande maioria o faz sem ter condições financeiras para isso. E você pode até enganar seus amigos e vizinhos, mas os números e a calculadora você dificilmente conseguirá enganar. O resultado será: problemas financeiros, dívidas, falta de planejamento e tudo o que já vimos.

Alguns fatores levam a intensificar ainda mais este cenário. Um deles é a mudança de vida que gerações anteriores a nossa tiveram com seu sucesso profissional. Muitos vieram de famílias mais pobres, acostumados a viver com pouco, e quando alcançaram seu sucesso profissional, não fizeram por menos, aproveitaram tudo o que a vida tem de melhor a oferecer.

184 Habilidade 6 | Aprendendo sobre educação financeira

Outro fator importante é o aumento cada vez maior das classes C e D das gerações atuais. Aumento de salário-mínimo, aumento do número de empregos, crescimento do país, tudo reflete no aumento de renda das famílias. E aumento de renda, em um país com falta de educação financeira, é igual a aumento de consumo.

Diferença entre dívida boa e dívida ruim

Falamos anteriormente sobre como sair das dívidas e como não contraí--las, mas, atenção, a dívida pode não ser tão ruim quanto você imagina. Existe uma grande diferença entre dívida boa e dívida ruim, a primeira tem como objetivo a construção de ativos, a segunda, a compra de passivos. Se utilizada de forma correta e para fins corretos, ela pode ser sua grande aliada na construção de seu patrimônio.

Dívida ruim é aquela em que você se endivida para comprar bens ou produtos que não irão lhe gerar renda — o mais comum entre as pessoas e que já vimos anteriormente. Fazer dívida para pagar o cartão de crédito, comprar a casa própria, trocar de carro etc. não irá lhe gerar mais renda, a não ser que você dependa disso para seu trabalho, o que não acontece na maioria das vezes.

Agora, se você quer construir um ativo, o que pode ser um novo negócio, por exemplo, é válido e possível pensar em contrair uma dívida boa. Desde que você realmente tenha um bom planejamento e controle da situação, fazer dinheiro com o dinheiro de outras pessoas é um exemplo muito comum entre empreendedores.

Saiba diferenciar uma dívida da outra, mas indiferentemente delas, tenha sempre os pés no chão, dívida boa ou ruim não deixa de ser dívida, então atenção sempre.

CAPÍTULO 18
Casal

Finanças do casal

Um dos maiores, se não o maior, problemas de brigas e divórcios de casais na atualidade acontece em relação ao dinheiro, mais especificamente a falta dele. Aquele antigo juramento, na riqueza ou na pobreza, parece estar com os dias contatos. Dinheiro não compra amor, sem dúvida alguma, mas a falta dele compra muitos motivos para brigas.

E uma das principais raízes desses problemas está na falta de conversa e diálogo sobre ele, o dinheiro. Assim como não falamos sobre dinheiro em nossa infância, na escola ou na faculdade, também não falamos sobre dinheiro em família. Muitas pessoas têm o equivocado pensamento de que falar sobre dinheiro é feio, é chato, é impróprio, não é assunto de família, não deve ser misturado na mesa de jantar etc.

A partir do momento que você uniu sua vida à de outra pessoa, ou que constitui uma família, morando sob o mesmo teto, usufruindo dos mesmos gastos, você tem a obrigação de dialogar sobre isso. É de interesse de ambos, é de importância de ambos.

Conversar não é brigar, é fazer contas em conjunto, é fazer planejamentos em conjunto e discutir sobre seus sonhos em conjunto. Assim como em uma sociedade, ou equipe, onde os participantes devem ser envolvidos em todos os processos, deve ser também em um casamento ou família.

Qual a renda do casal, qual seu custo de vida, quais são seus planos do casal (de curto, médio e longo prazo), quais são suas prioridades, como será sua aposentadoria. Tudo deve ser pensado, discutido e planejado em conjunto.

186 HABILIDADE 6 | Aprendendo sobre educação financeira

A soma de esforços, ou de dinheiro, será significativa para que estes planos e objetivos se concretizem, de forma muito mais rápida do que se estivessem sozinhos. **Dinheiro não compra amor, sem dúvida alguma, mas a falta dele compra muitos motivos para brigas.**

Casa própria

Essa é talvez uma das maiores polêmicas da área financeira, afinal envolve além de dinheiro, valores pessoais. Vou expressar de forma resumida minha conclusão, com base no estudo de diversos autores e especialistas no assunto. Casa própria não é um investimento, isto é um fato. Mesmo que na prática contábil ela seja considerado um, para educação financeira e sua independência financeira, ela é um passivo e não um ativo. Seu imóvel não irá lhe gerar receita recorrente.

Se você quiser considerar sua casa como seu maior investimento, tudo bem, mas será sinal de que você está com grandes problemas pela frente.

Indiferentemente disso, você precisa ter uma casa própria, precisa morar em algum lugar, isto está entre as necessidades básicas do ser humano, você não terá escolhas. Mas, terá escolhas em como escolher sua moradia. E essa escolhas poderão estar diretamente ligadas ao sucesso financeiro de sua vida. Profundo? Pois é, a decisão da casa própria é um assunto muito importante e que poderá mudar o futuro de uma pessoa e de uma família.

> Em nenhum momento paramos para fazer as contas

Novamente acabamos seguindo o que fomos ensinados ou induzidos pelos exemplos anteriores, pela mídia, pela sociedade e por aquele sujeito que vimos acima, o status. Em nenhum momento paramos para fazer as contas, na ponta do lápis e refletir realmente no que vale mais a pena, para cada situação particular.

Falamos antes sobre parcelamento, e aqui não é diferente. Muitos acabam olhando apenas para o valor da parcela e esquecem de olhar o valor final. Alguns pensamentos comuns:

- Nossa, mas é uma parcela tão pequena!
- O valor da parcela é quase igual ao do aluguel e eu ainda terei minha própria casa

- Morar de aluguel é jogar dinheiro fora
- Você precisa ter sua casa própria
- Morar de aluguel é coisa de pobre

Pergunto a você:

- Você já calculou o valor total das parcelas e a quantidade de juros que estão embutidos em cada parcelinha?
- Já calculou esta pequena diferença entre um aluguel e um financiamento, somados até o final de seu financiamento?
- Já calculou o quanto de dinheiro você joga fora pela incompetência de poupar e ter que pagar para alguém fazer isso para você?
- Ainda está vinculado ao status de parecer ser quem você não é?

Reflita sobre essas perguntas, muito provavelmente você nunca pensou sobre isso, porque simplesmente fez o que todo mundo faz.

Conclusão, aquele velho ditado que quem casa quer casa, que você precisa comprar seu imóvel não é totalmente verdade.

- O valor total de um financiamento de 30 anos é proporcional a mais de três vezes o valor do imóvel
- Morar de aluguel e investir a diferença do valor do financiamento permite você ter o próprio imóvel muito antes do que se tivesse financiado ou no mesmo intervalo de tempo, alguns imóveis
- Morar de aluguel irá lhe dar a flexibilidade de assumir novos desafios em sua carreira profissional, o fato de não ter uma dívida financeira de longo prazo lhe dará muito mais opções de escolhas para seu futuro
- Um financiamento no início da carreira de trabalho pode comprometer drasticamente seu orçamento mensal e lhe impedir de investir em sua própria carreira e educação
- O valor médio de uma locação de um imóvel é correspondente a 0,5% do valor do imóvel, percentual muito menor do que várias alternativas de investimento no mercado. Ou seja, se você tivesse o valor total do imóvel e morasse de aluguel em um imóvel do mesmo padrão, sobraria uma diferença considerável de valor

Não estou querendo dizer, apesar de parecer, que você nunca deverá ter seu próprio imóvel, quero realmente quebrar alguns velhos paradigmas e fazer você refletir sobre esta questão. Meu objetivo é mostrar a você o que a escola e o que as pessoas não nos mostram, e deixar a você a liberdade de escolha, mas para isso você precisa conhecer os caminhos disponíveis, e não simplesmente seguir a boiada por falta de conhecimento de outras alternativas.

CAPÍTULO 19
Jovens

Como os jovens devem lidar com o dinheiro!

Reinaldo Domingos é fundador da metodologia de ensino DSOP, que está presente em diversas escolas pelo país, ensinando educação financeira para crianças e jovens. Vejamos algumas experiências e dicas que ele tem a passar para os jovens no que se refere ao uso do dinheiro no texto a seguir.

Por Reinaldo Domingos

A inexperiência no trato com o dinheiro, os impulsos consumistas e a facilidade em obter crédito fazem com que seja crescente o número de jovens brasileiros endividados e inadimplentes. Combater essa situação, organizando as finanças e aprendendo a controlar os ganhos e gastos, é o grande desafio. E, para os jovens alcançarem o verdadeiro controle de suas vidas financeiras e priorizarem seus sonhos, é preciso investir na educação financeira.

Mas o que realmente seria educação financeira? É saber mais matemática e conhecer profundamente cálculos e planilhas? Posso afirmar que não; essas são importantes ferramentas, mas o que importa mesmo é desenvolver novos hábitos e costumes. Isso tem ligação direta com comportamento e, por isso, está diretamente relacionado às ciências humanas e não exatas.

Quebrar este paradigma tem sido minha missão como cidadão. Vindo de família muito simples, não pude ter muitos de meus desejos realizados quando criança, mas, mesmo assim, corri atrás do prejuízo. Tudo começou quando eu tinha 12 anos e o sonho de ter uma bicicleta — que não pude ganhar de meus pais —, mas isso só me encorajou e fui logo arranjando algo para fazer. Meu primeiro trabalho foi ser auxiliar de camelô e, com o ganho mensal, pude acumular dinheiro para comprar à vista e com desconto; assim, realizei meu primeiro grande sonho.

Desse momento em diante, pude perceber que poderia realizar tudo em minha vida e, aos 37 anos, conquistei minha independência financeira. Parei para refletir e verifiquei que eu havia praticado alguns passos que se repetiam anualmente e, com isso, criei a Metodologia DSOP de Educação Financeira.

A partir dela posso afirmar que não basta apenas ganhar mais dinheiro, é preciso saber administrar o que se ganha e, principalmente, respeitar o padrão de vida, gastando menos do que se recebe mensalmente. Esse é o grande problema que nossa população brasileira enfrenta, em especial o jovem, que mal começa a trabalhar e já se lança às facilidades de crédito, alcançando o desequilíbrio financeiro. É preciso respeitar o dinheiro que ganhamos e priorizar nossos verdadeiros sonhos. Desde criança aprendemos a gastar sem poupar; é preciso seguir uma metodologia de ensino que promova a realização de sonhos e desejos, e não simplesmente o gasto.

Estar educado financeiramente, hoje, é uma questão de escolha. Uma criança a partir dos três anos já deve ser ensinada a ter hábitos corretos de como administrar e respeitar o dinheiro que passa por nossas mãos. Recomendo praticar os quatro passos da Metodologia DSOP: Diagnosticar, Sonhar, Orçar e Poupar, que, se seguidos à risca, levam qualquer jovem ou adulto a uma vida financeira saudável e sustentável.

Sobre os jovens, especificamente, me importo muito, pois estão se inserindo no mercado de trabalho já com a mentalidade de gastar todo o salário — ou até mais. Nunca sobra dinheiro no final do mês, o salário sempre parece insuficiente e não se consegue poupar e ter uma reserva financeira. Mas será que o problema é esse mesmo? Ou são eles que precisam se educar financeiramente?

O cenário é lamentável. Segundo algumas pesquisas, os jovens lideram a inadimplência no Brasil. Entre os motivos, ressalto o dos jovens optarem por viver intensamente o hoje, esquecendo que o futuro reserva adversidades e desafios. É importante viver o presente, mas isso não impede que, diante dos primeiros salários, os jovens comecem, de imediato, a planejar e construir o amanhã, com a segurança e a certeza de uma vida melhor, garantindo uma aposentadoria saudável e sustentável financeiramente.

Para isso, é preciso que, desde já, se sonhe com as realizações, sabendo quanto elas custam e quando quer que elas sejam conquistadas. Com a Metodologia DSOP de Educação Financeira, isso é plenamente possível. Assim, cada vez mais é importante que, paralelamente ao trabalho, jovens busquem a oportunidade de ingressar em uma instituição que as capacite para o mercado de trabalho, ampliando essa possibilidade de informações.

Um dos pontos que sempre procuro levar aos jovens, de modo geral, é que, independentemente da atividade que ele irá praticar ou exercer, não pode deixar de lado a educação financeira. Não podemos mais ficar culpando o marketing publicitário e tampouco o sistema financeiro, é hora de assumir uma nova postura de como enfrentar e aprender a lidar com o sistema capitalista e consumista em que vivemos.

Para que se obtenha o letramento financeiro, relato aqui de forma mais clara os quatro pilares da Metodologia DSOP. "Diagnosticar" a vida financeira, isto é, tirar uma "fotografia" da situação financeira, saber o ganho líquido e as despesas, sabendo para onde está indo cada centavo do dinheiro, com cafezinho, lanches, baladas, pizzas, cinemas, até mesmo a gorjeta. No fim do mês, deverá ser totalizado e analisado. Certamente, a surpresa será muito grande, pois as pessoas não sabem com o que gastam, principalmente quando se tratam de pequenos valores. Mas são exatamente eles que, muitas vezes, representam despesas desnecessárias e supérfluas. O diagnóstico financeiro deve ser feito uma vez por ano ou quando houver uma variação significativa no ganho, para mais ou para menos. É importante ressaltar que não devemos ficar escravos de anotações, lembrando que a educação financeira está embasada no comportamento e nos hábitos de como lidar com o dinheiro.

O segundo pilar é o "Sonhar", que significa estabelecer objetivos que se quer realizar. Quando estabelecemos sonhos, temos que saber quanto custam e em quanto tempo queremos realizá-los. Exemplo: quero uma televisão de plasma que custa R$2.000,00 e não tenho o dinheiro para comprar à vista. A orientação é que se guarde parte do dinheiro para realizar esse sonho; se puder guardar R$200,00 por mês, esse sonho será realizado em dez meses. É importante ainda ressaltar que temos sonhos de curto (até um ano), médio (de um ano a dez anos) e longo prazos (acima de dez anos). Esse pilar é essencial para que a pessoa não desanime e foque em seus objetivos. Mesmo que esteja endividada, um dos sonhos deverá ser o de sair das dívidas, mas alerto para que não seja o único sonho, pois é preciso termos, no mínimo, três sonhos, que nos motivem a seguir em frente.

O terceiro pilar, "Orçar", consiste em registrar os números apurados no orçamento e no apontamento de despesas durante o mês. O orçamento servirá para dar uma visão plena da situação financeira, quanto ganho, os gastos totalizados e o quanto estou reservando de dinheiro para os sonhos. A diferença neste orçamento é que, primeiro vem o ganho, desse tiramos o valor dos sonhos, para, somente depois, dedicar o valor restante às outras despesas. Em um orçamento financeiro normal, a forma utilizada é: ganho (-) gastos = lucro ou prejuízo, o que não garante que mesmo tendo lucro realizará seus sonhos.

192 Habilidade 6 | Aprendendo sobre educação financeira

Por fim, temos o pilar "Poupar", ou seja, guardar dinheiro. Poupar engloba todos os tipos de investimento: caderneta de poupança, título do governo, CDB, ações, entre outros. Esse pilar é que garante a realização dos sonhos. O tipo de investimento que o jovem fará dependerá do prazo de seus objetivos. Assim, não adianta investir em ação se precisa de dinheiro em curto prazo. Para obter informações sobre o melhor tipo de investimento de acordo com a sua situação, é sempre interessante buscar um especialista.

Estamos em um país em pleno desenvolvimento e temos que quebrar o ciclo de gerações endividadas e construir uma nova, de pessoas educadas e saudáveis financeiramente. O primeiro passo é sempre o mais importante, no entanto, temos que pensar e caminhar, porque os valores que serão guardados para alcançarmos a saúde financeira são pequenos, mas, se somados, gerarão a tão e importante independência financeira. Invista em sua educação financeira e acredite sempre na beleza de seus sonhos!

Capítulo 20
Planejamento

> É preciso ter uma vida com equilíbrio

A arte de poupar

Poupar dói, poupar não dá prazer no curto prazo, poupar demora. Consumir é bom, é prazeroso e dá prazer no curto prazo. Isso, por si só, justifica por que muito mais pessoas consomem do que poupam seu dinheiro.

O que você precisa aprender é que não é preciso escolher entre um ou outro. E sim, que é preciso ter uma vida com equilíbrio. Aprender a consumir com qualidade e de forma consciente, aproveitando o curto prazo, e aprender a poupar e planejar o médio e longo prazos. Você não precisa ser um completo poupador, assim como não precisa ser um completo gastador. Tudo na vida deve ser feito em equilíbrio, essa é a receita de ouro de educação financeira.

E quanto poupar? Esta é uma pergunta muito comum, para aqueles que já se conscientizaram da importância de poupar, claro. Alguns educadores financeiros usam o número de 10% do que você ganha, que deveria ser poupado mensalmente.

Mas esse número pode variar por diversos fatores, como custo de vida, idade, disposição para risco nos investimentos, tempo que pretende poupar e quanto pretende acumular.

Lembre-se que poupar é apenas o primeiro passo para você iniciar seus investimentos, poupar é criar o hábito de guardar um dinheiro para um sonho e projeto futuro. Mas, não necessariamente, e espero que realmente não, este dinheiro poupado ficará guardado em uma gaveta, ou parado em uma caderneta de poupança, veremos sobre investimento mais adiante.

O primeiro passo é criar o hábito de poupar. E para isso você precisa ter um objetivo, ninguém poupa simplesmente por gostar de poupar. Poupamos para conseguir atingir um objetivo futuro, e ele deve estar claro e concreto para que você realmente tenha motivação de seguir com tal hábito. Pode ser mais de um objetivo, podem ser diferentes destinos, mas é preciso um objetivo e consequentemente, um foco.

Como em sua vida você deverá sempre ter novos sonhos e objetivos, sem isso perderia o motivo de viver; você terá o hábito de poupar frequentemente em sua vida e será recompensado por isso.

Para calcular o valor que deverá poupar, você terá que saber o valor total de seu sonho e quanto tempo você terá até alcançá-lo, sem considerar nenhum tipo de valorização em investimento no dinheiro aplicado, apenas para fins de cálculos e simulações.

Justamente pela falta de hábito e cultura de poupar que o banco, muito inteligente, criou produtos e serviços para auxiliá-lo neste processo. Financiamento e consórcio, por exemplo, são poupanças forçadas, com a única diferença que você paga para isso, em vez de receber, pelo simples fato de não ter se esforçado em poupar.

Aposentadoria financeira

Você já parou para pensar como será sua aposentadoria? Parece uma pergunta muito distante e desnecessária de ser feita, principalmente se você for ainda bastante jovem. Mas saiba que a vida é bastante curta, e o tempo é o melhor parceiro nos investimentos.

Com expectativa de vida cada vez maior, há uma grande tendência que você viva durante muito mais tempo após sua tradicional aposentadoria. Para alguns, pode ser quase 1/3 ou até metade de uma vida inteira. É muito tempo!

Então comece a pensar nisso desde já, lembre do que falamos anteriormente sobre equilíbrio. Antes que você diga que deve curtir o presente e não sabe se estará vivo até lá, relembro do que falamos sobre equilíbrio, você não precisa escolher entre um e outro. Você pode, e deve, ter uma vida de qualidade em curto prazo, aproveitando cada momento do presente, que é a única coisa que de fato existe, sem esquecer ou deixar de planejar seu futuro, o qual um dia também será seu presente.

Espero que você não pense mais em depender do governo, caso queira manter seu mesmo padrão de vida na idade produtiva.

O cálculo para planejar sua aposentadoria financeira (não estamos dizendo em parar de trabalhar necessariamente), é bastante simples.

- Saiba o custo de vida médio mensal que você possui para viver hoje.

- Defina com quantos anos você gostaria de se aposentar e calcule o prazo que você terá até esta data, com base em sua idade atual.

- Saiba qual o montante você precisará acumular para manter o padrão de vida atual.

Renda residual

Renda residual é toda renda que você recebe sem a necessidade de seu trabalho direto. Quando você trabalha, você recebe um salário por isso, se você não trabalhar, em tese, não receberá.

O grande erro da maioria das pessoas é depender unicamente de uma renda apenas, aquela proveniente de seu trabalho. Mesmo que você não seja um empreendedor e trabalhe dentro de uma empresa, você pode pensar em ter sua renda residual, além da renda de seu trabalho.

Para isso, será necessário planejamento financeiro e educação financeira. Seja com poupança e investimento, seja com um negócio paralelo em tempo parcial, você precisa ter renda residual se não quiser depender de seu trabalho para o resto da vida, ou da ajuda do governo.

A fórmula da riqueza (Bastter)

Foi revelada a fórmula da riqueza!

Riqueza = Receita - Gastos × Juros Compostos.

Simples assim, ganhar mais do que você gasta, ou melhor, gastar menos do que você ganha, e a diferença poupada, investida gerando juros compostos sobre o tempo. Repita isto mensalmente e não precisará depender da sorte para ganhar na Mega-sena, ou comprar promessas de ganho fácil e fórmula mágica para riqueza.

Para você emagrecer, precisa consumir menos do que você gasta, a grande diferença é que aqui não existem juros compostos. Você consegue multiplicar cada quilo perdido, infelizmente. Portanto, chegamos a conclusão que ganhar dinheiro é mais fácil do que emagrecer.

Capítulo 21
Investimentos

Investimentos

Não vamos nos aprofundar aqui ou listar os diferentes tipos existentes de investimentos, isso daria um livro inteiro e mesmo assim acredito não ter fim. O recado que quero passar sobre este assunto é que não existe fórmula mágica, não existe investimento perfeito ou ideal. Assim como não existe um único exercício físico para perder peso, ou único trabalho para ganhar dinheiro, não existe um único tipo de investimento. Existem diferentes opções de acordo com seu perfil, seu objetivo, seu conhecimento e seu interesse.

Fazendo novamente um comparativo com exercício físico, podemos dizer que para emagrecimento ou até mesmo qualidade de vida é recomendado que você concilie exercícios aeróbicos com exercícios localizados, não somente um ou outro e sim sua combinação. Indiferentemente do tipo de exercício aeróbico ou localizado que você fará, já que existem vários, você precisa escolher e identificar aquele que mais se identifica com seu gosto, perfil e objetivo.

Nos investimentos podemos dizer que a combinação perfeita é investimento em renda fixa com investimento em renda variável. Assim como nos exercícios, um complementa e equilibra o outro. Eu não disse que é um ou outro, e sim, os dois juntos, simultaneamente, sempre! Dentro de renda fixa você terá várias opções, assim como em renda variável. O tipo e quantidade de cada um dentro desta balança de equilíbrio vai depender também de seus objetivos, perfil, idade etc. Mas assim como nos exercícios, podemos usar como padrão a proporção de 50-50. Faça isso frequentemente, mês após mês, tanto com os exercícios físicos quanto em seus investimentos que o resultado será surpreendente, você terá uma vida saudável e próspera, sem precisar usar sua bola de cristal para tentar adivinhar o melhor exercício ou investimento.

198 HABILIDADE 6 | Aprendendo sobre educação financeira

Os benefícios do exercício você sente sempre que o está praticando, a partir do momento que você para de fazer, os benefícios e sensação de bem-estar também param. Com os investimentos é a mesma coisa, pense como um hábito para sua vida toda. Não se preocupe com o mercado, com economia, preocupe-se em seguir seu hábito e desfrutar dos benefícios mensalmente. Ou, de outro lado, não se preocupe com o clima, verão ou inverno, sol ou chuva, faça seus exercícios frequentemente e esqueça o resto.

Mudanças econômicas

Ao falarmos de investimentos, é importante entendermos algumas mudanças básicas que tivemos na economia de nosso país e do mundo, nos últimos anos e décadas. Não sou economista e não pretendo dar aula de economia para você, quero apenas alertá-lo sobre algumas transformações básicas e importantes que você precisa saber.

Primeiro ponto importante, o sucesso do passado não é garantia de sucesso no futuro. Não é porque pessoas fizeram isso ou aquilo no passado, ou investiram nesse ou naquele investimento, que hoje isso se confirmará. O mundo muda, a economia muda, as pessoas mudam e você também terá de mudar.

No Brasil, passamos por décadas de juros muito altos, talvez você ou seus pais e avós conheçam muito bem. Neste cenário, era muito mais difícil iniciar novos negócios, conseguir empréstimo ou financiamento no banco para construir empresas, fábricas, produtos, investir em novas máquinas, novas tecnologias etc. Os juros que se pagavam para isso eram muito altos, o que tornava o negócio muitas vezes inviável ou bastante arriscado.

> É preciso ter uma vida com equilíbrio

Juros altos significam que seu dinheiro no banco também rendia muito mais. Era possível conseguir ótimas taxas de retorno com investimentos de renda fixa e riscos muito baixos. Então pense, por que um empresário ou investidor arriscaria seu dinheiro em um novo negócio ou empresa, se ele poderia facilmente conseguir um investimento com retorno muito maior, mais seguro e menos trabalho no banco?

Você não precisava saber muito de educação financeira ou investimentos, bastava entregar o dinheiro para seu gerente do banco e o retorno era garantido. Lembro que aos 13 anos, quando comecei a investir em renda fixa, meus rendimentos eram próximos ou maiores que 20% ao ano. Em renda fixa, com risco praticamente nulo.

Onde você encontra investimentos assim nos dias de hoje? A situação econômica do Brasil mudou, os juros mudaram e diminuíram drasticamente. O que significa que está mais fácil e mais barato pegar dinheiro emprestado, ao mesmo tempo em que está cada vez mais difícil conseguir com que antigos investimentos em renda fixa rendam tanto quanto nos tempos anteriores.

Se antes para um empresário ou investidor não compensava o risco de investir em novos negócios, hoje eles se veem sem muitas escolhas. Se quiser ter retornos maiores, ele será obrigado a buscar outros investimentos. E isso tem resultado direto em melhorias para o país e para a população, com mais negócios, mais empregos, mais renda e mais consumo, tudo isso faz a economia girar e crescer.

Outro ponto que implicou ou deveria implicar grandes mudanças nos hábitos de gerações passadas é a mudança e controle da inflação. Você provavelmente já deve ter ouvido diversas histórias sobre a inflação em um passado não muito distante no Brasil, preços subindo e variando do dia para noite. O resultado disso era uma grande dificuldade em fazer planejamento, em poupar dinheiro e em ter planos futuros, você não sabia quanto seu dinheiro valeria no dia seguinte, imagine em meses e anos a frente.

Isso fez com que muitas pessoas construíssem o hábito de consumir e fazer muito estoque de produtos, era preciso utilizar aquele dinheiro de forma rápida. Hoje visivelmente tivemos um grande controle da inflação, mesmo que ainda flutue e não esteja nos seus níveis mais baixos, é uma situação muito diferente de anos atrás. Por mais que devamos sempre considerar a taxa da inflação em nossos investimentos e planejamentos, afinal o dinheiro sempre perde valor, é em níveis muito menores e mais fáceis de serem controlados e planejados.

Por isso, muitas pessoas que viveram nesta época não possuem o hábito de poupar e planejar, reflexo de uma situação econômica em que viveram, mas que hoje mudou.

Também vale refletirmos sobre grandes mudanças que tivemos e estamos tendo em todo o mundo, principalmente em países desenvolvidos. Isso nos faz entender que o mundo de fato é plano e global, nos faz olhar oportunidades em todos os cantos do mundo, e não apenas no pedacinho de terra em que você está. Desvalorização imobiliária nos EUA e Europa foi uma grande oportunidade de investimento para muitas pessoas de diferentes lugares do mundo, como brasileiros. Crise em empresas de fora fizeram com que investidores e empresários começassem a olhar para outros mercados, o que gerou oportunidades para diversas pessoas e empresas.

Como conclusão, você não precisa gostar de economia ou ser um economista, mas precisará estar atento e informado sobre as mudanças que ocorrem na economia de seu país e do mundo. Estamos passando por uma época de muitas mudanças, sem históricos ou referências passadas, e isto poderá ter reflexo direto em seus negócios e investimentos, fique ligado!

Bolsa de valores

Você provavelmente já ouviu no Jornal Nacional ou viu nas páginas do jornal a cotação da bolsa de valores, se subiu ou se caiu. Como não aprendemos sobre isso na escola, isso parece ser coisa de outro mundo, e de fato pouquíssimas pessoas sabem e entendem sobre bolsa de valores, algo extremamente importante a ser considerado em seu planejamento financeiro.

No Brasil, na data em que escrevo, pouco mais de 600 mil pessoas investem na bolsa de valores, um número completamente baixo e irrisório para o tamanho de nossa população. Nos EUA, para fins de comparação, quase 50% da população tem algum tipo de investimento em bolsa de valores. Uma diferença assustadora, que novamente está ligada à educação que tivemos desde pequenos.

Provavelmente você já deve ter escutado histórias de pessoas que perderam muito dinheiro na bolsa, ou que bolsa de valores é igual cassino, reflexo natural da falta de educação financeira e mudanças da economia.

A bolsa de valores reúne diversas empresas, de diferentes segmentos, que abriram seu capital ao mercado. Ou seja, em busca de investimento financeiro, crescimento e ganho de mercado, essas empresas abriram suas portas para que você e qualquer pessoa se tornassem seus sócios, mediante a compra de cotas proporcionais. Bom para empresa que consegue se capitalizar e investir, bom para o país que tem ainda mais crescimento e empregos, bom para o investidor que pode fazer parte desta empresa e ganhar dividendos por isso.

Hoje existe um controle bastante grande e uma alta burocracia para que uma empresa consiga abrir seu capital na bolsa de valores, controlada pela CVM (Comissão de Valores Mobiliários). Com níveis de exigência e transparência cada vez maiores para as empresas que fazem parte, e consequentemente uma maior segurança ao pequeno investidor.

Investir em ações então é se tornar sócio de grandes empresas, você estará comprando um pedacinho de uma empresa e se tornando efetivamente sócio dela. Como o nível de exigência e o custo para abrir o capital é bastante alto, apenas grandes e consolidadas empresas a compõem. Ou seja, você tem a oportunidade de se tornar sócio de grandes empresas como Petrobras, Vale, Banco do Brasil, Itaú, Votorantim entre diversas outras.

Por que alguém investiria em outras empresas?

Já ouvi muitos empresários fazerem esta pergunta, e a resposta é bastante clara. Já vimos que, em função das mudanças econômicas no Brasil, principalmente dos juros atuais, somos obrigados a procurar novas alternativas de investimento mais rentáveis. E alternativas mais rentáveis serão em renda variável; se é variável, como o próprio nome já diz, pode subir ou descer, porque varia. Parece ridículo, mas há muitas pessoas que não entendem essa clara definição.

Se você quer investir em renda variável, especificamente em empresas, você tem duas opções. Ou inicia um novo negócio, seja lá qual for, ou você participa de um negócio já existente. Se você optar pela segunda opção por não ter tempo, interesse ou perfil empreendedor, você provavelmente terá de pagar para adquirir cotas de uma empresa, seja com valor financeiro ou de outra forma.

Na bolsa de valores é exatamente a mesma coisa, com a grande diferença que você pode comprar cotas muito pequenas, com R$100, por exemplo, o que dificilmente você conseguiria em um negócio tradicional, e o mais importante, você será sócio de grandes empresas,

202 HABILIDADE 6 | Aprendendo sobre educação financeira

com grande histórico, com grande equipe, com vários dos maiores profissionais do mercado. Automaticamente o risco em investir em um negócio com essas características é muito menor do que você investir na pizzaria que seu vizinho, sem nenhuma experiência, está abrindo na esquina de sua rua.

Esta é a grande vantagem de investir em ações: tornar-se sócio de grandes empresas, sem necessidade de um grande capital. Isto não quer dizer que não há riscos, e sim que os riscos são menores do que muitas outras oportunidades.

O grande erro das pessoas que investem na bolsa de valores é pensar apenas no curto prazo, seguir as capas de revistas e resultados de curto prazo da empresa ou da própria bolsa de valores. Quando você inicia uma empresa própria, você espera ganhos no primeiro mês de trabalho ou em médio e longo prazo? Se já for no primeiro mês, ótimo, mas sabemos que essa não é a grande realidade. Um negócio deve ser iniciado pensando sempre a médio e longo prazo, e em ações não seria diferente, afinal são negócios e empresas da mesma forma.

Bolsa não é cassino, bolsa não é loteria, bolsa não é lugar para amadores. Se você quer investir em ações tenha consciência de investir pensando no longo prazo, com objetivo de acumular patrimônio e aumentar sua coluna de ativos.

Investir em ações é escolher boas empresas, que você se identifique, de segmentos que tenha conhecimento e que sejam promissores, é investir em empresas que tenham uma boa equipe, bons propósitos e bons planos e perspectivas para o futuro.

Esqueça boatos ou cotações diárias, você está investindo em empresas! E assim como em qualquer investimento, o princípio básico de comprar barato e vender caro também vale. Muitas pessoas fazem exatamente o contrário, compram ações quando a capa da revista recomenda comprar — se todo mundo está comprando é porque o preço está subindo (regra básica de oferta e demanda) — , e vendem quando todo mundo começa a vender, quando a revista estampa uma capa com notícias negativas, quando surge uma crise, ou qualquer coisa do gênero, e resultado de muitas pessoas vendendo é naturalmente diminuição do valor. Você comprou caro e vendeu barato. Você não compraria uma caneta por R$2 e venderia por R$1, você não

> Bolsa de Valores
> não é cassino

compraria um imóvel por R$200 mil e venderia por R$100 mil, a não ser que você esteja precisando do dinheiro. Aí a culpa não é do mercado e sim sua, que usou um dinheiro que não poderia para um investimento de longo prazo e terá que arcar com os prejuízos, caso contrário não há motivos para desespero.

A longo prazo, o investimento em ações e empresas sólidas tende a ser sempre positivo. Quanto mais você comprar e vender, mais custos terá, mais taxas, mais impostos, mais perda. Cuidado com corretoras e agentes de investimentos que recomendam comprar e vender ações com grande frequência, eles ganham em cada transação, você não! Assim como um corretor de imóveis, que ganha em cada transação fechada, a corretagem de ações também ganha, a diferença é que você provavelmente não compra e vende imóveis todo mês.

Fundos de investimentos

Uma boa alternativa para quem não tem tempo ou interesse em acompanhar o mercado e sua carteira de investimento, é buscar opções de fundos de investimentos, que possuem a administração de um terceiro e, com um valor maior, conseguem investimentos que não seriam possíveis sozinho.

Existem diversos fundos de investimentos, em renda fixa e renda variável, de acordo com diferentes objetivos e perfis. Tenha sempre muito cuidado ao escolher quem administrará seu dinheiro e quais as taxas cobradas. Você não vai querer que qualquer pessoa cuide de seus investimentos e também não gostaria que as taxas inviabilizassem seus investimentos. Procure sempre por boas indicações, instituições sólidas e sérias, com bons históricos passados e em quem você realmente possa confiar. Alguns fundos de 2013 tiveram destaque na mídia recente por terem ganhado mais do que seus próprios clientes. Ou seja, o cliente que investiu seu dinheiro no fundo que se desvalorizou perdeu dinheiro, mas seus gestores que ganharam uma taxa de administração sobre o valor e suas intermediações ganham indiferentemente disto. Então, muito cuidado ao escolher empresas, fundos e profissionais para cuidarem de seu dinheiro.

Uma grande tendência de fundos de investimentos, além dos tradicionais fundos de ações, que compõem uma carteira com diferentes empresas, são os investimentos imobiliários, que você pode ter mesmo com pouco dinheiro. Fundos imobiliários permitem que você seja sócio, assim como em empresas, de uma fatia do empreendimento imobiliário, com valores menores do que no mercado tradicional, afinal são diluídos em vários investidores. Você também não precisará se preocupar com inquilinos e problemas do imóvel, além de não depender de um único inquilino, afinal grande parte desses empreendimentos são constituídos por vários imóveis ou salas, o que automaticamente diminui seus riscos.

HABILIDADE 7

Aprendendo a manter e cuidar de sua saúde e espiritualidade

CAPÍTULO 22
Saúde

> Não ter doença não quer dizer que você tem saúde

Por que cuidar da saúde?

Aproveitando nosso exemplo comparativo dos investimentos com exercícios físicos, vamos abordar um pouquinho sobre saúde e qualidade de vida. Novamente um assunto que não aprendemos na escola; apesar de ter tido aula de educação física, não me lembro de ter aprendido a importância da atividade física, alimentação saudável, meditação etc.

Estamos em um período da economia em que, de fato, qualidade é mais importante do que quantidade e resultados valem mais do que horas de trabalho. Então, se você quer melhorar seus resultados e sua performance, não esqueça de algo muito importante, você. Sim, você precisa estar bem consigo mesmo, com seu corpo e com sua mente, para render no trabalho, para ter mais energia, disposição, ideias, saúde e qualidade de vida.

Não confunda, não ter doença não quer dizer que você tem saúde. Ter saúde é ter hábitos saudáveis, como praticar atividade física, alimentação balanceada, sono, meditação e espiritualidade. Essas áreas em sinergia vão lhe proporcionar uma vida saudável e com qualidade.

Algumas pessoas se preocupam mais em colocar gasolina da mais alta qualidade em seu carro do que colocar um alimento de qualidade em seu organismo. Seu corpo é como uma máquina, cuidado, ele pode parar!

Se minha agenda deixasse

Pare de uma vez por todas de dar desculpas por falta de tempo para começar a cuidar de você e de sua saúde e qualidade de vida. A falta de tempo é a desculpa mais esfarrapada que o ser humano criou nos tempos modernos, e nada mais é do que a falta de organização de prioridades ou uma desculpa propriamente dita para não fazer algo que ele não tem vontade momentânea de fazer.

O tempo é o mesmo da época de seus avós e bisavós, ninguém encurtou o tempo, muito pelo contrário, surgiram inúmeras ferramentas e tecnologias para facilitar a vida de todos e justamente economizar cada vez mais tempo, ao passo que cada vez mais estamos sem ele.

Muitos possuem prazer em dizer que não possuem tempo, como se isso fosse reflexo de sucesso profissional ou pessoal. Já vimos neste livro também que a sociedade julgou por muito tempo a quantidade de trabalho como fator diretamente proporcional ao sucesso, quanto mais você trabalhava, quanto mais compromisso tivesse e quanto menos tempo disponível possuísse, maior o seu aparente sucesso. O que na verdade deveria ser traduzido como: "Seu idiota, aprenda a administrar seu tempo!".

> Não existe falta de tempo e sim de prioridades

O fato é simples, você sempre terá o que fazer, você sempre terá um trabalho a mais, ou algo a ser adiantado. E novamente vamos falar em hábitos. Se desde pequenos fomos induzidos e ensinados a estarmos fazendo alguma coisa a todo momento e trabalhando o máximo de horas possíveis, automaticamente fomos programados para isso e, para uma mudança, como qualquer outra, será necessário reprogramar novos hábitos, o que leva tempo e trabalho. Novos hábitos como deixar de ser escravo de seu trabalho e passar a controlá-lo, novos hábitos como de uma vez por todas eliminar o pensamento de ter que estar trabalhando a todo tempo, novos hábitos como saber que qualidade é muito mais importante do que quantidade.

Somente após você se autoconscientizar disso que poderá começar a reorganizar sua agenda e horários. Não adianta tentar mudá-la antes de mudar sua mente, de forma que você fará contra a própria vontade, com a cabeça no trabalho e sem durar muito tempo.

Atividade física

Você já está cansado de saber, mas ainda há muitas pessoas que mesmo sabendo não tomam a atitude necessária: atividade física é indispensável para qualidade de vida e, consequentemente, melhores resultados e rendimentos no trabalho! O ser humano parou de se mexer, com o avanço da tecnologia cada vez mais fazemos menos esforço, não andamos a pé, não subimos mais escada, para tudo basta apertar um botão e tudo se resolve. Resultado disso é, logicamente, cada vez mais pessoas sedentárias, acima do peso ou obesas, estressadas, doentes, desanimadas etc.

É cada vez mais comum vermos histórias de grandes empresários e líderes adotando a atividade física como sua maior aliada ao trabalho. Além de todos os problemas que comentamos da falta de exercício físico do ser humano nos dias de hoje, a alta carga de estresse e preocupações no trabalho precisa ser neutralizada. Sua mente precisa descansar, seu corpo precisa aliviar as tensões, você precisa soltar a adrenalina produzida pelo corpo. E essa sensação de descarregar toda sua adrenalina, seja após o trabalho ou antes, não tem preço. E isso só é possível com atividade física.

No começo dói, a falta de tempo é desculpa, a preguiça toma conta, mas a partir do momento que você inicia e torna um hábito em sua vida, os resultados são imediatos. Seu corpo foi feito para estar em movimento e não parado!

A atividade física é a porta de entrada para uma série de hábitos saudáveis em sua vida, alimentação, sono, bebida, relacionamentos, tudo está diretamente interligado a partir do momento que você começa a ter uma vida saudável, com a prática de alguma atividade física.

Não importa qual seja, desde que gere prazer e motivação para que se torne um hábito em sua vida. Assim como não existem investimentos ideais, não existem atividades físicas ideais. Elas vão depender de seus objetivos, seu perfil, sua meta e interesse. Por isso, nada melhor do que procurar um profissional, seja na área financeira, ou na atividade física, para lhe ajudar nesta caminhada. Meu objetivo é conscientizá-lo dessa importância e que você passe a considerar as atividades físicas em sua vida e prioridades. Suar a camisa é uma ótima forma de esfriar a cabeça.

Idade não é desculpa

Nada melhor do que um exemplo para mostrar que nunca é tarde para começar a cuidar de sua saúde. Vejamos o texto abaixo do amigo Marcelo Cherto.

Por Marcelo Cherto

Entendo que é obrigação de todos nós cuidarmos do próprio corpo e da própria mente. Se você fuma, dê um jeito de parar. Se você não se alimenta direito, se informe e mude de hábitos. Se você não pratica uma atividade física, trate de encontrar alguma de que goste e comece a praticar hoje mesmo. Não deixe para a semana que vem, o mês que vem, depois do Natal, assim que o Carnaval passar. Comece agora. E mantenha uma disciplina de a praticar ao menos três ou quatro vezes por semana.

Pode ser caminhada, corrida, ciclismo, natação, golfe, peteca ou o que for. Mas pratique alguma atividade física, com regularidade. Você perceberá uma grande melhora, não só em seu estado físico e no diâmetro de sua cintura, mas também em seu estado de espírito, seu humor, seu ânimo, sua energia mental e na capacidade de resolver problemas, explorar oportunidades e produzir resultados. Algumas de minhas melhores ideias me vieram quando caminhava na beira do mar, ou corria, ou pedalava.

Idade não é desculpa. Não há idade certa para começar. Qualquer uma é boa. Vá por mim. Fui absolutamente sedentário dos 20 aos 45 anos, quando, em um check-up físico, um médico me deu um susto. Comecei com caminhadas e alguma atividade com pesos na academia. Depois passei a correr. Comecei devagar, com a orientação de um profissional sério e competente, e cheguei a participar de várias meias-maratonas (corridas de 21Km) e de uma maratona, em Nova York. 42,195Km correndo.

Correr sempre foi um prazer, especialmente quando em grupo. Fiz grandes amigos na corrida, amigos para o resto da vida. E, de um tempo para cá, comecei a pedalar, tendo inclusive feito, com minha mulher e um grupo de amigos, várias viagens de cinco, seis, dez dias pedalando 300, 400 ou 500Km por algum lugar bonito do mundo. E pretendo continuar fazendo isso pelo menos uma vez por ano, enquanto a saúde aguentar.

O autoaperto

Quando assumimos um compromisso com nós mesmos e ainda comunicamos isso para a maior quantidade de pessoas, estamos mentalmente nos comprometendo de forma muito forte com o compromisso. Veja o texto abaixo que fala sobre isso.

Por Luiz Gustavo Gama

Se tem algo que sou e serei eternamente grato a meu coach é o entendimento dessa visão, afinal a expressão é autoexplicativa. Quando me questionam sobre o que eu creio ser fundamental no perfil do empreendedor de sucesso, é exatamente isso que vem a cabeça, o quanto cada um se aperta a fim de atingir seus objetivos, ou seja, qual o nível de responsabilidade que a pessoa assume consigo mesmo a fim de se não se permitir autossabotar.

Recordo-me de um amigo que queria parar de fumar, algo que sabemos ser difícil para os adeptos. Ele compartilhava comigo sobre a necessidade que tinha de criar mecanismos que o ajudariam a não mais fumar, ele dividiu comigo que uma das ações adotadas foi comunicar e dizer para todos sua decisão, principalmente para aqueles que ele se envergonharia se falhasse, como estratégia de se autoapertar para não fumar. E se você quer saber minha opinião, achei fantástico, que inteligência emocional, que nível de sensibilidade aguçada!

Autoaperto torna-se um hábito tão comum na vida dos mais ousados que hoje, além de se apertar de maneiras mais diversas, os adeptos disso além de mais intensos acabam descobrindo outros níveis de causar isso de forma mais inusitada. Eu creio que chega um momento que além de se apertar com pequenas coisas você começa a criar e causar situações a fim de se comprometer e se apertar ainda mais.

O Autoaperto é capacidade de criar situações e circunstâncias que irão favorecer e estimular o cumprimento da missão e, na maioria das vezes, o que deve ser criado não é nada confortável ou agradável, é a prova mais concreta de que você está de fato pronto e decidido a cumprir e obter êxito desejado. Empreender a dor é bom, afinal crescer dói, mas vale apena!

Aquele que consegue por livre e espontânea vontade se apertar para não sucumbir à perda ou ao atraso do êxito, além de provar que está livre para vencer, antecipa sua felicidade e com toda certeza a vitória.

Capítulo 23
Espiritualidade

Não vamos falar de religião, vamos falar de espiritualidade. Nunca tive contato ou participação ativa com igreja, apesar de ser de família católica e luterana, sendo batizado nesta última. Nunca me identifiquei com as práticas.

Indiferentemente de sua religião, crenças e costumes, a espiritualidade e fé estão em um patamar acima de qualquer movimento terrestre. Muitos dizem que este é o século da espiritualidade. Espiritualidade não precisa estar relacionada com igreja ou religião, mas sim com suas crenças, com autoconhecimento.

Seja qual for, algumas ações são imprescindíveis, principalmente o agradecimento. Agradeça a tudo e a todos, a todo momento. Mantenha o sentimento de gratidão com todas as coisas e você será muito mais feliz, faça o teste. Você tem muito mais por agradecer do que imagina.

Leis Espirituais/Leis do Universo

Já vimos como funciona nossa mente, com sua grande parte do subconsciente que é reflexo de tudo o que pensamos, falamos e ouvimos. A soma de todas as mentes subconscientes formam a mente do universo. Na verdade é uma coisa só, mas para fins didáticos vamos estudar separadamente para melhor compreensão. Imagine que exista uma grande mente universal que é o reflexo e soma de todos os pensamentos da humanidade, e cada mente individual do ser humano é apenas uma parte dessa mente universal.

Assim como na mente individual que estudamos sobre a lei da atração, acontece o mesmo na mente universal. Aqui pessoas de mentalidade próspera atraem outras pessoas de mentalidade próspera, e vice-versa, pelo simples motivo que elas estão interligadas na mente universal, e se atraem.

Quando sua mente individual está sintonizada com coisas boas e positivas como vimos anteriormente, você atrairá outras mentes individuais na mesma sintonia, ou seja, você vai atrair outras pessoas com essa mesma vibração, semelhante atrai semelhante.

Tenho certeza que você já teve esta experiência pessoal, assim como eu. Em momentos em que você estava para baixo e triste parecia que o universo conspirava contra você, tudo parecia dar errado, coisas não muito agradáveis aconteciam, e vinham problemas em cima de problemas. Ao mesmo tempo em que você já deve ter experimentado o sentimento contrário, quando você estava bem consigo mesmo, com vibrações altamente positivas, parecia que tudo ajudava você, tudo dava certo, pessoas apareciam na hora certa, mudanças ocorriam para seu bem etc, o universo de fato conspirava a seu favor.

Já tendo sentido ambas experiências, é claro e natural que a segunda tenha lhe dado muito mais alegria do que a primeira. E o bom disso é que tudo o que ocorreu com você nessa situação pode ser repetido diversas vezes, pois você colheu e atraiu exatamente o que tinha plantado. Logo, basta relembrar seu sentimento, seus pensamentos anteriores a este momento para seguir nesta mesma linha.

Não acredite em sorte ou acaso, a partir do momento em que você consegue de fato compreender o mundo espiritual, sua mente e todos seus ligamentos, perceberá que tudo acontece conforme você molda seu mundo, você é o único responsável.

Quantos problemas você já teve que foram seguidos por oportunidades ainda melhores; quantas pessoas novas e interessantes que conheceu inesperadamente e por alguma pequena atitude; quantas pequenas atitudes, pequenos chamados você já teve e realizou, que depois ficou pensando durante um bom tempo sobre a coincidência em que isso ocorreu.

O universo conspira a seu favor, basta você sintonizar na estação que queira viver e colher. O universo é repleto de novas ideias de negócios, é repleto de sabedoria, de amor, de felicidade, tudo o que você precisa fazer é sintonizar sua mente para que esteja em total sintonia com as mesmas vibrações do universo, de forma que consiga receber estas coisas.

Ou você acha que uma grande ideia de negócio vem unicamente de dentro de sua pequena cabeça? Grandes ideias são transmitidas para grandes pessoas, grandes pessoas são aquelas que estão preparadas mentalmente para recebê-las. Este é o fluxo e a lei universal, você só precisa compreender como funciona e seguir seu fluxo.

Oração

A oração é uma ferramenta excepcional para você conseguir sintonizar sua mente com essa grande lei universal que vimos há pouco. O grande problema é que, mais uma vez, temos uma compreensão errada da palavra, e aprendemos desde pequenos a orar, rezar para pedir alguma coisa. Somos pedintes desde pequenos. Quem pede algo reconhece que não tem, a partir do momento que você reconhece que não tem, sua mente, suas vibrações e a mente do universo também reconhecem que você não tem e cada vez mais você atrairá estas vibrações. Orar não tem nenhuma relação com pedir, você não deve e não precisa pedir por ideias, pedir por dinheiro, pedir por qualquer bem material. Oração é ou deveria ser o ato de você centrar sua mente, se acalmar e agradecer por tudo o que você tem. O ser humano por tão pedinte e egoísta acaba esquecendo de tantas coisas maravilhosas que já possui e foca unicamente sua mente e seus pensamentos em pedir outras coisas. E não adianta dizer que com você é diferente, que você não tem isso ou aquilo. Você é reflexo de tudo o que pensou e agiu, você é o único responsável por seu presente e futuro e, mesmo na pior das aparentes situações que possa estar, agradeça. Agradeça pela oportunidade de estar lendo este livro, agradeça pela oportunidade de estar vivo, agradeça por seu corpo, não importa se é feio ou bonito, se tem algum problema ou não, ele é o instrumento que você recebeu para manifestar sua vida neste mundo. Agradeça por sua cidade, por seu país, agradeça por sua família, por seus antepassados que lhe deram a vida, agradeça pelo alimento que tem para comer, pela água que tem para tomar e usar, agradeça por cada dia, agradeça por tudo e por todos.

E se você ainda acha que é pobre e não tem por que agradecer, eu lhe pergunto: você venderia seus olhos ou sua visão se alguém agora lhe oferecesse R$1 milhão? Você venderia sua boca se lhe oferecessem R$5 milhões? Ou seu nariz por R$10 milhões, e cada órgão de seu corpo? Vamos parar por aqui, você já é um milionário por natureza, seu corpo e sua vida já valem alguns milhões, você realmente é uma pessoa de sorte, agradeça por isso.

216 Habilidade 7 | Aprendendo a manter e cuidar de sua saúde e espiritualidade

A partir do momento que você agradece por alguma coisa, gera um sentimento positivo, uma vibração positiva dentro de você e dentro de sua mente. Todas essas vibrações positivas ficarão armazenadas em seu subconsciente e por consequência na mente universal do universo e, seguindo as próprias leis mentais e universais, você receberá cada vez mais tudo isto.

Desafio você a fazer uma única experiência, em um único dia, de uma única manhã. Ao acordar, sente-se por apenas cinco minutos e agradeça por tudo o que lembrar, das maiores a menores coisas. Concentre-se unicamente em agradecer, esqueça seus problemas, esqueça o que não tem e foque sua mente no que você tem. Muito obrigado por isso, muito obrigado por aquilo etc. Você ficará envolto de uma sensação de profunda paz, de profundo amor, de profunda gratidão. Este sentimento é maravilhoso, experimente agora continuar esta pequena prática por mais alguns dias até virar um hábito em seu dia, e passará a sentir falta nos dias em que não agradecer.

Amor

Não vou falar aqui sobre o amor que você está acostumado a ouvir e ver, o amor entre duas pessoas, namorados. O amor é um sentimento muito maior do que isso, o amor é um sentimento interior que nenhuma relação tem com algum bem material ou pessoa. O amor é uma vibração altamente positiva, que nasce de dentro de você, a partir do momento que sua mente está pura e alegre, que você começa a preservar o sentimento de gratidão, a partir do momento que você faz o que gosta. Aí sim sentirá o amor dentro de você, uma paixão feroz, não por algo externo, mas por você, o amor por viver, por acordar mais um dia para ir ao trabalho, para fazer o bem; e também sentirá o amor por todas as pessoas.

Força infinita

Agora que você está começando a compreender o poder de sua mente, da mente universal, das leis mentais e espirituais, você começará a ver que você, seu corpo físico, não é nada perante o tamanho do universo. Sua mente, seu corpo, sua vida são apenas um pedaço, uma partícula, dentro de um grandioso universo. Quando você começa a entender que o mundo é muito maior do que seu mero corpo físico, que seu pequeno mundinho e quartinho, você verá que por dentro de tudo isso existe uma força muito maior do que pode imaginar, existe uma energia muito forte, um sentimento muito forte.

Aqui você começa a entender que não existe super-herói, não existe nenhuma pessoa com poder superior a você. O que existe são pessoas que descobriram a força que existe dentro delas, a força infinita que está dentro de cada um. É essa força que você busca ao iniciar um novo negócio, a buscar novos desafios, a pensar muito grande, a fazer coisas novas, a mudar o mundo. Na verdade não é você quem faz isso, é uma força superior dentro de você que apenas se manifesta por meio de seu corpo, apenas utiliza seu corpo, sua vida, seu trabalho, como um instrumento para manifestar essa grandiosa força capaz de desenvolver grandes projetos e grandes ações.

Se você quiser contar apenas com suas forças, não será nada perante o tamanho desse universo, suas obras não é você quem as realiza, é uma força infinita que está dentro de você. E todas as práticas que estamos vendo aqui, pensamento positivo, meditação, oração etc. vão lhe ajudar a exteriorizar essa força infinita que já está dentro de você, mas que precisa ser acesa.

Felicidade

Já vimos também que a felicidade está dentro de você, que ela é reflexo de seus pensamentos, de suas vibrações e de suas atitudes. A partir do momento em que você colocar em prática o pensamento positivo, a gratidão, meditação, exteriorizar sua força infinita, manifestar o amor em seu trabalho fazendo o que gosta e ajudando o maior número possível de pessoas, o sentimento de felicidade surgirá como um vulcão dentro de você. Você estará envolto e coberto de uma vibração e de uma sensação altamente positiva, isso é a felicidade. Aquilo que algumas pessoas ainda acham que podem comprar no shopping ou no supermercado, aquilo que alguns ainda acham que vem dentro de um carro, dentro de uma casa, ou de qualquer outro presente embrulhado em uma fita.

218 Habilidade 7 | Aprendendo a manter e cuidar de sua saúde e espiritualidade

Agora que você já sabe onde encontrar a felicidade, poderá viver uma vida realmente feliz, sem a necessidade de buscar unicamente bens materiais ou status diante da sociedade. Bem-vindo a felicidade, a felicidade é aqui e agora, onde você está, com o que você tem!

Antepassados

Quando você começa a estudar sobre espiritualidade, entende que esse mundo é apenas uma etapa transitória para desenvolver e aperfeiçoar seu próprio espírito. Antes de mais nada, esqueça aquela velha imagem que você tinha sobre espíritos, isso não tem nada de assustador. Quando me refiro a espírito, é referente a sua vida, a seu eu interior, a isso que faz seu coração bater, essa vida que está dentro de você.

Sua missão aqui na terra é a evolução. Você tem a grande missão de aprender e evoluir sempre, por isso a importância de estudar, de errar, de tentar, de fazer, de viver sua vida, de construir grandes obras, de deixar um legado para a humanidade e de construir a sua história, esse é seu objetivo de vida. Você não veio aqui a passeio, não veio a este mundo para passar férias e unicamente ficar passeando pelo mundo. É lógico que fomos colocados em um paraíso, com uma natureza exuberante, com lindos lugares, e faz parte de nossa evolução conhecê-los e aproveitá-los ao máximo, mas sem esquecer sua verdadeira missão aqui.

E, nesse processo, seus antepassados, que são todos seus familiares que já partiram do mundo terrestre, contribuíram e muito com sua própria evolução e vida. Graças a eles você está aqui agora, eles promoveram e geraram a vida de milhares de pessoas de sua família, eles realizaram grandiosas obras neste mundo, em sua cidade, em seu país. Eles manifestaram um grande amor em seu trabalho para termos hoje um mundo com tantas facilidades, com tantas comodidades, tecnologias e avanços.

Por isso, sempre, agradeça a todos seus antepassados, que continuam como seres espirituais lhe fornecendo vibrações positivas para sua vida, por essas maravilhosas dádivas que recebeu deles.

A prática do silêncio/meditação

Já falamos sobre meditação, mas vale ressaltar aqui que tudo o que estamos vendo sobre força infinita, sobre amor, felicidade é extremamente válido na prática da meditação ou do silêncio. Quando você concentra sua mente, em silêncio, e alcança esse estado de respiração, de meditação, sua mente está em sintonia com a mente do universo, e é através dessa prática que muitas pessoas conseguem ligar sua mente à mente universal e receber novas ideias e insights.

A "moda" da depressão

Depressão, tão comum nos dias de hoje, nada mais é do que o não conhecimento sobre espiritualidade, força interior, mente, gratidão e tudo o que estamos vendo. Como vivemos em um mundo altamente capitalista, onde a busca pelo sucesso profissional e pessoal virou a grande obsessão de todos os seres humanos, acabamos esquecendo ou não sendo ensinados sobre algumas coisas de nossa própria origem. E esse desconhecimento provoca a busca da felicidade e da autorrealização em um lugar contrário ao que estamos vendo aqui, o mundo material.

Como, logicamente, as pessoas não encontram o que procuram nesse local, mesmo tendo atingido os mais altos níveis profissionais, surge a depressão como forma de se esconder do próprio desconhecimento de seu eu verdadeiro. E somente com este autoconhecimento que é possível voltar os olhos para a verdadeira essência do ser humano e atingir o mais alto nível de felicidade e realização pessoal.

Conclusão

O Manifesto

O modelo tradicional de educação e trabalho está passando por uma grande transformação. Novas possibilidades de estudo e de trabalho serão cada vez mais comuns.

Uma grande quantidade de informação está sendo disponibilizada gratuitamente por meio da internet, nos mais variados formatos e com grande qualidade, sem restrições de barreiras físicas, culturais ou de idades.

O antigo mito da segurança no emprego já não é mais realidade em diversos países, e cada vez mais o conceito de estabilidade a que fomos ensinados desde pequenos mudará com o surgimento de pequenas empresas.

Esqueça seu currículo, esqueça suas qualificações e comece a focar em resultados, em realizações práticas. De nada adiantará ter o melhor currículo, ser o maior especialista, se isso não for revertido em benefícios para a sociedade, para outras pessoas, na construção de grandes projetos e obras.

Precisamos urgentemente lutar por uma transformação do sistema de ensino tradicional, desde a escola até as faculdades. Ementas e grades curriculares que não são revistas há décadas, assuntos que não serão utilizados para nada em sua vida prática. A culpa não é das escolas ou das faculdades, minha crítica não é a nenhuma instituição de ensino. O problema está no sistema, todos precisam seguir o sistema, seguir as normas e diretrizes que vêm de cima, da política.

De nada adiantará investir dinheiro e mais dinheiro em educação, afinal este é o grande discurso político nos dias de hoje, se não houver uma transformação no sistema de ensino atual.

222 HABILIDADE 7 | Aprendendo a manter e cuidar de sua saúde e espiritualidade

A própria milenar igreja católica está tendo que se modernizar em função da perda de fiéis nos últimos anos. Inúmeras empresas que tiveram sucesso há poucos anos precisam se transformar e inovar para não ficar pelo caminho. O livro que escrevo hoje precisará de atualizações em um futuro muito próximo. Por que com um sistema de ensino seria diferente?

Por que o jovem de hoje precisa aprender as mesmas disciplinas que seus pais ou avós aprenderam? Vamos largar o conformismo e conservadorismo, o mundo vive em transformação, a economia está em grande transformação, o trabalho, os negócios, tudo muda. E mudou de forma assustadora nas últimas décadas.

1. Ser o responsável por sua educação e seu sucesso profissional, e não delegar esta responsabilidade para terceiros

2. Focar em realizações práticas e não acadêmicas

3. Colecionar vitórias da vida e não certificados

4. Conciliar estudo e trabalho, sempre, até o último dia de sua vida

5. Educar seus filhos para buscar a excelência profissional e pessoal e não acadêmica

6. Continuar seu estudo sobre as sete habilidades que não aprendemos na escola, após a leitura deste livro

Meu último pedido

Você já viu, e neste momento, já deve estar consciente que educação formal não é a única forma de aprender. Portanto, espero que a partir de agora possamos parar de discriminar aqueles que optam por seguir caminhos diferentes dos tradicionais. Esta palavra parece forte, mas é a realidade. Muitas pessoas não conseguem entender como alguém não possui um título acadêmico, como não é um doutor, como não é um médico, engenheiro, administrador etc.

Para estas pessoas, apresento-lhes a escola da vida, uma instituição de ensino que não dá certificados, não exige frequência mínima ou cumprimento de horários. Uma instituição de ensino que não possui término ou conclusão, onde o processo de aprendizado é diário e constante. E o melhor certificado é a realização de um sonho ou grande projeto.

Seja bem-vindo como novo aluno a partir de hoje.

#somostodosalunos

Educação

Aprenda a controlar e dominar sua mente, faça ela trabalhar a seu favor. Vimos que em todas as áreas e assuntos abordados a preparação mental está interligada: para sua felicidade, seu próprio negócio, para vendas, apresentação em público, para liderar, para controlar seu dinheiro etc.

Se você compreender e praticar as lições apresentadas sobre o funcionamento de sua mente, consciente e inconsciente, incluindo sempre pontos positivos para dentro dela, você terá um controle emocional muito maior e, consequentemente, um reflexo significativo em todas as áreas de sua vida. A mente é o centro de seu corpo, o centro do universo, tudo é pensamento, tudo é vibração, tudo é reflexo de seus pensamentos e atitudes mentais. E isso é tudo o que você precisava ter aprendido em seus longos anos dentro da escola, mas que a escola, e nem ninguém, nos ensinaram!

Dica final: não pare de ler e estudar, cada dia sem uma página lida é um dia de aprendizado desperdiçado.

Este foi o primeiro passo para lhe despertar para um novo modelo de educação, com as habilidades essenciais para sua vida, de forma que você possa ser responsável por ela. Agora você já sabe o que deve estudar, as sete habilidades são os pilares para sua vida de sucesso, busque cada vez mais informações, livros, palestras e cursos relacionados a estas habilidades.

Para finalizar, deixo abaixo o texto do amigo Vicente Sevilha, fundador e diretor da Sevilha Contabilidade, e autor do livro *Assim Nasce Uma Empresa*.

Por Vicente Sevilha

Na Grécia antiga, a educação seguia uma tendência completamente diferente da que usamos nos tempos atuais, preocupando-se muito mais com a formação do indivíduo como um todo do que com o conhecimento científico de uma ou outra área. Os mestres levavam seus alunos para o ar livre e, normalmente, sentavam-se à sombra de uma árvore, local onde, contando histórias mitológicas, transferiam para seus discípulos lições de moral, de valores e de caráter. Interessante é que, normalmente, as árvores utilizadas para isto eram os plátanos, de sombra muito generosa, e o local onde se sentavam os discípulos, para aprender com os mestres, eram as plateias. Esse modelo grego antigo de educação preocupava-se mais com o ser e menos com o saber. Desde o iluminismo, o conceito de educação escolar tem focado cada vez mais no conteúdo transferido aos alunos, modificando completamente a mão de direção: a escola atual foca muito mais no saber do que no ser.

Nosso leitor deve então estar se perguntado: o que é melhor? Investir na formação do ser ou na construção do saber? A resposta, já foi dada a séculos passados, por ninguém menos do que o grande Aristóteles: "A virtude está no meio!".

Uma das grandes falhas do modelo de educação atual, em minha opinião, está no grande esforço que ele dedica para tratar todos os alunos como iguais e, ainda pior, para formar todos como iguais. Isto reprime, quando não anula, qualquer impulso de individualidade, matéria-prima indispensável para que qualquer um possa ser feliz como pessoa e como profissional. Grande parte das frustrações e infelicidades do mundo moderno advêm daí: um esforço generalizado que qualquer um de nós faz, para se tornar igual aos outros, gostar das mesmas coisas e pensar da mesma forma.

Fruto deste sistema que iguala os indivíduos, nasce a intolerância que, em última análise, não aceita o diferente, em grande parte não pela diferença, mas pelo símbolo que ele traz: eu me esforcei — e às vezes me anulei — para me tornar igual; como esse indivíduo tem a ousadia de não fazer o mesmo?

Deixo aqui então, minha primeira dica: as pessoas mais felizes e mais bem-sucedidas tiveram sempre a coragem de pensar e agir diferente.

Vou citar aqui uma frase do sábio Dalai Lama, que já é muito conhecida, mas se encaixa muito bem neste contexto em que estamos:

"O que mais me surpreende na humanidade são os homens. Porque perdem a saúde para juntar dinheiro, depois perdem o dinheiro para recuperar a saúde. E, por pensarem ansiosamente no futuro, esquecem do presente, de tal forma que acabam por não viver nem o presente nem o futuro, E vivem como se nunca fossem morrer, e morrem como se nunca tivessem vivido."

Muito bem, você pode pensar e agir diferente disso. E quero aproveitar a deixa para falar sobre dinheiro. Acredite, dinheiro é bom, facilita muito as coisas e torna a vida mais prática, mas você não precisa de tanto dinheiro quanto pensa para ser feliz. Não caia na armadilha do consumismo desenfreado, e não permita que seu valor seja medido com base no quanto você ganha ou no quanto você gasta. Com frequência ouço jovens queixando-se de que têm dificuldades para conseguir o primeiro emprego, mas quando você começa a analisar mais a fundo, isto é apenas uma parte da história. Oportunidades de primeiro emprego surgem, mas elas são, frequentemente, ou muito longe, ou em uma área que não é a desejada, ou em uma empresa que não tem perspectiva de crescimento, ou com um horário que dificulta os estudos, ou tudo isso junto. Desculpem: primeiro emprego é primeiro emprego, você não pode escolher muito, não pense nas dificuldades, mas sim nas portas que ele vai abrir para você.

Quando finalmente estiver trabalhando, não se poupe. Dê sempre o melhor de si, capriche em todos os detalhes, seja dedicado, prestativo, esforçado, pontual e comprometido. Não tenha vergonha de perguntar e não fuja de desafios. Sabe o que fará você se sair bem em sua carreira? Aceite o que ninguém mais quer. Quando um problema aparecer em seu trabalho, e todos começarem a fugir dele, ofereça-se para resolvê-lo. Esse tipo de atitude fará você aparecer dentro da empresa e, mais importante ainda, lhe ensinará muito sobre como lidar com situações difíceis. Não pense em quanto a empresa vai ganhar com isso, ou quanto seu superior ganhará com isso; pense em quanto você aprenderá com isso. Esta aprendizagem irá com você pelo resto de sua vida. E não tenha receio de ensinar: sempre que houver alguém a seu lado disposto a aprender algo que você sabe, ensine. Isto fará bem a ele, mas fará especialmente bem a você, por duas razões: primeiro porque ao ensinar você consolida seus conhecimentos, e segundo porque quando surgir uma oportunidade de promoção, você sempre poderá se candidatar e dizer: "o Fulano pode me substituir pois sabe fazer o que eu faço" — é verdade, um dos grandes freios na carreira de alguém é ele ser o único que sabe exercer sua função, pois a empresa não pode promovê-lo e deixar aquela tarefa nas mãos de alguém inapto.

Esse tipo de postura, preocupado com você, mas ajudando o outro, também vai lhe ajudar em vários outros momentos de sua vida. Não sei que tipo de relacionamentos você terá como pessoa, e não sei que tipo de profissão e carreira você vai desejar seguir, mas uma coisa eu sei, seja em relacionamentos, seja em sua carreira, você precisará desenvolver a habilidade de vender — você ou seu produto/serviço. E uma dica é sempre importante: ninguém é bom vendedor de si e de seus produtos/serviços se não conseguir se interessar, de verdade, por que o possível comprador deseja e precisa. Vender é o desfecho de um longo processo de reconhecimento das necessidades do outro e de esforço seu no sentido de oferecer algo que atenda a essas necessidades. Para vender, você não deve falar de suas qualidades ou das qualidades de seu produto/serviço, você deve mostrar como você ou seu produto/serviço se encaixa bem nas necessidades da outra parte. O caminho é simples: interesse legítimo pelas necessidades do outro.

Desenvolvendo esse interesse legítimo, você já se aproxima de uma condição na qual você começará a desenvolver seu espírito empreendedor. Antes de avançar, quero dizer que empreendedorismo não é apenas você montar seu próprio negócio, mas sim ter uma atitude inovadora, que assuma riscos conscientes e que permita que você se desenvolva, seja como indivíduo seja como profissional.

Ao interessar-se legitimamente pelos outros, você perceberá, com facilidade cada vez maior, quais são suas necessidades, seus desejos e suas angústias. Note que, nem sempre isto é dito pelo outro claramente, mas se você estiver de fato interessado e atento, você perceberá, por exemplo, que aquela pessoa que se queixa de passear com o cão todas as manhãs na verdade não está querendo reclamar, está sim querendo uma solução, e talvez você deseje oferecer esta solução por meio de um serviço de passeio com cães. A melhor forma de empreendedorismo é perceber as angústias do outro, e trazer soluções ou alívios para elas. Toda empresa de sucesso leva alívio a algum tipo de angústia de seus clientes.

Naturalmente que não posso prosseguir sem antes falar de globalização, tema já surrado e desgastado. Mas quero falar de uma visão diferente da globalização: redes sociais permitem que nós sejamos amigos de qualquer pessoa em qualquer lugar do mundo; métodos modernos de logística permitem que nossos produtos e serviços entrem em competição diretamente com qualquer fornecedor de qualquer lugar do mundo. Pessoas e clientes não precisam mais ser tão fiéis como antes, pois existe uma infinidade de alternativas. Você não é um bom amigo, não é um bom marido/esposa, não é uma boa pessoa? Eu afasto você de minha vida e acho alguém com facilidade para repor. Você não é um bom profissional, cliente ou fornecedor? Em pouco tempo troco você por alguém de qualquer lugar do mundo. A liga, que mantém e sustenta relacionamentos pessoais e comerciais no mundo moderno, é o interesse legítimo pelo outro. Qualquer outra coisa, ainda que dissimulada, mais cedo ou mais tarde compromete o relacionamento pessoal/comercial.

Se você cultivar esse interesse legítimo, em pouco tempo as pessoas passarão a ver em você alguém confiável e alguém de valor. Isso as levará, naturalmente, a ter você como referência, o que nos leva à condição que, em algum tempo, você começará a despontar como um líder. A essa altura, você já compreendeu que liderança não tem absolutamente nada a ver com poder. O verdadeiro líder não é aquele que manda, mas sim aquele que inspira as pessoas a fazer o que é preciso.

Antes de encerrar esta pequena reflexão, só falta dizer o mais importante: tudo isso só faz sentido se fizer você uma pessoa e um profissional feliz. Lembra-se do que eu disse no começo? Não se esforce para ser igual, se esforce para ser feliz. Se nada disto faz sentido dentro de seu conceito de felicidade, seja autêntico, vire esta página, deixe tudo para trás e vá buscar sua felicidade da maneira que se encaixa bem em seus valores. Mas se alguma coisa deste texto fez sentido, aproveite para pensar mais no assunto.

Falando assim, pode até parecer um pouco complicado, mas você verá, com o tempo, que na prática é bem mais complicado ainda.

Sobre o Autor

João Cristofolini

Jovem empreendedor apaixonado por novos negócios e ideias que podem ajudar a melhorar o mundo e a vida das pessoas.

Há mais de 10 anos vem conciliando leitura de diversos livros relacionados a empreendedorismo e negócios com prática, em um processo de educação autodidata.

Mesmo ainda jovem, teve a oportunidade de desenvolver importantes projetos e criar relação com os maiores gurus, autores e empreendedores de sucesso.

Acompanhe: www.joaocristofolini.com.br

Índice

5 Ps, 104
  dos Vendedores
    Vencedores, 106

A

A Estratégia do
  Oceano Azul, 52

ABF, 99

ADVB, 99

AIESEC , 89

Alencar Burti, 149

Aluguel, 186

Ambiente de trabalho, 158

Amor, 216

André Massaro, 170

Anjos do Brasil, 131

Antepassados, 218

Aposentadoria financeira, 196

Aprendendo a utilizar
  sua mente, 1

Aprender a Vender, 97

Apresentações 119

Arte de sonhar, 18

Atitudes mentais, 11

Atividade física, 210

Autoaperto, 212

B

Bastter, 195

BBC, 4

Bolsa de valores, 201

C

Cartão de crédito, 181

Casa própria, 188

Clóvis Tavares, 99

Como funciona sua
  mente, 4

232 O que a escola não nos ensina

Comportamento
    Empreendedor 35
    para o Sucesso 17
Confiança, 159
    em vendas, 103
Conrado Navarro, 177
Consumismo e status, 185
Culto a pobreza, 13
Cultura, 156
CVM, 201

D

Dale Carnegie, 112
Dan Kennedy, 139
Delegar tarefas, 156
Depressão, 219
Dinheiro e criança, 7
Diversidade, 160
Dívidas 183
DSOP, 189

E

EAD, 53
Educação, 225
    Financeira 167
    para o empreendedorismo, 32

Empreendedorismo 29
    na escola, 30
    social, 89
Equipe, 69
Erik Penna, 98
Escola do Dinheiro, 179
Espiritualidade 215
Estudo, xxiv
Expectativa de vida, 194

F

Felicidade, 22, 217
Finanças do casal, 187
Força infinita, 216
Fórmula da riqueza (Bastter), 197
Fracasso, 39
Franchising, 41
Fundos de investimentos, 205

G

Generosidade, 134

H

Habilidades do Empreendedor 49
Hábito de poupar, 194

Índice 233

Histórias de Sucesso e
Inspiração 79

Humildade, 20

I

IBM, xxxviii

IBQP, 55

Infomoney, 173

Iniciativa, 160

Investidores, 40

Investimentos, 199

J

João Kepler, 131

Jovens 191

L

Leis mentais, 3

Líder revolucionário, 162

Liderança 149

M

Marcelo Ortega, 111

Marketing 125

de permissão, 131

Pessoal 137

Marlon Tafner, 81

Meditação, 219

Medo, 19

de empreender, 41

Mega-sena, 165

Menegatti, 143

Mentalidade para o Sucesso 3

Mentor, 70

Meritocracia, 155

Metodologia DSOP, 189

Mindset empreendedor, 44

Missão, 161

de vida, 23

MIT, 31

Mitos sobre empreendedorismo, 35

Modelo de sucesso, 24

Mudanças econômicas, 200

N

Networking para os negócios, 144

O

O Segredo de Luiza, 31

234 O que a escola não nos ensina

Oração, 215

Os sete pecados do capital, 73

Otimismo, 14

Ozires Silva, 83

P

Padrão mental, 26

Parcerias, 132

Pensamentos negativos, 12

Pense grande, 17

Perdas financeiras, 165

Personal Branding, 138

Peter Drucker, 137

Pitágoras, 21

Presença digital, 127

Problema x Oportunidade, 49

Prosperidade, 10

R

Raul Candeloro, 109

Receita x Lucro, 175

Regra dos três segundos, 104

Remuneração variável, 99

Renda fixa, 197

Renda residual, 197

Renda x Patrimônio, 177

Rentabilidade, 172

Rico e pobre, 11

Robert Kiyosaki, 166

ROI, 128

S

Saúde 209

Sebrae, 148

Sonho de voar, 85

Sonhos, 18

Startups, 65

Steve Jobs, 121

T

Talento e missão, 54

Terceirização, 157

TGA, 140

U

UAM, 92

Universidade de Chicago, xxv

V

Vendas, 97

Vicente Sevilha, 224

W

Warren Buffet, 10
West Point, xxxviii